Von den Besten profitieren IV

Hermann Scherer (Hrsg.)

Von den Besten profitieren IV

Erfolgswissen von 12 bekannten Management-Experten

GABAL
management

Bibliografische Information Der Deutschen Bibliothek

Die Deutsche Bibliothek verzeichnet diese Publikation in
der Deutschen Nationalbibliografie; detaillierte bibliografische Daten
sind im Internet über http://dnb.ddb.de abrufbar.

ISBN 978-3-89749-737-5
Sonderausgabe vormals 3-89749-366-7

Lektorat: Susanne von Ahn, Hasloh
Umschlaggestaltung: +malsy Kommunikation und Gestaltung, Bremen
Satz und Layout: Das Herstellungsbüro, Hamburg
Druck und Bindung: Salzland Druck, Staßfurt

www.gabal-verlag.de – More success for you!

Inhalt

Vorwort

Wie diese Anthologie entstand

Wer gehört denn nun eigentlich zu den Besten, und welche Kriterien legen Sie an, damit Autoren in diesem Buch erscheinen dürfen? Dies sind Fragen, die mir häufig gestellt werden. Ich kann mich noch gut an unseren ersten Band erinnern, der aus einer Trainerintensivausbildung heraus entstand, in der wir Trainer von den besten Rednern, Beratern und Coachs im deutschsprachigen Raum insbesondere im Bereich der Soft Skills geschult haben. Da diese Veranstaltung damals schon für zehn Tage über 14 000 DM gekostet hat, gab es natürlich eine Vielzahl von Interessenten, die dieses Wissen auf einem wesentlich günstigeren Weg, eben in Buchform, nachlesen wollten.

So war der Gedanke geboren, das Ganze ähnlich einem Buffet zu gestalten, bei dem Sie, sehr verehrte Leserinnen und Leser, aus einer Vielzahl von Speisen zum einen neue, Ihnen unbekannte Dinge probieren und zum anderen bewährte und beliebte Speisen natürlich auch weiter genießen können. Ähnlich ist nach wie vor das Konzept dieses Buches aufgebaut. Themen, die entweder besonders wichtig oder ganz einfach aktuell sind, können Sie hier kennen lernen und sich so einen guten Gesamtüberblick verschaffen. Sollte ein Thema für Sie fesselnd oder entscheidend wichtig sein, haben Sie jederzeit die Möglichkeit, weitere Literatur von oder über den einzelnen Autor zu lesen.

Die positive Resonanz unserer Bücher hat uns freudig überrascht. Sowohl der erste, der zweite als auch der dritte Band haben besondere Plätze im Ranking von Amazon.de eingenommen, und alle Bände wurden sowohl in den Rezensionen als auch im Newsletter von Amazon besonders hervorgehoben. Vor kurzem traf ich einen Kunden, auf dessen Schreibtisch Band 1, 2 und 3 nebeneinander standen. Er meinte, diese Buchreihe sei ein hervorragendes Lexikon für ihn.

Die Auswahl der Autoren

Als Referent wie als Zuhörer nehme ich an zahlreichen Kongressen teil und erlebe dabei immer wieder andere faszinierende Redner. Und immer, wenn ich sowohl von der Ausstrahlung wie von den Inhalten dieser Menschen begeistert bin, dann erlaube ich mir die Frage, ob sie nicht einmal Lust hätten, bei einem nächsten Band *Von den Besten profitieren* mitzuschreiben. So zum Beispiel anlässlich unserer Veranstaltung »Zukunftsforum«, einem außergewöhnlichen Event, zu dem wir als Erste im deutschsprachigen Raum Bill Clinton nach seiner Amtszeit als Präsident der Vereinigten Staaten zu einem öffentlichen Termin nach Deutschland holen konnten. Natürlich wollten wir einen solchen Tag mit hochkarätigen Rednern füllen. Von einem, Herrn Prof. Dr. Hermann Simon, konnten Sie schon im letzten Band, dem Band 3, lesen. Zwei weitere Redner überraschten und verblüfften mich damals mit ihren außergewöhnlichen Inhalten. Da waren zum einen Bernd Bönte aus dem Hause *Sport Five*, der als Berater und Coach der berühmten Klitschko-Brüder uns einen Einblick in das Coaching und in die wirkungsvolle Zusammenarbeit mit Menschen gab, und zum anderen Leslie Mandoki. Ein vielseitig talentierter Mann, der in Deutschland nicht nur als Sänger mit dem Hit »Dschingis Khan«, sondern auch als Produzent unter anderem der *No Angels* sehr erfolgreich war und ist. Mit beiden habe ich intensive Gespräche geführt, die Sie im vorliegenden Band nachlesen können.

Die aktuellen Beiträge

So werden Sie in diesem Buch eine ganze Menge an Inhalten unterschiedlichster Herkunft finden, die zumindest mir viele Anregungen gegeben haben. Natürlich sind unter den Autoren wieder hochkarätige »klassische« Management- und Erfolgstrainer wie Alexander Christiani, Roland Spinola oder Brian Tracy. Andererseits gibt es Beiträge von Wissenschaftlern wie Friedemann Schulz von Thun oder Walter Simon. Das thematische Spektrum ist wie gewohnt breit – Sie erfahren von effektiver

Öffentlichkeitsarbeit, sinnvoller Ziel(um)setzung genauso wie von den Megatrends des Wandels oder hilfreichen Wegweisern in die Zukunft.

Dass Sie dieses Buch wie auch die drei Vorgängerbände nutzen, um Anregungen, Impulse und Besonderheiten für sich selbst zu entdecken, die Ihnen auf Ihrem persönlichen Weg zugute kommen, das wünsche ich Ihnen von ganzem Herzen. Eine gute Zeit, viel Erfolg und alle guten Wünsche!

Herzlichst,

Ihr
Hermann Scherer

Martin Betschart,

Experte für Erfolgsoptimierung, Unternehmensberater und Bestsellerautor, ist der wohl erfolgreichste Management- und Erfolgstrainer in der Schweiz und Geschäftsführer der Ressourcing Akademie AG.

Seit 1985 haben über 150 000 Menschen seine Vorträge und Seminare besucht. Schon über 500-mal wurde in Presse, Radio und Fernsehen über ihn berichtet. Führungskräfte von Deutsche Bank, Novartis, Winterthur Versicherungen, General Motors, Migros, Nestlé u. v. a. lassen sich von ihm begeistern.

Sein Background: Psychologie, Kinesiologie, Neurolinguistisches Programmieren – NLP (Zusammenarbeit mit Richard Bandler, Begründer von NLP), Engpasskonzentrierte Strategie – EKS, Teamentwicklung, Konfliktmanagement, Outdoor-Training, Verkauf, Führung und Coaching.

Als NLP-Pionier im deutschsprachigen Raum hat er verschiedene Modelle weiterentwickelt.

Martin Betschart ist der Begründer von Ressourcing®.

Kontakt: www.ressourcing.com

Martin Betschart

Die Geheimnisse des Erfolges

Was überdurchschnittlich erfolgreiche Menschen anders machen

Seit etwa 20 Jahren untersuche und modelliere ich Menschen, die überdurchschnittlich erfolgreich sind. Ich wollte wissen, was die Erfolgreichen von den Erfolglosen konkret unterscheidet. Es gibt viele Theorien, die versuchen zu erklären, warum jemand erfolgreich ist, doch die meisten dieser Theorien scheiterten bis jetzt in der Praxis.

5 Erfolgsprinzipien

Bei insgesamt über 500 Personen (alle beruflich, privat und auch gesundheitlich erfolgreich) fanden wir, mein Mitarbeiterteam und ich, eine enorm hohe Übereinstimmung, die wir in fünf Säulen oder Erfolgsprinzipien zusammenfassen konnten. Auf einen Nenner gebracht, können wir sagen: Überdurchschnittlich erfolgreiche Menschen sind starke Persönlichkeiten, die fünf Dimensionen zeigen, was diese starke Persönlichkeit ausmacht. Unsere Praxiserfahrung mit über 150 000 Teilnehmer/innen an Seminaren seit 1985 bestätigt diese Ergebnisse klar.

1. Säule: Stimmigkeit – Selbstvertrauen – Charisma

Alle Menschen, die überdurchschnittlich erfolgreich sind, so zeigten unsere Untersuchungen, sind in sich sehr stimmig. Das heißt,

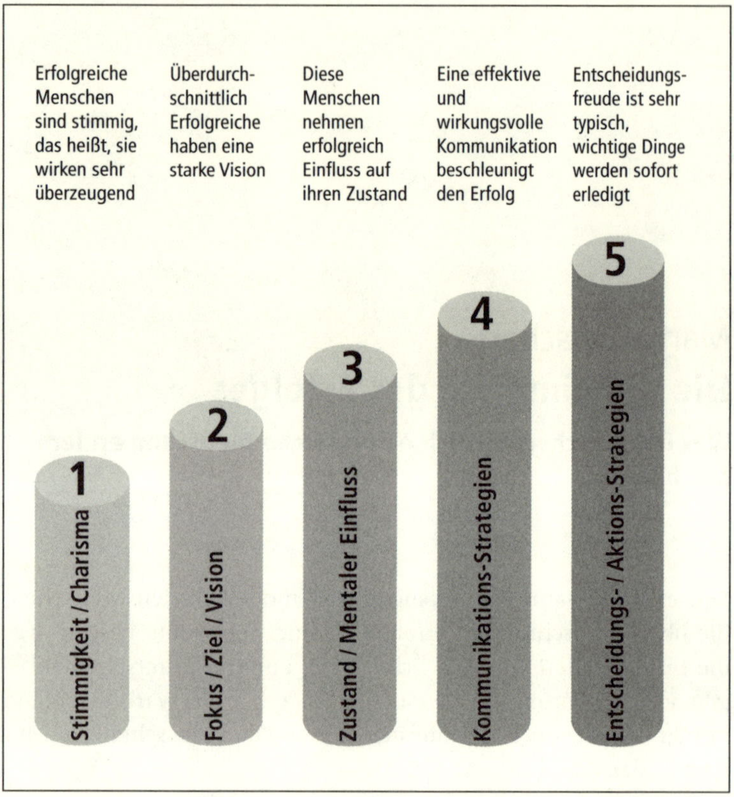

Abb. 1: Die fünf Säulen des Erfolges

sie wirken glaubwürdig und überzeugend. Diese Ausstrahlung von innerer Harmonie und Echtheit wird oft auch als Charisma bezeichnet. Solche Menschen sind selbstbewusst und haben ein sehr starkes Selbstvertrauen.

Persönlichkeit ausstrahlen

Was ist genau gemeint mit Stimmigkeit? Gehen Sie für einen Moment in Gedanken Ihren Bekanntenkreis durch. Gibt es da Menschen, die anpacken können, was sie wollen – und es funktioniert? Wirken diese Menschen stimmig? Sind sie überzeugend? Sind diese Menschen ganz bei sich selbst? Haben sie vielleicht eine gewinnende Ausstrahlung (Charisma)?

Bei anderen wiederum werden Sie feststellen, dass irgendetwas nicht stimmt, aber Sie wissen nicht, warum das so ist. Ihre unbewusste Wahrnehmung bekommt in diesen Fällen unstimmige

Signale. Wirken diese Menschen überzeugend? Wahrscheinlich nicht. Sind diese Menschen erfolgreich?

Haben Sie jemals in einem Film oder einem Theaterstück Schauspieler erlebt, bei denen Sie das Gefühl hatten, der passt nicht in diese Rolle? Auch ein Schauspieler kann eine Rolle nur erfolgreich spielen, wenn sie zu seiner Persönlichkeitsstruktur passt! Wir sagen dann: »Die Rolle ist ihm auf den Leib geschrieben.«

Was macht stimmig oder unstimmig?

Anerkanntes Verhalten wird gelernt

Wir Menschen sind alle sehr unterschiedlich, das ist bekannt, aber was macht diese Unterschiede aus, und warum ist das so? Gehen Sie einmal in Gedanken zurück in Ihre Kindheit. Überlegen Sie sich, welches Verhalten Sie zuerst gelernt haben. Vermutlich werden Sie feststellen, dass Sie sehr früh gelernt haben, sich so zu verhalten, dass dieses Verhalten anderen gefällt, denn dann wurden Sie belohnt. Wann haben Sie ein Eis bekommen, wenn Sie »süß« lächelten oder wenn Sie die Zunge rausstreckten? Sie haben sich also sehr früh schon viele Verhaltensweisen angeeignet. Niemand hat sich aber die Frage gestellt, ob diese Verhaltensweisen auch zu Ihrer genetischen Persönlichkeitsstruktur passen.

Schulische Prägung

Gehen Sie nun gedanklich in Ihre Schulzeit. Da wird davon gesprochen, dass die Menschen unterschiedlich seien, jedoch werden alle gleich behandelt, es wird von allen das Gleiche erwartet. Was steht zum Beispiel bei einem Kind im Zeugnis, das von Natur aus sehr impulsiv ist? Sein Verhalten wird eher negativ bewertet, etwa mit Worten wie: »stört den Unterricht«, »ist unruhig«, »redet dazwischen«, »ist vorlaut«, »ist oberflächlich« usw. Was steht bei einem Schüler im Zeugnis, der ein starkes natürliches Bedürfnis hat, sich häufig mit dem Banknachbarn auszutauschen? Auch dieses Verhalten wird in der Regel negativ bewertet, etwa: »spricht ständig«, »Schwatztante«, »stört den Unterricht durch Gespräche mit dem Banknachbarn« usw.

Das Kind, das ruhig und konzentriert ist und die Anweisungen des Lehrers befolgt, wird im Verhalten positiv bewertet, denn es macht keine Probleme und ist für den Lehrer leicht zu »handhaben«. Sie sehen, wie unser Schulsystem dazu beiträgt, dass wir bestimmten Verhaltensweisen einen positiven oder negativen Wert beimessen. Die Folge für diejenigen, die dem gewünschten Verhalten nicht innerlich entsprechen, ist Unstimmigkeit. Ähnlich ist es später in der Berufsschule, an der Universität und auch in der militärischen Ausbildung.

Idealbilder und Vorbilder

Die meisten Menschen haben gerade in der Jugendzeit Vorbilder und Idole. Die Versuchung, auch so sein zu wollen und diese Verhaltensweisen zu kopieren, ist sehr groß. Doch es lohnt sich nicht, jemand anders sein zu wollen, weder physisch noch psychisch.

Selbstsicherheit und Selbstvertrauen

Je stimmiger Sie sind, umso wohler fühlen Sie sich in Ihrer Haut. Wenn Sie sich wohl fühlen, wirkt sich das auf Ihre Selbstsicherheit aus. Selbstsicherheit ist die Basis für das Selbstvertrauen, und dies ist ein ganz entscheidender Erfolgsfaktor.

Erfolgsstrategien

Jeder Mensch hat seine eigene Erfolgsstrategie. Vielleicht haben Sie einmal die Erfahrung gemacht, dass Sie etwas bei einem Menschen gesehen haben und dachten, das könnten Sie genauso machen, aber bei Ihnen hat es nicht funktioniert. An was liegt das? Nun, jeder Mensch hat eben seine bestimmte Persönlichkeitsstruktur.

Wenn Sie versuchen, eine Strategie anzuwenden, die nicht zu Ihnen passt, dann kann es nicht funktionieren. Sie müssen Ihre eigene individuelle Erfolgsstrategie herausfinden.

Jeder Mensch ist anders

Systeme der Charaktereinteilung

Seit Jahrtausenden bemüht sich die Menschheit, einzelne Individuen zu charakterisieren und nach gewissen Eigenschaften und Körpermerkmalen oder anderen Gemeinsamkeiten einzustufen. Die ersten bekannten Charaktereinteilungen gehen schon auf die alten Griechen zurück: Hippokrates unterschied die Menschen in seiner Temperamenten-Lehre als Sanguiniker, Choleriker, Phlegmatiker und Melancholiker. Pestalozzi unterteilte in herz-, hand- oder kopfgeprägte Eigenschaften. Die in den 60er-Jahren entstandene Transaktionsanalyse unterscheidet nach Kind-, Eltern- oder Erwachsenen-Ich.

Die Bedeutung der Gene

Immer mehr ließen sich auch anfängliche Vermutungen nachweisen, dass die Erbmasse einen großen Einfluss auf die physischen und psychischen Eigenschaften des Menschen ausübt. Indessen brachte erst die moderne Hirnforschung (Ende der 1980er-, Anfang der 1990er-Jahre) die wissenschaftliche Bestätigung dessen, was der bekannte Hirnforscher Dr. Paul Mac Lean bereits in den 70er-Jahren des 20. Jahrhunderts aufdeckte: Das Verhalten des Menschen und seine körperliche Form hängen im Wesentlichen von seiner Genstruktur ab. Und diese biologische Erbstruktur steht im direkten Zusammenhang mit der Struktur des menschlichen Gehirns.

Stimmigkeit bedeutet, ein Original zu sein mit allen Ecken und Kanten und keine Kopie von jemand anderem. Auf der Basis dieses Bewusstseins der ganz speziellen Stärken kann sich ein gutes Selbstvertrauen entwickeln. Dies ist die erste aller Erfolgsgrundlagen.

2. Säule: Fokus – Ziel – Vision

Diese überdurchschnittlich erfolgreichen Menschen hatten eine Vision, die ihrem Leben eine klare Richtung gab. Einigen, so haben wir festgestellt, ist diese Vision nicht bewusst, was auch gar nicht so wichtig ist, denn wir werden ja größtenteils von unseren unbewussten Programmen gesteuert. Die Vision ist das, was wir langfristig anstreben, das, was unseren Lebenssinn beinhaltet. Das Ziel ist kurz- bis mittelfristig zu sehen. Es muss aber in die gleiche Richtung wie die Vision gehen, sonst kann es nicht erreicht werden. Mit dem Fokus ist gemeint, worauf wir unsere momentane mentale Aufmerksamkeit lenken. Wenn unsere Gedanken sich vorwiegend mit Schwierigkeiten beschäftigen, dann werden wir auch Schwierigkeiten haben. Wenn wir eine starke Vision und klare Ziele haben, ist auch unser mentaler Fokus hierauf ausgerichtet.

> *»Nur wenn mein Leben eine Vision hat, nach der ich mich sehne, die ich verwirklichen möchte, dann gibt es auch ein Motiv, mich anzustrengen.«*
> Erich Fromm

Der Fokus

Die mentale Aufmerksamkeit

Mit dem Fokus meine ich die momentane mentale Aufmerksamkeit. Folgende Übung zeigt Ihnen, wie selektiv wir die Umwelt wahrnehmen.

Übung:

Wenn Sie eine Armbanduhr tragen, dann drehen Sie jetzt Ihren Arm nach unten, sodass Sie die Uhr nicht mehr sehen können. Versuchen Sie sich nun zu erinnern, was für Zeichen auf Ihrem Zifferblatt sind. Punkte, Zahlen, Striche oder Steine? Schauen Sie nun ganz kurz nach und überprüfen Sie, ob Sie sich richtig erinnert haben, und drehen Sie dann den Arm sofort wieder um. Wissen Sie jetzt auch, wie spät es ist? Höchstwahrscheinlich nicht, denn das war ja jetzt nicht gefragt, und darum war Ihr Fokus auf das Zifferblatt ausgerichtet und nicht auf die Zeiger. Wenn Sie die Zeiger trotzdem bewusst wahrgenommen haben, dann war Ihr Fokus nicht »geschärft«.

Da wo der Fokus ist, da ist die Energie.

Das Ziel

Ziele sind terminiert und nachprüfbar

Das Ziel ist das, worauf Sie direkt zusteuern. Je klarer und deutlicher Ihr Ziel ist, umso einfacher ist es, Ihren Fokus darauf zu richten. Wenn Sie sich zum Beispiel sehr schwer konzentrieren können, dann liegt es vielleicht daran, dass Ihr Fokus immer wieder abschweift, Ihre Ziele nicht klar sind. Ein Ziel ist immer fest terminiert, im Zeitraum von einem Tag bis zu fünf Jahren, und nachprüfbar.

Stellen Sie sich einmal vor, Sie sitzen bei einem Fußballspiel in einem Stadion mit über 10 000 begeisterten Fußballfans. Die Spieler sind hoch motiviert, den Ball in das Tor respektive ins Ziel zu bringen. Stellen Sie sich weiter vor, Sie würden nun mit einer anderen Person auf das Fußballfeld gehen und die Tore entfernen. Was würde geschehen? Mit Sicherheit würde sich ein Chaos entwickeln. Hätten die Spieler jetzt noch dieselbe Energie, oder würde sich hier etwas verändern? Eines ist klar: Das Ziel ist weg und somit auch die Energie.

Menschen, die ziellos durchs Leben gehen, sind auch antriebslos, weil sie gar nicht wissen, weshalb sie morgens aufstehen sollen. Für viele Menschen ist denn auch das Hauptmotiv, morgens aufzustehen, dass sie eine volle Blase haben.

Ein Mensch, der sich ernsthaft ein Ziel gesetzt hat und dabei einige Regeln beachtet, wird es auch erreichen.

Die Vision

Der Fixstern am Horizont

Die Vision ist der Fixstern am Horizont. Eine Vision ist im Vergleich zum Ziel viel langfristiger. Die Vision ist zeitlich nicht begrenzt. Idealerweise schaffen Sie sich zuerst eine starke Vision. Ihre Version ist dann stark, wenn Sie ein brennendes Verlangen verspüren, etwas Bestimmtes zu erreichen oder zu erleben. Die Vision beinhaltet meistens auch den Lebenssinn.

> *»Vision ist die Kunst, unsichtbare Dinge zu sehen!«*
> Jonathan Swift

Zielfindung und Visionsentwicklung

Übung:

Über folgende Dinge muss ich mir im Klaren sein:

A. Was will ich in meinem Leben erreichen? Beruf – Partnerschaft – Gesundheit – Finanzen – Persönlichkeit: Notieren Sie bitte alles, was Sie haben möchten und was Ihnen wirklich wichtig ist.

B. Was will ich vermeiden? Was möchte ich auf keinen Fall haben? Genauso wichtig ist es, abzugrenzen, was ich nicht will. Bitte notieren Sie ganz genau, was Sie nicht haben wollen.

C. Welche Fähigkeiten brauche ich, um das, was mir wichtig ist, zu erreichen? Habe ich diese Fähigkeiten? Bitte notieren Sie die für Ihre Vision notwendigen Fähigkeiten.

Fazit: Je genauer Sie wissen, was Sie wollen, umso größer ist die Wahrscheinlichkeit, dass Sie es auch erreichen.

3. Säule: Der mentale Einfluss

Begeisterung, Motivation, »gut drauf sein« oder auch Leidenschaft wurden bei den befragten überdurchschnittlich Erfolgreichen oft genannt. Die Untersuchungen zeigten deutlich, dass diese Menschen sich nicht stark beeinflussen lassen von dem, was um sie herum passiert. Sie haben gelernt, ihren Gefühlszustand selbst zu beeinflussen. Diese Menschen bestimmen selbst, wie es ihnen geht, und nicht das Wetter oder sonst irgendetwas. Bei den meisten Menschen ist es genau umgekehrt: Wenn ihnen zum Beispiel morgens um acht Uhr jemand den Parkplatz vor der Nase wegnimmt, dann sind viele bis zum Mittag schlecht gelaunt. Das bedeutet, dass nicht sie selbst entscheiden, wie es ihnen geht, sondern ihr Umfeld ihren Zustand bestimmt.

Wie sieht es im Spitzensport aus, im Tennis, Golf, Skisport usw.? Was entscheidet schlussendlich über Sieg oder Niederlage? Die letzten paar Hundertstelsekunden bestimmen die Athleten im Kopf, durch mentalen Einfluss.

Managen Sie selbst Ihren Zustand, oder tun es andere?

Das eigene Wohlbefinden selbst bestimmen

Wie geht es Ihnen? Diese Frage stellen wir tagtäglich. Interessanter erscheint mir, was Sie tun, damit es Ihnen gut geht. Bestimmen Sie selbst, wie es Ihnen geht, oder bestimmen andere Menschen oder Begebenheiten Ihren Gefühlszustand? Wenn andere Dinge Ihr Befinden beherrschen, dann ist es höchste Zeit, dass Sie »Ihr

Leben selbst in die Hand nehmen«. Erkennen Sie die Elemente, die Ihre Stimmung positiv beeinflussen, und lernen Sie diese gezielt einzusetzen.

Aus welcher Verfassung heraus wir in unserem Leben agieren, ist entscheidend für die Ergebnisse, die wir erreichen. Denken Sie für einen Augenblick an etwas, was Sie vielleicht schon lange erledigen sollten und es aus irgendwelchen Gründen nicht getan haben. Wie fühlen Sie sich dabei? Wahrscheinlich nicht sehr gut. Verspüren Sie nun Energie, es anzugehen? Vermutlich nicht. Denken Sie nun an etwas, was Sie zu erledigen haben, was Ihnen viel Freude bereitet. Sie werden es mit Leichtigkeit erledigen.

Folgende Faktoren beeinflussen hauptsächlich Ihren mentalen Zustand:

Ziel und mentaler Zustand

Denken Sie für einen Moment an eines Ihrer Ziele. Beeinflusst es Ihren Zustand? Wenn es Ihr Befinden nicht beeinflussen würde, dann müssten Sie sich jetzt fragen, ob das wirklich etwas ist, was Sie erreichen möchten.

Wenn Sie ein attraktives Ziel haben, dann haben die Gedanken daran einen starken Einfluss auf Ihren momentanen Zustand. Oft hören wir von Menschen: »Ich bin motiviert« oder »ich bin nicht motiviert«. Was glauben Sie, was diese Motivation ausmacht? Das Wort *Motivation* kommt von *Motiv*. Wir brauchen also ein Motiv beziehungsweise ein Ziel, das dieses Motiv beinhaltet. Wenn Sie jetzt feststellen, dass Sie Ihr Ziel zu wenig motiviert, dann sollten Sie sich noch einmal ausführlich damit beschäftigen.

Ein attraktives Ziel verleiht Flügel.

Erinnerer und Informationen

Vielleicht können Sie sich an Ihren letzten Urlaub erinnern, an den Sommerhit, den Sie immer wieder gehört haben. Jetzt

Sich positiv programmieren

sind Sie wieder zu Hause und gehen Ihrem Tagesgeschäft nach, und alles ist wieder ganz normal. Auf einmal erklingt im Radio dieser Sommerhit, und was passiert mit Ihnen? Sie fühlen sich wieder in Ihren Urlaub zurückversetzt. Die Bilder, die Düfte und vielleicht auch das Rauschen des Meeres kommen wieder. Das nennen wir einen *Erinnerer*. Denn dieser Klang erinnert uns an ein schönes Erlebnis, löst einen angenehmen Zustand bei uns aus. Solche Erinnerer funktionieren auf allen Sinnesebenen. Sie können diese selbst bewusst auslösen, indem Sie sich zum Beispiel eine bestimmte Musik anhören oder die entsprechenden Bilder anschauen. So können Sie Ihren mentalen Zustand in Zukunft direkter beeinflussen.

Körperhaltung

Ihre Körperhaltung und die Art und Weise, wie Sie sich bewegen, haben einen starken Einfluss auf Ihren Gefühlszustand.

Übung:

Setzen Sie sich nun auf einen Stuhl und lassen Sie alles hängen, jeden Muskel Ihres Körpers. Nehmen Sie genau die Körperhaltung ein, die Sie normalerweise einnehmen, wenn Sie sich schlecht fühlen. Der Kopf schaut zum Boden, die Schultern hängen nach unten, ebenso Ihre Mundwinkel, und auch Ihr Oberkörper neigt sich nach unten. Bleiben Sie nun für ein paar Augenblicke in dieser Haltung. Denken Sie jetzt an eine wunderschöne Situation in Ihrer Vergangenheit, ohne Ihre Körperhaltung zu verändern.
Und, hat es funktioniert? Höchstwahrscheinlich nicht. Jetzt setzen Sie sich aufrecht hin. Nehmen Sie die Schultern zurück, drücken Sie die Brust raus, der Kopf schaut nach oben, und Sie atmen einmal tief und kräftig ein und aus. Bleiben Sie jetzt in genau dieser Haltung und denken Sie an etwas, was Sie nicht mögen, eine Arbeit oder einen Menschen, ohne Ihre Körperhaltung zu verändern.
Was ist jetzt passiert? Auch das hat wahrscheinlich nicht funktioniert. Bleiben Sie nun noch für einen Moment in dieser Haltung, und denken Sie dabei an etwas Angenehmes. Das wird am besten gehen.

Warum ist das so? Ihre Körperhaltung und Ihr Gefühlszustand sind miteinander verankert. Das bedeutet, damit Sie sich schlecht oder depressiv fühlen können, müssen Sie eine ganz bestimmte Körperhaltung einnehmen. Also, wenn es Ihnen das nächste Mal nicht so gut geht, dann machen Sie Folgendes: Richten Sie Ihren Körper auf, und bringen Sie ihn in eine »Siegerposition«, heben Sie dabei Ihren Kopf an, und Ihre Augen richten Sie nach oben. Wenn Sie es schaffen, mindestens eine Minute in dieser Position zu bleiben, dann können Sie sich nicht mehr so schlecht fühlen wie vorher. Das ist ein sehr schönes Beispiel dafür, wie wir unseren Zustand über unseren Körper beeinflussen können.

Körper und Gefühl sind vernetzt

> *»Wenn einem das Wasser bis zum Halse steht,*
> *sollte man den Kopf nicht hängen lassen.«*
> Anonym

Vorstellungskraft

Die Art und Weise, wie Sie sich etwas vorstellen, hat einen sehr starken Einfluss auf Ihren Gefühlszustand.

Übung:

Denken Sie jetzt an eine Speise, die Sie sehr gerne mögen, vielleicht eine Tafel Schokolade. Schauen Sie sich dieses Bild an. Lassen Sie nun dieses Bild in Ihrer Vorstellung größer und heller werden. Nähern Sie sich gedanklich diesem Bild. Sehen Sie die Farben noch klarer, die Konturen noch deutlicher. Haben Sie jetzt das Bedürfnis nach Schokolade oder nach dem, das Sie sich vorgestellt haben?

Wenn Sie diese Übung gemacht haben, dann wird das Bedürfnis danach sehr stark sein. Bevor Sie jetzt aber losmarschieren und sich mit Schokolade oder etwas anderem voll stopfen, machen Sie bitte Folgendes:

Übung (Fortsetzung):

Schauen Sie das Bild wieder an. Schieben Sie es nun in Ihrer Vorstellung weiter weg – sodass es kleiner wird. Lassen Sie zuerst die Farben undeutlicher werden, dann schwarz-weiß. Was hat sich jetzt verändert?

Das Bedürfnis danach ist weg oder mit Sicherheit viel kleiner. Das ist eine wertvolle Technik, mit der auch Phobien sehr erfolgreich behandelt werden.

Die Qualität der Vorstellung beeinflusst direkt die Qualität unseres Lebens.

Ernährung

Bei manchen Menschen bekommt der Körper zu viel und der Geist zu wenig Nahrung.

Es gibt zu wenigen Themen so viele »Wahrheiten« wie zu diesem. Kaum ein Tag vergeht, an dem nicht eine neue Superdiät in der Presse erscheint. Fast die Hälfte der Bevölkerung in den Industriestaaten hat Gewichtsprobleme. Nahrungsmittel wie Diäten haben sich mittlerweile zu einem großen Wirtschaftszweig entwickelt. Ich persönlich glaube, dass mit dem Essen sehr vieles kompensiert wird. Bei manchen Menschen sieht es aus, als würden sie sich einen Schutzpanzer anessen. Andere wiederum »essen die Probleme in sich hinein«.

Keine Patent-Rezepte beim Essen

Es gibt kein generelles Richtig oder Falsch bei der Ernährung. Ich habe festgestellt, dass es Menschen gibt, die sehr viel essen und sich wenig bewegen, aber trotzdem sehr schlank sind. Auf der anderen Seite gibt es viele Menschen, die essen wesentlich weniger, aber sie nehmen trotzdem zu. Das hat unter anderem etwas mit der biologischen Struktur des Menschen zu tun. Untersuchungen haben gezeigt, dass Menschen auf unterschiedliche Nahrung unterschiedlich reagieren. Ferner gibt die Persönlichkeitsstruktur Aufschlüsse über die Art und Weise der Nahrungsaufnahme.

Sie müssen jenseits aller guten Ratschläge – die Ihnen natürlich helfen können – Ihren Weg zu einer Ihnen gemäßen Ernährung finden, bei der Sie sich wohl fühlen. Übrigens:

Zivilisiert bezeichnet man eine Gesellschaft, wenn mehr Menschen an Verfettung sterben als durch Hunger umkommen.

Atmung

Sauerstoff ist die wichtigste Nahrung für unser Gehirn. Die Art und Weise, wie Sie atmen, hat einen direkten Einfluss auf Ihren Zustand. Viele Menschen atmen nur dann richtig ein, wenn sie den Rauch einer Zigarette inhalieren. Durch das richtige Atmen wird Ihr Körper mit genügend Sauerstoff versorgt, aber auch Ihr Lymphsystem wird angeregt, was sehr wichtig ist. Haben Sie ab und zu Schwierigkeiten, sich zu konzentrieren? Oder glauben Sie, ein schlechtes Gedächtnis zu haben? Der Grund liegt vielleicht darin, dass Ihr Gehirn zu wenig Sauerstoff bekommt. Das richtige Atmen können Sie trainieren.

Die Kraft von Fragen

Der innere Dialog

Haben Sie sich schon einmal überlegt, was in Ihrem Kopf passiert, wenn Sie sagen, Sie denken nach? Ich glaube, dass wir, wenn wir sagen, wir dächten, uns vorwiegend selbst Fragen stellen. Den meisten Menschen ist es gar nicht bewusst, dass sie sich ständig selbst Fragen stellen. Je nachdem, welche Fragen wir uns stellen, beeinflussen wir ebenfalls unseren mentalen Zustand.

Übung:

Probieren Sie morgen früh bitte Folgendes aus:
Sobald Sie wach werden, fragen Sie sich: »Was kommt heute alles auf mich zu, was könnte alles schief gehen? Was muss ich alles noch erledigen, das ich nicht gerne tue?« Achten Sie dann darauf, was für Antworten Sie bekommen und wie Sie sich fühlen.
Vielleicht stellen Sie dann fest, dass es sich gar nicht lohnt, aufzustehen. Sie können sich dann sehr schwer motivieren, was ja verständlich ist, denn Sie haben gar kein Motiv, aufzustehen.
Besser ist es, wenn Sie sich Fragen stellen wie: »Auf was kann ich mich heute freuen?« Versuchen Sie auf diese Frage mindestens fünf Antworten zu finden, und Sie werden erfahren, dass es Ihnen schwer fällt, liegen zu bleiben.

Wenn Sie sich fragen, warum Sie nicht erfolgreich sein werden, dann werden Sie Gründe dafür finden. Wenn Sie sich aber fragen, was Sie für den Erfolg alles brauchen, dann haben Sie sehr gute Chancen. Sie sehen also, die Qualität der Fragen an sich selbst hat einen entscheidenden Einfluss auf Ihren momentanen Zustand, und sie gibt Ihrem Denken eine völlig andere Richtung.

4. Säule: Kommunikationsstrategien

Inhalte zählen nur zu 8 Prozent

Überdurchschnittlich erfolgreiche Menschen kommunizieren effektiver und wirkungsvoller. Wie wir uns kleiden, welche Frisur wir haben, wie wir uns bewegen – mit allen diesen Dingen senden wir Informationen an unser Umfeld. Kommunikation spielt sich – grob gesehen – auf drei Ebenen ab: Verschiedene Untersuchungen haben gezeigt, dass Worte oder Inhalte nur etwa 8 Prozent der gesamten Kommunikation ausmachen, Tonalitäten rund 36 Prozent und der Körper etwa 56 Prozent. Wenn wir uns jetzt die Frage stellen, welche dieser drei Ebenen der Kommunikation wir bewusst gelernt haben, dann stellen wir fest, dass die meisten Menschen nur gelernt haben, was Worte bedeuten. Wir haben hier also ein riesiges Potenzial von Ressourcen, die wir aktivieren können.

Die Qualität der Kommunikation bestimmt direkt die Qualität unseres Lebens.

Beziehung schaffen

Beziehungen kommen nicht aus dem Nichts

Wenn ich Menschen frage, was zum Erfolg führt, dann höre ich oft das Wort »Beziehungen« oder auch »Vitamin B«. »Der hat halt Beziehungen!« Ich frage dann die Leute: »Woher kommen denn diese Beziehungen?« Nach dieser Frage werde ich meistens verdutzt angeschaut. Beziehungen müssen geschaffen und bestehende Beziehungen müssen ständig gepflegt werden. Die Basis aller erfolgreichen Beziehungen ist die erfolgreiche Kommunikation.

Nur, wie machen wir das? Wir gleichen uns unserem Gesprächspartner an. Das heißt, wir begeben uns auf die gleiche Ebene wie er. Dies wiederum signalisiert seinem Unterbewusstsein: »Wir sind gleich«, es folgt also keine Bedrohung, kein Machtkampf.

Ein »Wir-Gefühl« schaffen

Vielleicht können Sie sich noch erinnern, wie das in der Schule war. Sie saßen am Tisch, und der Lehrer stand vor Ihnen. Sie mussten zu ihm aufschauen. Wie haben Sie sich dabei gefühlt? Wahrscheinlich unterlegen. Dies wiederum führt zu Stress und zu Denkblockaden. Damit Sie wirkungsvoll kommunizieren können, müssen Sie auf gleicher Ebene mit Ihrem Gesprächspartner reden. Wenn Sie am Tisch sitzen, setzen Sie sich dem anderen lieber nicht direkt gegenüber, sondern möglichst übers Eck. Denn wenn Sie Ihrem Gesprächspartner gegenübersitzen, sind das zwei verschiedene (konträre) Positionen. Wenn Sie eher nebeneinander sitzen, schaffen Sie ein »Wir-Gefühl«.

Die Kommunikation ist nur dann gut, wenn alle daran Beteiligten gewinnen.

Vielleicht können Sie sich an ein Gespräch erinnern, das ganz toll war. Überlegen Sie einmal ganz genau, was dieses Gespräch so gut gemacht hat. Waren es die Inhalte, oder haben Sie sich einfach verstanden und akzeptiert gefühlt? Meine Seminarteilnehmer berichten hier von Harmonie oder Gleichklang. Es ist dabei sehr wichtig, dass Sie Ihren Partner in seiner Gestik und Mimik nicht nachäffen, sondern lediglich einen gleichen Rhythmus finden. Sie müssen stets Sie selbst bleiben.

Die eigene Wahrnehmung trainieren

Damit Sie wirkungsvoll kommunizieren können, ist es wichtig, dass Sie Ihre Wahrnehmung trainieren. Dass Sie lernen, Ihren Fokus voll und ganz auf Ihren jeweiligen Gesprächspartner zu lenken, um so viel Informationen wie nur möglich zu bekommen, eben nicht nur inhaltliche. Viele Menschen sind Spezialisten darin, Dinge zu interpretieren, dies ist der Kommunikation hinderlich, es verfälscht die Wahrnehmung. Die Steigerung wäre das »Halluzinieren«. Kennen Sie Menschen, die Ihnen schon Antworten geben, bevor Sie zu Ende gesprochen haben? Das meine ich mit halluzinieren.

Loserstrategien

Negative Kommunikationsmuster

Es gibt Kommunikationsmuster, die uns nur schaden. Wir alle beherrschen diese Muster, denn sie wurden uns über Jahre hinweg von Eltern, Lehrern und anderen prägenden Personen vorgeführt. Wir haben diese Muster unbewusst übernommen und sie höchstwahrscheinlich nie infrage gestellt. Wenn es uns jedoch gelingt, diese Muster durch bessere zu ersetzen, dann steigert sich zwangsläufig unsere Lebensqualität.

Schuldzuweisungen – Rechfertigungen

Wer ist schuld, ist meistens die erste Frage, wenn irgendetwas nicht vorstellungsgemäß eingetreten ist. Wenn es uns gelingt, uns mehr mit Lösungen zu beschäftigen als mit der Suche nach Schuldigen, dann ist das ein großer Fortschritt. Natürlich muss in manchen Fällen geklärt werden, wer Schuld hat, etwa bei einem Autounfall. Aber bei vielen alltäglichen Kleinigkeiten ist dies wirklich überflüssig und führt zu nichts. Sobald uns Schuld zugeschoben wird, üben wir uns regelmäßig im Rechtfertigen, was uns jedoch nicht weiterbringt.

Vorwürfe

Vorwürfe sind oft die Steigerung nach Schuldzuweisungen. Haben Sie es gerne, wenn Ihnen jemand Vorwürfe macht? Natürlich nicht! Deshalb achten Sie darauf, dass Sie Vorwürfe vermeiden, denn Vorwürfe sind die Beziehungskiller Nummer eins.

Nörgeleien

Nörgler sind meist mit sich selbst unzufrieden. Ihre Anwürfe sind oft eine Art Hilferuf. Fragen Sie sich auch hier selbstkritisch: Mögen Sie es, wenn jemand an Ihnen »herumnörgelt«? Steter Tropfen höhlt den Stein.

Anspielungen und Generalisierungen

»Ach, typisch Mann!« oder »Das ist wieder typisch Frau!« – Solche und ähnliche Anspielungen schaden jeder Beziehung enorm. Die Erfahrung zeigt, dass dieses Generalisieren zu nichts führt. Es gibt Menschen, die beherrschen es, Anspielungen zu machen, die wie Giftpfeile wirken. Das verletzt andere zutiefst und tötet jegliche Kommunikation.

Kommunikationsmuster dieser Art bringen Sie nicht weiter.

Kommunikation heißt positive Beeinflussung

Keine falsche Bescheidenheit

Kommunizieren Sie klar Ihren *USP (Unique Selling Proposition)*. Sie können das beste Produkt, die beste Dienstleistung haben, der Beste sein; doch es nützt nichts, wenn es niemand weiß! Gut zu sein, ein gutes Produkt oder eine gute Dienstleistung anzubieten, reicht heute nicht mehr aus. Sie müssen dies auch kommunizieren. Falsche Bescheidenheit ist nicht angebracht. Ich kenne Menschen, die sind nicht besonders gut, eher nur mittelmäßig, doch sie beherrschen ein geniales Marketing und sind damit sehr erfolgreich. Andere wiederum haben eine hervorragende PR-Agentur im Hintergrund.

Was ist das Besondere an Ihnen, an Ihrem Produkt oder an Ihrer Dienstleistung? Was können Sie besser oder schneller als andere? Ob Sie selbstständig, Verkäufer, Berater, Geschäftsführer oder Angestellter sind, Sie verkaufen immer etwas. Als Angestellter Ihre Arbeitskraft oder Ihre Leistung, als Mutter Ihre Moralvorstellungen.

Übung:

Finden Sie jetzt mindestens fünf Punkte, warum die Leute ausgerechnet zu Ihnen kommen sollen:

1. ______________________________

2. ______________________________

3. ______________________________

4. ______________________________

5. ______________________________

Nachdem Sie diese fünf Punkte gefunden haben, bringen Sie sie in eine Rangfolge, und versuchen Sie nun den wichtigsten Punkt in zwei bis drei Sätzen zu formulieren:

____

____

____

____

Finden Sie Wege, dies so oft wie möglich zu kommunizieren.

5. Säule: Aktions- und Entscheidungsstrategien

Entscheidungsfreudig sein

Überdurchschnittlich erfolgreiche Menschen handeln schnell. Sie packen die Dinge an. Verlierer schieben alles auf und suchen ständig Ausreden. Viele Menschen haben tolle Pläne und Ideen, können sie jedoch nicht umsetzen, weil sie zum Beispiel keine wirkungsvollen Entscheidungsstrategien haben. Die besten Pläne nützen nichts, wenn sie nicht umgesetzt werden. Erfolgreiche Menschen benutzen wirkungsvolle Aktionsstrategien. Ob eine Entscheidung wirklich richtig war, wissen Sie sowieso immer erst später. Erfolgreiche Menschen treffen gerne Entscheidungen, Misserfolgsmenschen schieben Entscheidungen vor sich her.

> *»Es ist besser, unvollkommene Entscheidungen zu treffen, als ständig nach vollkommenen Entscheidungen zu suchen, die es niemals geben wird.«*
> Charles de Gaulle

Akteur heißt in Aktion sein

Spielen Sie die Hauptrolle in Ihrem Leben! Werden Sie echter Akteur und kommen Sie in Aktion! Entscheiden Sie sich jetzt – nicht morgen oder übermorgen, sondern jetzt sofort klar dafür, Akteur zu sein, und das nicht nur halbherzig! Denken Sie daran, »ein bisschen schwanger« gibt es nicht! Damit Sie in Aktion kommen können, müssen Sie natürlich genau wissen, wohin! Sie brauchen eine klare Vorstellung von Ihrem Ziel, welches Ihnen wiederum das Motiv (Motivation) liefert, um in Aktion zu kommen.

Sie müssen sich klar für etwas entscheiden, um wirkungsvoll in Aktion zu kommen. Bei einer Untersuchung in einem Großkonzern wurde festgestellt, dass mehr Geld verloren geht, weil Entscheidungen nicht getroffen werden, als durch Fehlentscheidungen. Ob die Entscheidung richtig oder falsch war, wissen Sie ohnehin erst hinterher. Also, lieber 80 Prozent sicher und schnell genug als 100 Prozent sicher und zu langsam!

Unerledigtes

Vielleicht haben Sie einen Stapel auf Ihrem Schreibtisch, der schon lange erledigt werden müsste. Aber Sie können sich einfach nicht richtig dazu motivieren, und allein wenn Sie den Papierstapel sehen, kommen Sie schon in schlechte Stimmung.

Übung:

Stehen Sie auf und schließen Sie die Augen. Stellen Sie sich jetzt klar und deutlich vor, Sie hätten alles erledigt. Wie würden Sie sich fühlen? Machen Sie sich nun mit diesem Gefühl an die Arbeit, und Sie werden sehen, es ist einfacher, als Sie es sich zunächst vorgestellt haben.

Unerledigtes raubt viel Energie

Unerledigte und aufgeschobene Dinge nehmen uns viel Energie. Das Gefährliche daran ist, dass wir das nicht bewusst wahrnehmen. Haben Sie ab und zu Konzentrationsschwierigkeiten? Das kann durchaus daran liegen, dass Sie viel zu viele Dinge im Kopf haben. Sie gebrauchen Ihren Kopf besser kreativ, statt ständig Dinge mit sich herumtragen, die schon längst erledigt sein sollten.

Übung:

Nehmen Sie sich einem Moment Zeit und schreiben Sie alles auf, was Sie zu erledigen haben. Nicht das aktuelle Tagesgeschäft, sondern Dinge, die Sie schon lange mit sich herumtragen. Solche Sätze fangen meistens an: »Ich müsste mal wieder ...«, »ich wollte schon lange mal ...«, »ich sollte ...«

____

____

____

Gehen Sie jeden Satz einzeln durch und treffen Sie eine klare Entscheidung. Entweder:

A: Sie erledigen es sofort.
B: Sie delegieren es an ...
C: Sie legen einen verbindlichen Termin fest, bis wann Sie es erledigen.
D: Sie entscheiden sich definitiv, es nicht zu tun, und streichen es aus Ihrem Gedächtnis.

Die 48-Stunden-Strategie

Unsere Untersuchungen haben gezeigt, dass Dinge, denen nicht innerhalb von 48 Stunden die ersten konkreten Schritte folgen, höchstwahrscheinlich nie angepackt werden. Denken Sie einmal zurück. Wann haben Sie Dinge wirklich angepackt? Meistens wohl dann, wenn Sie eine klare Entscheidung getroffen und dann sofort angefangen haben. Seien Sie sich dessen bewusst. Auch wenn Sie ein Mensch sind, der »zuerst eine Nacht darüber schlafen muss«, achten Sie darauf, dass es am nächsten Tag ins Rollen kommt.

Zusammenfassung

Seien Sie Sie selbst, ein Original. Dann sind Sie stimmig. Achten Sie darauf, ein gutes Selbstvertrauen zu entwickeln. Schaffen Sie sich eine Vision und leiten Sie daraus klare Ziele ab, damit Sie Ihren Fokus voll und ganz auf das richten, was jetzt gerade wichtig ist. Managen Sie Ihren mentalen und Ihren körperlichen Zustand, und nutzen Sie die Möglichkeiten positiver Selbstbeeinflussung, um motiviert und »gut drauf« zu sein. Kommunizieren Sie klar, deutlich und positiv. Schaffen Sie erfolgreiche Beziehungen und pflegen Sie diese. Beginnen Sie damit, die Dinge immer gleich in Angriff zu nehmen. Reden Sie nicht nur, sondern handeln Sie! Machen Sie jetzt gleich die nächsten Schritte.

Sie werden viel Erfolg haben, wenn Sie das beherzigen!

Herzlichst,
Ihr Martin Betschart

LITERATUR

Betschart, Martin: *Ressourcing – So entdecken Sie Ihr Erfolgspotenzial!* Zürich: Midas Verlag 2000

Betschart, Martin: *3 Schlüssel zum Erfolg. Der direkte Weg zu einem erfolgreichen und glücklichen Leben.* Zürich: Life Management Verlag 2003

Betschart, Martin: Hörbuch: *Ressourcing – So entdecken Sie Ihr Erfolgspotenzial!* 4 Audio-Kassetten. Zug: Aufsteiger-Verlag 2001

Betschart, Martin: Hörbuch: *3 Schlüssel zum Erfolg.* 3 Compact Disc. Zug: Aufsteiger-Verlag 2003

Betschart, Martin: CD: *Entspannung.* Zürich: Life Management Verlag 2002

Bernd Bönte

fungiert beim größten europäischen Sportrechtevermarkter *SPORTFIVE* als Berater und PR-Manager der Brüder Dr. Vitali und Dr. Wladimir Klitschko.

Bernd Bönte studierte in Berlin und München und machte sein Magisterexamen in den Bereichen Geschichte, Germanistik, Politologie. Schon während des Studiums arbeitete er als freier Mitarbeiter für die Abendzeitung in München, den Bayerischen Rundfunk und diverse Film-Produktionsfirmen, bevor er als Sportredakteur zum Fernsehen wechselte. *Eureka TV/PRO 7, Tele 5, SAT 1* und Premiere waren seine Stationen. In leitender Funktion zeichnete Bernd Bönte für zahlreiche Sendungen, Formate und den Rechteeinkauf verantwortlich. Daneben war er als Moderator und Kommentator auf den Gebieten Fußball, Boxen, Golf, Eishockey und Tennis tätig und bei zahlreichen sportlichen Großereignissen im In- und Ausland im Einsatz.

1999 wechselte er in den Bereich Öffentlichkeitsarbeit.

Kontakt: Bernd.Boente@sportfive.com

Bernd Bönte im Gespräch mit Hermann Scherer

Coaching live

Talente erkennen, fördern und fordern

Jeder Mensch hat besondere Talente. Manche sogar ganz ausgeprägte. Viele davon bleiben allerdings unerkannt – und unentwickelt. Stellt sich die Frage: Wie lassen sich Talente optimal fördern? Und wie vermarkten? Wie kann einem talentierten Sportler, Künstler, Verkäufer, Forscher oder Manager beim Aufstieg an die Spitze seines Fachs oder seiner Branche geholfen werden? Und vor allem: Wer kann das? Was sind das für Menschen, die sich als Coach eignen – und was müssen solche Menschen genau leisten?

Fragen, die Hermann Scherer, Herausgeber der Reihe *Von den Besten profitieren,* vor einiger Zeit sehr ausführlich mit Bernd Bönte diskutierte. Bernd Bönte gilt neben dem Box-Promoter Klaus-Peter Kohl und Trainer Fritz Sdunek als einer der »Väter« des Erfolgs der Klitschko-Brüder. Experten sehen die Positionierungs- und Vermarktungsaktivitäten sowie die Medienarbeit Böntes für die beiden Ausnahmesportler als vorbildlich an.

HERMANN SCHERER: Ihre Arbeit mit den Klitschko-Brüdern wird von Fachleuten als »nahezu optimal« eingestuft. Was ist Ihrer Meinung nach entscheidend, um anderen Menschen bei ihrem Weg an die Spitze zu helfen?

Die wichtigsten Stärken herausarbeiten

BERND BÖNTE: Die wichtigste Voraussetzung ist, dass man zu den Betreuten ein so gutes und enges Verhältnis hat, dass man klar erkennen kann, wo deren größte Stärken liegen. Dazu muss man sich als Berater logischerweise in dem Metier auskennen, in dem die Geförderten aktiv sind – bezogen auf die Klitschkos also im Boxsport. Und man muss wissen, wie die Medien funktionieren, was für die Medien interessant ist, und was nicht.

Entscheidend ist, das Profil 1:1 an die Medien zu vermitteln.

Bei den Klitschkos ist mir sofort ihre absolute Natürlichkeit und Ehrlichkeit aufgefallen. Das zeichnet nur wenige Menschen aus. Und nicht nur im Profiboxsport ist es ein Pfund, mit dem man wirklich wuchern kann. Die Klitschko-Brüder sind Menschen, die sich nicht verbiegen lassen – und das ist auch gut so. Denn es gehört zu ihrem Profil, zu ihrer Positionierung, dass sie so geradlinig sind. In diesem speziellen Fall haben wir also den besonderen Vorteil, dass eine individuelle Stärke der Betreuten sich auch zugleich als zentraler Bestandteil des persönlichen Profils eignet. Entscheidend ist, dieses Profil 1:1 an die Medien zu vermitteln. Meine Aufgabe bestand und besteht deshalb vor allem darin, darauf zu achten, dass diese Natürlichkeit in der Berichterstattung über die Klitschkos deutlich herauskommt. Die Klitschkos sind so ehrlich, geradlinig und offen, dass jeder, der sie persönlich kennen lernt, sie sofort sympathisch findet. Ich versuche darauf zu achten, dass genau der gleiche Sympathieeffekt auch über die Massenmedien zur Entfaltung kommt. Das hört sich so einfach an. Ist es aber nicht. Manchmal könnten schon winzige Kleinigkeiten diese Wirkung stören. Deshalb ist es so wichtig, auf jedes Detail zu achten, um diese menschliche Kernkompetenz der Klitschkos deutlich werden zu lassen.

HERMANN SCHERER: Sie hatten und haben mit der Festlegung dieser Kernkompetenz der beiden Brüder eine große Verantwortung übernommen. Schließlich hätten Sie ja auch falsch liegen können. Dann wären die beiden Spitzenathleten falsch positioniert gewesen – und ihr Aufstieg an die Spitze der

Boxwelt und in die Herzen der Fans wäre wohl sehr schwierig, vielleicht sogar unmöglich geworden. Was wäre denn ganz konkret geschehen, wenn Sie, statt auf die Natürlichkeit der beiden zu setzen, ihren Kampfgeist in den Vordergrund gerückt hätten?

Erfolg ist für jeden Menschen anders

BERND BÖNTE: Das hätte wohl nicht optimal funktioniert. Glücklicherweise war es von Anfang an so, dass die Klitschkos und ich keine Meinungsverschiedenheiten über diese Ausrichtung hatten. Doch selbst wenn es nicht so gewesen wäre – die Klitschko-Brüder sind überaus diskussionsfreudig. Mit ihnen kann man über alles reden. Klar ist aber auch, dass es immer Grenzen gibt und geben muss bei der Positionierung. Erfolg bedeutet schließlich gerade für die Klitschkos auch, dass sie sich wohl fühlen wollen.

Der Qualitätsanspruch steht über allem.

Für mich hat das die Konsequenz, dass ich die beiden so betreuen muss, dass sie glücklich sind. Für die Klitschkos bedeuten Glück und Erfolg, dass sie sich nicht verbiegen müssen. Daneben steht der Qualitätsanspruch über allem. Wenn dazu noch das Finanzielle stimmt, ist das optimal. Aber das Finanzielle kommt für die beiden erst an zweiter Stelle. Und das zeigt ja auch noch einmal, dass diese Geradlinigkeit, diese Ehrlichkeit nicht nur aufgesetzte Profilbestandteile sind, sondern ganz konkrete Wesens- und Charakterzüge von zwei absolut einzigartigen Menschen. Sie sind authentisch. Was mir wiederum meine Arbeit ganz erheblich erleichtert.

HERMANN SCHERER: Wie lässt sich eigentlich feststellen, was die besonderen Stärken eines Menschen sind? Gerade bei Menschen, die in mehreren Bereichen begabt sind, dürfte das doch gar nicht so einfach sein? Man weiß ja beispielsweise, dass ein Michael Schumacher mit großer Wahrscheinlichkeit auch ein recht guter Fußballer geworden wäre. Abgesehen davon, dass er auch für viele andere Sportarten talentiert ist. Wie entscheidet man nun aber, welches dieser Talente am intensivsten gefördert werden sollte?

BERND BÖNTE: Grundsätzlich entscheidet sich bei den meisten Menschen schon sehr viel in der Jugend. Wer in der Jugend richtig eingeschätzt und gefördert wird, hat die besten Voraussetzungen. Nicht nur als Sportler, sondern auch als musisch, kreativ oder anders begabter Mensch. So war es auch bei den Klitschkos. Eine gezielte und glücklicherweise frühe Förderung ermöglichte die Entfaltung der Talente. Wobei dabei nicht nur Einzelbereiche eine Rolle spielen, sondern das gesamte Umfeld. Die Familie. Die Freunde. Die gesamte soziale und schulische Umgebung. Da gehört immer auch bisschen Glück dazu. Der eine hat's. Der andere nicht.

HERMANN SCHERER: Glück als Wegbereiter des Erfolgs ...?

BERND BÖNTE: Selbst ein Franz Beckenbauer hätte es schwer gehabt, das zu werden, was er heute ist, wenn er in Giesing nicht von einem engagierten Schülertrainer entdeckt worden wäre! Trotzdem ist es natürlich nicht so, dass jedes entdeckte Talent an die Spitze vorrückt – oder dass ein in Kindertagen unentdecktes Talent sich nicht auch noch später durchsetzen könnte. Ganz entscheidend ist der persönliche Fleiß – bei Sportlern also vor allem die Bereitschaft zum Training, bei anderen talentierten Menschen der Wille zum Üben und Lernen. Manchmal wird scheinbar fehlendes oder schwach entwickeltes Talent auch als Ausrede benutzt. Wer viel trainiert, lernt oder studiert kann meist auch viel erreichen. Es ist ja logisch, dass nicht aus jedem Menschen ein Überflieger werden kann. Andererseits bleibt ein Großteil der Menschen deutlich unter den vorhandenen Möglichkeiten.

Ein Großteil der Menschen bleibt deutlich unter den vorhandenen Möglichkeiten.

HERMANN SCHERER: Lässt sich das denn konkret in Zahlen fassen? Wie viel Anteil am Erfolg eines Spitzensportlers, Top-Musikers oder erfolgreichen Managers hat das Talent – und wie groß ist der Fleißanteil? Also wie viel lässt sich durch Trainieren und Üben bewegen?

Entscheidend ist die Leidenschaft für eine Sache, der Biss.

70 Prozent Training, 30 Prozent Talent

BERND BÖNTE: Vitali Klitschko hat genau über dieses Thema seine Doktorarbeit an der Kiewer Universität geschrieben. Mit überaus interessanten Ergebnissen! Seinen Studien zufolge sind immerhin 70 Prozent einer sportlichen Spitzenleistung auf das Training zurückzuführen. Rund 30 Prozent sind Sache des Talents. Damit wird klar, dass ein Untalentierter nicht Boxweltmeister werden kann. Umgekehrt machen diese Zahlen aber auch deutlich, welche Potenziale sich von uns allen freisetzen lassen – Fleiß und Leistungswille vorausgesetzt. Logischerweise können diese Zahlenwerte nur für den Sport als gesichert gelten. Meiner Meinung nach lässt sich allerdings in anderen Bereichen mit Fleiß sogar noch viel mehr bewegen. Entscheidend ist die Leidenschaft für eine Sache, der Biss.

Gerade bei meiner eigenen beruflichen Entwicklung wird das vielleicht deutlich: Ich stand lange Jahre selbst als Kommentator und Moderator vor der Kamera. Und habe dann den Schritt auf die andere Seite getan, um die Klitschkos zu betreuen. Ohne Begeisterung für diese Aufgabe, ohne den nötigen Biss, hätte das auch schief gehen können. Aber ich habe die für den gemeinsamen Erfolg notwendige Leidenschaft mitgebracht. Mir hat es Freude gemacht, etwas für die Klitschkos zu bewegen, sie in die Medien zu bringen – und zwar so, wie wir uns das zuvor gemeinsam überlegt hatten.

Diese Befriedigung, dass etwas wie geplant funktioniert, die kannte ich zuvor ausschließlich als Mitglied eines Fernsehteams. Die Leidenschaft für diese Aufgabe wurde immer wieder durch das Gefühl angefacht, den Zuschauern etwas »rübergebracht« zu haben. Das ist jetzt anders. Jetzt freue ich mich, wenn es gelungen ist, die Klitschkos so »darzustellen«, wie sie wirklich sind. Die Triebfeder der Leidenschaft mag etwas unterschiedlich sein. Doch die Leidenschaft selbst ist die gleiche geblieben. Und sie sorgt dafür, dass wir vieles von dem erreichen, was wir uns vornehmen.

HERMANN SCHERER: Sie haben schon mehrfach die Medien angesprochen. Welche Rolle spielt denn die Vermarktung für den Erfolg von Menschen, die in der Öffentlichkeit stehen?

Die Themen rücken immer mehr in den Hintergrund. Stattdessen dreht sich alles um die Personen.

BERND BÖNTE: Das ist heute mit das A und O. Und zwar nicht nur im Sport. In der Politik sind beispielsweise in Deutschland heute fast schon US-amerikanische Verhältnisse zu beobachten. Die Themen rücken immer mehr in den Hintergrund. Stattdessen dreht sich alles um die Personen und wie diese inszeniert werden. Wenige Sekunden oder Minuten zur Hauptsendezeit können heute über die politische Zukunft unseres Landes entscheiden. Wer sich bewusst macht, dass gerade einmal 5 Prozent aller Deutschen die Wahlprogramme der Parteien kennen, weiß, was heute wirklich zählt.

Im Sport gibt es noch konkret greifbare Ergebnisse. Am Ende eines Boxkampfes steht in einer Ecke des Rings ein Sieger und in der anderen ein Verlierer. Im Vorfeld allerdings geht es auch da um ganz andere Dinge, damit ein Kampf Klitschko gegen Tyson, Holyfield oder Lewis überhaupt zustande kommt. Wer, wie wir im Boxgeschäft, über den großen Teich in die Staaten will, schließlich spielt dort die Musik, der weiß, wie wichtig eine effektive Vermarktung, die Schärfung des Medienprofils und damit der Aufbau der »Marke Klitschko« ist. Nur wenn die großen amerikanischen Fernsehsender mitziehen und sich auf Dauer gute Renditen bei einer Ausstrahlung im Pay-per-View-System versprechen, hat man überhaupt eine Chance, zum Zuge zu kommen. Also gilt es, deren Interesse zu wecken. Der jeweilige Boxer muss perfekt im Markt positioniert werden. Für uns ist das der nächste große Schritt, um an die ganz großen Kämpfe zu kommen. Keine leichte Aufgabe übrigens, selbst wenn ein Boxer schon ganz oben in der Weltrangliste steht. Für die US-Sender zählt nur das Publikumsinteresse, nicht der Weltranglistenplatz. Wenn erwartet werden kann, dass ein großer Teil der US-amerikanischen Boxfans bereit ist, für eine Übertragung

40 bis 50 Dollar zu bezahlen, spielt die aktuelle Rangliste fast keine Rolle mehr.

HERMANN SCHERER: Ist es notwendig, ein Feindbild aufzubauen, um das Interesse des breiten amerikanischen Publikums an ausländischen Boxern zu wecken?

BERND BÖNTE: Die Zeiten, als die Bösen aus dem Osten kamen, sind für die Amerikaner mittlerweile vorbei. Die Entspannung zwischen den USA und den Nachfolgestaaten der Sowjetunion ist längst auch in den Köpfen des breiten Publikums angekommen.

Die Aufmerksamkeit der Öffentlichkeit wecken

Zum Glück sind die Klitschkos so einzigartige Persönlichkeiten, dass sich dafür hervorragende Möglichkeiten bieten. Als ich sie kennen lernte, war ich spontan fasziniert, wie vielseitig die beiden interessiert sind. Henry Maske war für die Menschen der »Gentleman-Boxer«. Die Klitschkos sind das auf ihre Art auch – aber sie sind mehr als »nur« Boxer. Trotz immenser Einschaltquoten wurde das Image der Klitschkos vornehmlich außerhalb des Boxrings aufgebaut. Beide haben ihre Promotionsarbeiten in deutscher Sprache an deutschen Universitäten präsentiert, sie engagieren sich als UNESCO-Beauftragte weltweit für unterprivilegierte Kinder, sie interessieren sich für Musik, für Politik, für Literatur. Sie waren bei großen Fernsehshows und Talksendungen zu Gast. Diese Positionierung über die Natürlichkeit, die Vielseitigkeit und die Intelligenz der beiden bietet uns einmalige Möglichkeiten – gerade auch auf der anderen Seite des Atlantiks.

HERMANN SCHERER: Was gibt es Ihrer Meinung nach bei einer Positionierung zu beachten?

Die richtige Positionierung

BERND BÖNTE: Für mich ist ganz wichtig, dass ich die Stärken, aber auch die Schwächen einer Person kenne, die ich positionieren will. Darüber hinaus sollte man die jeweilige Medienlandschaft abschätzen können, also wissen, ob sich die Stärken so darstellen lassen, dass das für die Medienmacher und die Zielgruppen auch interessant ist.

Die Stärken müssen so dargestellt werden, dass sie für die Medien auch interessant sind.

Maßgeblich dafür ist ein guter und direkter Kontakt zu den Menschen im Medienbereich. Ich muss wissen, an wen ich mich mit was wenden kann. Ein Beispiel: Es gibt in Deutschland ein paar Tageszeitungen, ohne die läuft im Sportbereich gar nichts! Zu diesen Blättern muss ich gute Kontakte unterhalten – sodass ich im Einzelfall auch einmal sagen kann: »Ich habe da eine tolle Story für euch ...!« Gerade Exklusiv-Berichte sind deshalb sehr sorgfältig zu planen und mit ausgewählten Partnern zu realisieren, um eine starke Breitenwirkung zu erzielen. Was letztlich zählt, sind tragfähige Netzwerke. Viele Menschen machen sich das gar nicht bewusst. Aber es ist in der Tat so. Heute läuft fast alles über Netzwerke – über Kontakte und die richtigen Telefonnummern. Wobei das immer ein Geben und Nehmen sein muss, sonst funktionieren die Beziehungen auf Dauer nicht. Grundsätzlich ist die Medienseite ja auch an guten Geschichten interessiert – vor allem, wenn sie sich um Einzelpersonen drehen. Insgesamt lässt sich derzeit eine ganz extreme Fokussierung auf Einzelpersonen feststellen – selbst in typischen Mannschaftsportarten wie beim Fußball. Bayern München oder auch die Fußballnationalmannschaft wird beispielsweise sehr stark von einigen wenigen Einzelsportlern geprägt. Deren Bild in der Öffentlichkeit sich übrigens – sicher auch unter Mithilfe des jeweiligen Managements – im Laufe der Karriere oft erheblich verändert. Wer zum Beispiel das Image eines Oliver Kahn von heute und das des gleichen Spielers noch im Jahr 2000 vergleicht, weiß, was ich meine. Der Erfolg von Oliver Kahn – weit über den sportlichen Bereich hinaus – zeigt auch, wie sich sportliche Leistungen mit einer personenbezogenen Positionierung zu einem großen Ganzen vereinen lassen. Andererseits sind am Beispiel Oliver Kahn auch die Gefahren der Testimonialvermarktung erkennbar. Die zumindest zeitweise negativen Auswirkungen auf die »Marke Kahn« nach seiner so genannten »Diskoaffäre« sind unbestreitbar, auch wenn gleichzeitig die sportliche Leistung nach wie vor stimmte.

HERMANN SCHERER: Gibt es für Sie Grenzen, die Sie bei der Positionierung und Vermarktung der Klitschko-Brüder nicht überschreiten?

BERND BÖNTE: Wer sich die Negativbeispiele der Außendarstellung einiger Prominenter – krassestes Beispiel Rudolf Scharping – vor Augen führt, weiß, was ich meine, wenn ich sage: Eine Abgrenzung zum Privatleben ist ganz wichtig. Das Familienleben der Klitschkos über das Normalmaß hinaus zu thematisieren, kommt für mich nicht infrage.

Es gibt Grenzen!

Die so genannten »Home-Storys« sind mir ein Gräuel – die möchte ich unbedingt vermeiden. Nicht nur, weil sich die Klitschkos vehement dagegen ausgesprochen hätten, sondern auch, weil ich der Ansicht bin, dass jeder Mensch einen Rückzugsraum benötigt. Einen Bereich, in dem er sich frei und unbeobachtet bewegen können muss. Die Klitschkos haben absolut nichts zu verbergen – aber Rückzugsmöglichkeiten sind zu wichtig, um sie einer kurzfristigen Medienaufmerksamkeit zuliebe aufzugeben.

HERMANN SCHERER: Vom Manager eines bekannten Vortragsredners weiß ich, dass er den von ihm betreuten Personen die Geschäftspost vor wichtigen Auftritten bewusst vorenthält, um sie nicht mit Alltagsärgernissen zu belasten. Wie machen Sie das? Gibt es in Ihrer Zusammenarbeit mit den Klitschkos auch so eine Art »Gewaltenteilung«?

Wichtig: klare Aufgabenteilung

BERND BÖNTE: Das Verhältnis zwischen Sportlern und ihren Managern kann sehr unterschiedlich sein. Da lässt sich wenig verallgemeinern. Bei uns – also bei den Klitschkos und mir – ist die Zusammenarbeit von einem überaus partnerschaftlichen Miteinander geprägt. Das heißt: Grundsätzlich sind die Klitschkos an allem interessiert, was rings um sie herum geschieht, und möchten über die wichtigsten Inhalte auch immer informiert werden. Ich begrüße das sehr und komme diesem Wunsch gerne nach. Was dabei für die Klitschkos zählt, ist das WAS und nicht das WIE. Sprich: Mit welchen Medien ich bei bestimmten Projekten im Detail zusammenarbeite, interessiert die Brüder kaum. Sie wollen wissen, was das Ziel dieser Zusammenarbeit ist, worum es dabei geht. Und was dieses WAS betrifft, sind wir durchaus auch einmal unterschiedlicher Ansicht. Das wird dann partnerschaftlich ausdiskutiert. Schließlich liegt den Klitschkos viel daran, sich selbst in diese Arbeit einzubringen. Ein Beispiel: Wir haben vor einiger Zeit eine Titelgeschichte in der Zeitschrift *MAX* gemacht. Andere Prominente hätten sich für die obligatorischen Fotos strikt an die Anweisungen des Fotografen gehalten. Nicht so die Klitschkos. Sie haben intensiv mitdiskutiert, und gerade dadurch sind überaus kreative und außergewöhnliche Aufnahmen entstanden.

HERMANN SCHERER: Wir haben bis jetzt vor allem über die Klitschkos gesprochen. Mich würde auch interessieren, wer dieser Manager des Erfolgs der beiden Ausnahmeathleten ist. Wer ist Bernd Bönte? Wieso konnten und können gerade Sie so viel zum Erfolg der Klitschkos beitragen? Was hat Sie zu dem gemacht, was Sie heute sind? Wo und wie haben Sie sich das notwendige Wissen angeeignet?

Eine gute Ausbildung hat höchste Priorität.

BERND BÖNTE: Für mich hat eine gute Ausbildung höchste Priorität. Zuerst eine gute Schulausbildung und dann das Studium. Gerade das wissenschaftliche Arbeiten an der Universität hat mir viel gebracht. Das Einarbeiten in ein bestimmtes Problem. Diese spezielle Herangehensweise an eine Aufgabe. Das sorgfältige Trennen von wichtigen und weniger wichtigen Aspekten. Genau das ist für meine heutige Arbeit unverzichtbar. Nur wenn es mir gelingt, Nebensächlichkeiten als solche zu erkennen und mich in die Kernprobleme zu vertiefen, kann ich die Klitschko-Brüder effektiv unterstützen. Wobei auch klar ist, dass diese Fähigkeiten weniger durch die Inhalte meines Studiums der Fächer Geschichte, Germanistik und Politologie geprägt wurden, sondern vor allem durch die Lern- und Arbeitsstrukturen und die Lehrer an Schule und Universität. Die Lehrerpersönlichkeiten lassen sich natürlich nicht beeinflussen und sind auch eine Sache des persönlichen Glücks. Das habe ich gehabt. Deshalb konnte ich sehr viel von meinen Lehrern und Professoren profitieren.

HERMANN SCHERER: Lässt sich das »Glück« durch die richtige Ausbildung erzwingen?

BERND BÖNTE: Zum Teil lässt sich durch die richtige Ausbildung schon sehr viel erreichen. Ich habe beispielsweise zuerst drei Semester Jura studiert, dann aber gemerkt, dass mir das keinen Spaß macht. Deshalb entschloss ich mich, meinen Neigungen zu folgen und Fächer zu studieren, die mir schon in der Schule Freude gemacht haben. Im Nachhinein die absolut richtige Entscheidung. Und ein Beleg dafür, dass es wichtig ist, die Ausbildung an den eigenen Fähigkeiten und Wünschen auszurichten. Ich bin der festen Überzeugung, dass Menschen nur in den Bereichen wirklich gut sein können, die ihnen auch liegen. Wobei es alleine mit der Wahl der zum eigenen Profil »passenden« Ausbildung nicht getan ist. Zu jeder erfolgreichen Ausbildung gehört auch eine entsprechende Eigeninitiative. Gerade bei geisteswissenschaftlichen Fächern, wie ich sie studiert habe, gilt, sich zielgerichtet zu orientieren. Bei einem Jurastudium ist das viel weniger stark ausgeprägt, weil Studieninhalte und spätere Arbeitsschwerpunkte viel klarer vorgegeben sind.

Die Ausbildung an den eigenen Fähigkeiten und Wünschen ausrichten

HERMANN SCHERER: Sie haben also damals eine Ausbildung abgeschlossen, die interessant war – und sich umfassend orientiert. Und dann? Wie ging es weiter? Ist die richtige Ausbildung der einzige, der zentrale Schlüssel zum Erfolg?

Man muss die richtigen Leute kennen lernen, um weiterzukommen.

BERND BÖNTE: Wer – so wie ich – bereits während der Ausbildung im Medienbereich zu arbeiten begonnen hat, weiß, dass diese Ausbildung wichtig, aber nicht alles ist. Sehr schnell stellt sich heraus, dass neben Wissen und Engagement vor allem auch ein gutes Netzwerk zählt. Man muss die richtigen Leute kennen lernen, um weiterzukommen. Mir hat damals unter anderem Gerd Rubenbauer vom Bayerischen Rundfunk geholfen, in der Medienszene Fuß zu fassen. Gerd Rubenbauer war so etwas wie mein Mentor – und über ihn und andere Medienmacher ist es mir dann gelungen, eigene Beziehun-

Wichtig: Kontakte

gen aufzubauen. Das Interessante daran ist, dass sobald erst einmal die Grundlagen für das eigene Netzwerk gelegt sind, sich vieles von selbst weiterentwickelt: Ist der Lebenszug erst einmal auf die richtigen Schienen gesetzt, rollt er oft fast wie von selbst in die richtige Richtung.

HERMANN SCHERER: Aber der Lebenszug muss schon selbst gesteuert werden?

BERND BÖNTE: Menschen haben ihren Erfolg in der Tat größtenteils selbst in der Hand. Die richtige Ausbildung, Fleiß, das Interesse am »Über-den-Tellerrand-Hinausschauen«, der Aufbau eines Netzwerks – das alles kann von einem selbst ausgehen. Trotzdem bleibt nach meiner Überzeugung ein Rest von Zufall, der das Schicksal des einen in eine positivere und das eines anderen in eine etwas negativere Richtung lenkt. Rund 30 Prozent des persönlichen Erfolgs lassen sich nicht selbst beeinflussen. Wobei nur zu offensichtlich ist, dass die meisten Menschen diesen Anteil maßlos überschätzen – und persönlichen Misserfolg allzu häufig auf ein ungünstiges »Schicksal« zurückführen.

Vielen Menschen fehlt der Biss.

Tatsache ist, dass vielen Menschen der notwendige Biss fehlt, um ersehnte Ziele zu erreichen. Manche geben sich auch mit Zwischenlösungen und zweitbesten Lösungen zufrieden. Ob das nun objektiv richtig oder falsch ist, muss jeder für sich entscheiden. Wobei zugleich erwähnt sei, dass sich »Erfolg« für viele Menschen nicht ausschließlich auf Erfolg im Berufsleben bezieht. Es gibt durchaus Menschen, die ihre Zufriedenheit hauptsächlich aus einem erfüllten Privatleben gewinnen. Menschen, denen der Beruf nicht so wichtig ist. Das gilt es zu respektieren. Entscheidend ist allerdings, dass man sich als Mensch über die eigenen Prioritäten klar wird. Hier schließt sich auch wieder der Kreis, denn bei diesen grundsätzlichen, strategischen Lebensplanungen sind wir wieder bei der Frage angelangt, wie sich andere Menschen optimal fördern lassen – also in meinem Fall die Klitschkos. Wichtig ist doch, dass zuerst einmal klar herausgearbeitet wird: Was wollen wir erreichen? Was ist unser Ziel? Um dann zu analysieren, wo die eigenen Stärken beziehungsweise die Schwächen liegen, die es möglich machen oder eben erschweren, dieses Ziel zu erreichen.

Wichtig: klare Analyse

Die erkannten Stärken gilt es dann auszubauen, die festgestellten Schwächen – so weit es geht – abzustellen oder in den Hintergrund zu drängen. Ein konkretes Beispiel dazu: Die Klitschkos haben, und das ist ein Riesenvorteil, so gut wie keine Schwächen. Optimierungsbedarf besteht, wenn überhaupt, allenfalls im sprachlichen Bereich – konkret: Die Grammatik ist nicht immer korrekt, wenn die beiden in einer Fremdsprache kommunizieren. Im Printbereich, also zum Beispiel bei Zeitungsinterviews, lässt sich so etwas natürlich relativ einfach in den Griff bekommen. In Funk und Fernsehen ist das schon schwieriger. Also gilt es – da wir unsere Präsenz jenseits des Atlantiks weiter ausbauen wollen –, daran nicht nur im Deutschen, sondern auch im Englischen zu arbeiten und die Grammatik zu optimieren. Das ist verständlicherweise gar nicht so einfach. Denn bei den Klitschkos kommt ein Problem zum Tragen, das viele Prominente haben: akuter Zeitmangel! Sich zwischen zwei Trainingseinheiten und einem Pressetermin auch noch zum Englischlernen zu motivieren, erfordert enormen Einsatzwillen. Die Klitschkos haben diesen Einsatzwillen glücklicherweise.

HERMANN SCHERER: Was ist einfacher: einen Sportler an die Weltspitze zu führen oder einen Künstler?

Die Außenwirkung muss zum Image passen

BERND BÖNTE: Das Image, das die zu fördernde Person idealerweise haben sollte, spielt dabei eine Riesenrolle. Es gilt ja immer, die relevanten Zielgruppen und deren Wünsche und Bedürfnisse im Auge zu behalten. Die Positionierung eines wilden Rock'n Rollers verlangt von diesem Künstler bis zu einem gewissen Grad extremes Verhalten. Überspitzt formuliert: Würde sich ein junger Rockstar allzu brav und bieder verhalten, würden wohl fast keine CDs verkauft werden. Bei Sportlern mit dem speziellen Profil der Klitschkos ist das anders. Die beiden sprechen eine sehr breite Zielgruppe an, über verschiedenste Alters- und die Geschlechtergrenzen hinweg – und dürfen deshalb in ihrer Außendarstellung nicht zu sehr polarisieren. Das macht das Management nicht unbedingt einfacher, aber es reduziert, stark vereinfacht formuliert, für alle Beteiligten die Gefahr von Nervenzusammenbrüchen ganz erheblich. Als Manager der Klitschkos muss ich mich eben nicht um demolierte Hotelzimmer oder verwüstete Bühnen kümmern. Wer Menschen mit kaufmännischen, organisatorischen oder rhetorischen Fähigkeiten managt und fördert, dem wird es ähnlich gehen.

HERMANN SCHERER: Zurück zum Thema »Stärken und Schwächen«. Ob Unternehmen oder Einzelperson – ganz grundsätzlich herrscht heute Einigkeit darüber, dass es wichtig ist, die jeweiligen Stärken zu stärken, also »spitz am Markt zu agieren«. Zugleich betonen Sie aber, dass Schwächen ausgemerzt werden müssen. Wie geht das zusammen? Rein zeitlich? Aber auch strukturell?

Die richtigen Schwerpunkte setzen

BERND BÖNTE: Das ist in der Tat ein Riesenproblem. Denn man muss das eine tun, ohne das andere zu lassen. Das lässt sich nur mit vollem Einsatz, einer Sieben-Tage-Woche und durch sorgfältiges Abwägen der Bedeutung der anstehenden Aufgaben bewältigen. Als Manager ist genau das eine meiner wichtigsten Aufgaben, den Klitschkos dabei behilflich zu sein, die richtigen Schwerpunkte zu setzen. Also ihnen zum Beispiel zu raten, Zeit in das Studium der englischen Grammatik zu investieren, wenn ein wichtiger Interviewtermin in Übersee ansteht – oder auf die Teilnahme an bestimmten Terminen zu verzichten, wenn die sportliche Vorbereitung auf einen Kampf wichtiger ist.

HERMANN SCHERER: Was wollen Sie mit und für die Klitschkos noch erreichen? Was sind Ihre Ziele?

BERND BÖNTE: Wir wollen vor allem unsere Position jenseits des Atlantiks noch weiter stärken. Ideal wäre es, wenn die Klitschkos gegen alle bekannten amerikanischen Boxgrößen antreten könnten … und zu David Letterman und all den anderen Talkshowgrößen eingeladen würden.

HERMANN SCHERER: Stichwort »Letterman«: Wie lässt sich die Chance, zur Show von Letterman eingeladen zu werden, denn optimieren? Oder anders gefragt: Zählt dabei nur die Leistung – oder helfen gute Verbindungen?

BERND BÖNTE: Es muss beides zueinander passen. Selbst ein David Letterman kann nicht einfach nur deshalb jemanden in seine Show einladen, weil er mit dessen Manager regelmäßig zum Bowling geht. Schließlich muss er bei der Auswahl seiner Gäste sehr genau darauf achten, dass sie sich positiv auf die Einschaltquote auswirken.

Beziehungen können viel bewegen

Umgekehrt gilt aber auch, dass ein funktionierendes Netzwerk mit und zu den Medienentscheidern die Wahrscheinlichkeit, eingeladen zu werden, sehr verbessert. PR ohne Leistung führt zu nichts – aber Leistung ohne PR führt auch nicht zu wesentlich mehr.

HERMANN SCHERER: Letzte Frage: Was ist Ihre wichtigste Empfehlung für Menschen, die andere Menschen nach vorne bringen wollen? Was würden Sie beispielsweise Ihrer Tochter raten, wenn die Sie nach einer Art »Erfolgsrezept« fragen würde?

Wichtig: ehrliche Kommunikation

BERND BÖNTE: Ein Erfolgsrezept gibt es nicht. Aber eines kann ich jedem in einer ähnlichen Position empfehlen: ehrlich zu den Menschen zu sein, die man weiterbringen möchte. Es ist niemandem damit gedient, wenn sich Menschen gegenseitig Honig um den Bart schmieren, die aufeinander angewiesen sind und gemeinsam etwas erreichen wollen. Fehler und Schwächen müssen ebenso angesprochen werden wie Stärken. Nur dann lassen sich die einen abschwächen oder abstellen – und die anderen ausbauen und nutzen. Dieses »Ehrlich-miteinander-sein«, ohne sich dabei zu verletzen, scheint mir grundsätzlich eine der größten Herausforderungen für uns alle zu sein. Wer diese Art der Kommunikation, aus meiner Sicht eine der wichtigsten Soft Skills, beherrscht, kann heute enorm viel erreichen – für sich selbst und für andere.

Alexander Christiani

Er ist seit über 20 Jahren Trainer, Vertriebsconsultant und Strategie-Coach aus Leidenschaft und zählt zu den gefragtesten Beratern führender Spitzenleister aus Wirtschaft, Wissenschaft und Sport. Durch seine Erfahrungen aus unzähligen Projekten, sein Konzept des »Modelling of Excellence« und seine fundierte theoretische Basis als Wirtschaftsjurist gewährleistet er Know-how auf höchstem Niveau und Trainings der Extraklasse vom Einzelcoaching bis hin zu Großgruppenseminaren. Er ist Mitglied in namhaften Expertenvereinigungen und wurde im Jahr 2001 in Österreich zum Trainer des Jahres gewählt.

Als Autor bekannt geworden ist Alexander Christiani ebenfalls durch seine Bestseller in den Bereichen Persönlichkeitsentwicklung und Marketing. Er ist Verfasser von zahlreichen Artikeln zu seinen Kernkompetenzthemen Vertrieb und Persönlichkeit und damit gefragter Autor und Interviewgast in namhaften Zeitungen, Zeitschriften und im Internet.

Kontakt: www.christiani-ag.de
info@christiani-ag.de

Alexander Christiani

Talentzentriertes Expertentum

Ihr persönlicher Wettbewerbsvorteil

Wissen Sie, was in Ihnen steckt?

Talente, Begabungen, Wissen, Skills – alles Schlüsselbegriffe, die uns erlauben, über unsere Stärken nachzudenken und unser wahres Potenzial zutreffend einzuschätzen: Habe ich eher eine künstlerische Ader, oder liegt mir die technisch-naturwissenschaftliche Welt näher? Forsche ich gerne und erfinde die Welt neu, oder liegen Menschen mir am Herzen? Und was mache ich dann in (m)einem Job, in dem ich so gar nichts von dem umsetzen kann, was ich gerne tue? Wissen Sie, was in Ihnen steckt?

Wer sich intensiv mit dieser Frage beschäftigt und den Mut aufbringt, sein Leben auf seine Stärken auszurichten, wird bald erkennen, welcher Erfolgsturbo hinter dieser Strategie steckt. Denn sichtbar besser als andere sind wir auf Dauer nur dort, wo wir im Kernbereich unserer Talente tätig sind. Dort, wo sich hohe Lerngeschwindigkeit mit Motivation, Begeisterung mit Durchhaltevermögen und Stolz auf das eigene Können verbinden. Hier können wir uns als Unternehmer oder auch als Arbeitnehmer einen Expertenstatus erarbeiten, sodass Kunden oder potenzielle Arbeitergeber praktisch von alleine auf uns zukommen.

Die Wiedergeburt der Stärke in der Wirtschaft

Wir Menschen unterscheiden uns nicht nur äußerlich in Größe und Augenfarbe, sondern auch in unserer Persönlichkeit und unseren Talenten und Begabungen. Eltern bemerken sehr früh, dass ihre Kinder nicht als »unbeschriebenes Blatt« auf die Welt kommen. Sie erzählen gerne: »Matthias ist unser Sportler, und Angelika ist unser Rechengenie« oder »Carsten ist erst sieben, aber er kann auf Englisch schon bis 40 zählen«.

Solche anfänglichen Talentunterschiede werden interessanterweise im Laufe unseres Lebens trotz gleicher Aus- und Weiterbildung eher größer als kleiner: Wer als Zweijähriger etwas weniger taumelig ist als seine Altersgenossen, der überflügelt sie möglicherweise als Zwölfjähriger im Sport und erfreut vielleicht als 22-jähriger Ronaldo die Welt mit einer Ballbeherrschung, die für andere unerreichbar bleibt.

Schlüsselfaktor Talent

Personalchefs und Führungskräfte beobachten ebenfalls dramatische Unterschiede in den Fähigkeiten ihrer Mitarbeiter. 80 000 weltweit befragte Topmanager stimmten bei aller Unterschiedlichkeit im Führungsstil in einem zentralen Punkt überein: »Letztlich geht es immer um den Schlüsselfaktor Talent. Wo es da ist, kann man coachen und es entfalten, wo es fehlt, ist jede Mühe vergeblich, man kann den Mitarbeiter nicht zu dauerhaften Topleistungen hinentwickeln …«

Bei dieser weltweit durchgeführten Studie vom Gallup-Institut wurden auch über 2 Millionen Arbeitnehmer befragt – mit einem hochinteressanten Ergebnis: Nur jeder Fünfte, also nur 20 Prozent der Befragten, gab an, dass er an seinem Arbeitsplatz täglich die Möglichkeit habe, etwas zu tun, was seinen individuellen Stärken entspreche – ein Studienergebnis, das betroffen macht. Näheres zu dieser Studie finden Sie in den Büchern von Marcus Buckingham und Curt Coffman *Entdecken Sie Ihre Stärken jetzt* und *Erfolgreich führen gegen alle Regeln*.

Wenn es offensichtlich ist, dass wir alle einzigartige Talente und Begabungen haben, warum konzentrieren wir uns nicht darauf? Wenn Menschen mit den besten Lerntechniken der Welt dort an sich arbeiten, wo sie die größten Talente haben, lernen sie sehr schnell mit höchster Motivation und Lernlust. Dadurch können sie zum Nutzen aller hervorragende Leistungen erzielen und beruflich wie privat ein erfülltes Leben leben.

Orientierung fällt schwer

Am Ende ihrer Schulausbildung wissen viele Menschen noch immer nicht, wo ihre wahren Stärken liegen. Zu sehr konzentriert sich unser Bildungssystem darauf, Schwächen auszugleichen, statt individuelle Stärken zu fördern. Denkmodelle wie das positive Denken, neurolinguistisches Programmieren oder einige Ansätze der modernen Lernpsychologie wollen uns weismachen, dass wir alles erreichen können, was wir uns nur wünschen. So wertvoll diese Denkansätze und Methoden für den Aufbau von Fertigkeiten sind, so wenig können sie bewirken, dass wir in unseren schwachen Bereichen Spitzenleistungen vollbringen.

Wir sollten uns in weiser Selbstbeschränkung dort engagieren, wo wir mit unseren Talenten die höchste Rendite erzielen können.

Vier Denkbremsen

Meinen Sie, dass wir aus einer natürlichen Grundorientierung heraus gerne das tun wollen, was wir am besten können? Wer möchte nicht für gute Leistung, die ihm leicht fällt, anerkannt und gelobt werden und die Motivation genießen, die aus dem Prinzip fließt: »Nichts macht erfolgreicher als Erfolg!«?

Oft sind es unsere eigenen Denkgrenzen und Ängste, die uns davon abhalten, uns offensiv mit dem Ausbau unserer Stärken zu beschäftigen. Vier Denkbremsen sind dabei die häufigsten und wichtigsten:

Denkbremse 1: »Jede Kette ist so stark wie ihr schwächstes Glied«

Denkbremse Schwächenausgleich

»Wenn ich beruflich weiterkommen will, dann muss ich vor allem meine Schwächen ausmerzen«, lautet das Credo derjenigen, die die Volksweisheit vom schwächsten Kettenglied außerhalb ihres Geltungsbereichs zurate ziehen. Der Glaube, die Kenntnis seiner individuellen Schwächen würde einem bei der Verbesserung der eigenen Performance mehr weiterhelfen als die Kenntnis der eigenen Stärken, ist in allen Kulturkreisen stark verwurzelt.

Dieses Denken ließ sogar Profis dem Österreichamerikaner Arnold Schwarzenegger zu Beginn seiner Schauspielkarriere den Rat geben, seinen fast unverständlichen österreichischen Dialekt abzulegen und seinen unaussprechlichen Namen aufzugeben. Schwarzenegger tat bekanntlich beides nicht, konzentrierte sich vielmehr auf seine körperlichen Vorzüge als Terminator- und Conan-Darsteller. Heute rühmen dieselben Marketing-»Experten« seinen unglaublichen Weitblick, aus seinem ungewöhnlichen Namen und seinem Dialekt weltweit ein unverwechselbares Markenzeichen gemacht zu haben.

Der deutsche Sportwagenhersteller Porsche hört seit 1963, er solle die antiquierte Heckmotorbauweise zugunsten technisch überlegener Lösungen aufgeben. Porsche hingegen verfolgt eine andere Strategie und kultiviert mit jedem Modelljahrgang die Stärken seines 911. Das Ergebnis gibt dem Unternehmen Recht: Im Gegensatz zu anderen Herstellern, die sich darauf konzentrieren, von Modell zu Modell die Schwächen ihrer Autos zu korrigieren, versteht es Porsche, Autos zu bauen, die die Menschen faszinieren.

Denkbremse 2: »Das Gute ist das Gegenteil des Schlechten«

Denkbremse Schwarz-Weiß-Sehen

»In der Umkehrung des Schlechten liegt das Gute« ist eine Vermutung, mit der wir in unserer Kultur oft allzu leichtfertig arbeiten: Frieden wird danach zur Abwesenheit von Krieg, Gesundheit zur Abwesenheit von Krankheit. Ist das wirklich so? Meiner Meinung nach greift dies viel zu kurz: Frieden bedeutet, dass auftretende Konflikte in einem Gesellschaftssystem konstruktiv bewältigt werden können – und diese Friedensstrukturen aufzubauen heißt erheblich mehr, als nur gerade keinen Krieg zu führen. Gesundheit beschreibt ein biologisches System, das mit den Herausforderungen der Umwelt so zurechtkommt, dass es nicht aus dem Gleichgewicht gerät. Auch dies ist anspruchsvoller und bedeutet wesentlich mehr, als gerade nicht krank zu sein.

In vielen Lebensbereichen führt uns die Annahme, das Gegenteil vom Schlechten sei das Gute, in die Irre. Sicherlich kennen Sie ähnliche Beispiele wie die folgenden:

- Manager beschreiben Servicepannen in aller Regel sehr emotional und wortgewaltig, Beispiele für guten Service werden oft nicht weiter beachtet.
- Die Maxime der »Null-Fehler-Toleranz« findet sich auf dem Strategiepapier vieler Firmen. Dass das Prinzip der Fehlerlosigkeit allein nicht ausreicht, um Topleistungen zu definieren, wird dabei oft übersehen.
- Ärzte erforschen seit dem Altertum die Entstehung und Überwindung von Krankheiten und wollen so das Geheimnis der Gesundheit entdecken. Aktiv daran zu arbeiten, dass Menschen gesund bleiben, spielt in der Medizin nach wie vor eine untergeordnete Rolle.
- Ehetherapeuten studieren die Gründe für Scheidungen, um daraus etwas über die Prinzipien glücklicher Ehen zu lernen.

Falsche Umkehrschlüsse

So gut die Absichten dieser Manager und Forscher sein mögen, so selten führen sie zum Erfolg. Spitzenleistungen haben eigene Muster, nicht nur das Fehlen von Fehlern. Ingenieure, die lediglich Schrottautos untersuchen, werden keine innovativen Ideen für die nächste Mercedes-S-Klasse ableiten können. Trainer, die ausgebrannte Manager beobachten, können daraus kein Konzept entwickeln, wie Arbeitnehmer mit eigenen Ressourcen sinnvoll umgehen und gleichzeitig Spitzenleistungen erbringen. Nur weil schlechte Lehrer in ihrem Beruf viele Emotionen entwickeln, gilt nicht automatisch der Umkehrschluss, gute Lehrer wahrten emotionale Distanz. Nur die durchschnittlichen machen emotionslos ihren Routinejob. Gerade die besten Lehrer reißen ihre Schüler durch konstruktive Emotionen mit.

Denkbremse 3: »Wenn ich bei meinen Stärken Vollgas gebe und mein Ziel doch nicht erreiche, bedroht dieses Versagen meine Identität«

Denkbremse Versagensangst

Ein Beispiel für diese – bei vielen von uns sicher unbewusste – Blockade liefert der deutsche Radrennfahrer Jan Ullrich. Er ist nach übereinstimmender Einschätzung aller Experten ein Ausnahmetalent im Radsport, hat jedoch bei seiner Tour-de-France-Vorbereitung oft Schwierigkeiten, sein Bestes zu geben: Mal trainiert er zu früh zu hart, sodass Verletzungen nicht ausheilen können, mal sabotiert er sich selbst mit Trunkenheit. Würde Ullrich optimal vorbereitet antreten, dann käme es im Duell mit Lance Armstrong zu der alles entscheidenden Frage: Wer ist besser? Wenn ich alles gebe und trotzdem nur Zweiter werde, kann ich dann immer noch an mich und mein Ausnahmetalent glauben? Solange ich Zweiter werde, mir aber sagen kann: »Mit einigen Wochen mehr Training zu Saisonbeginn hätte ich den Sieg davontragen können«, lässt es sich wesentlich leichter leben.

Was für Jan Ullrich eine mentale Herausforderung an der Weltspitze ist, gilt für uns Alltagstalente entsprechend: Viel Aufschieberitis, Improvisation und halbherzige Vorbereitung ist – wie Arbeitsmethodiker wissen – auf die Selbstschutzmaxime »Lieber faul als doof« zurückzuführen. Solange das Defizit in der Vorbereitung liegt, können wir bei der Performance weiterhin unsere Talente idealisieren und müssen uns nicht mit unseren eigenen Grenzen auseinander setzen.

Denkbremse 4: »Das machen doch alle so« – das Bewusstsein für eigene Stärken fehlt

Denkbremse Selbstverständnis

Immer wieder stoßen wir in unserer Coachingarbeit auf ein interessantes Paradox: Viele Menschen haben überhaupt kein Gefühl dafür, wieweit sie anderen in manchen Leistungsbereichen voraus sind. »Das Letzte, was ein Fisch entdecken wird, ist die Existenz von Wasser«, sagt ein chinesisches Sprichwort. Was uns ständig umgibt, wird so selbstverständlich für uns, dass wir gar nicht mehr bewusst sehen, um welche besondere Leistung es sich handelt. Da gibt es beispielsweise den mittelständischen Unternehmer, der seine Firma in wenigen Jahren von einem Dutzend Mitarbeitern zu einem Team von über tausend Spezialisten weltweit entwickelt hat und wirklich glaubt, jeder andere an seiner Stelle hätte Ähnliches erreicht; da ist der strategische Denker, der in einer halben Stunde eine Unternehmensstrategie zu Papier bringt, die andere auch nach monatelangem Nachdenken nicht entwickeln könnten, und diesen Erfolg bei einem Bewerbungsgespräch noch nicht einmal erwähnt.

Hat Sie die eine oder andere Denkbremse auch schon einmal davon abgehalten, sich voll auf Ihre Stärken zu konzentrieren? Vergessen Sie nicht:

Sichtbar besser als andere sind wir auf Dauer nur dort, wo wir im Kernbereich unserer Talente tätig sind.

Im Bereich unserer Schwächen genügt es, sich mit »Schadensbegrenzung« zu begnügen oder in Teams mit verteilten Kompetenzen zu arbeiten, denn auf diesen Gebieten werden wir nie Spitzenleistungen erreichen können.

Unser Intelligenzprofil als erste Orientierung

Bei Talenten ist es ähnlich wie bei der Orientierung in freier Natur oder bei der geistigen Arbeit: Wenn wir wissen, wonach wir suchen, tun wir uns beim Finden erheblich leichter, als wenn wir keine Vorstellung haben. Wer beispielsweise den Weg zu einer Berghütte von früheren Besuchen her bereits kennt, wird sie in der Dämmerung leichter finden als seine Kameraden, die diese Tour zum ersten Mal gehen. Wer sich beim ersten Besuch auf dem Börsenparkett von einer Informationslawine erschlagen fühlt, tut sich wesentlich schwerer, neue Informationen einzuordnen, als Börsianer, die sich in der Chart-Analyse von Aktienkursen perfekt auskennen und wissen, nach welchen auffälligen Kursausschlägen sie suchen.

Eine Landkarte für Talente

Eine Landkarte, die uns auf der Suche nach unseren Talenten unterstützt, stammt vom amerikanischen Psychologen Howard Gardner, der in seinem Buch *Abschied vom IQ – Die Rahmen-Theorie der vielfachen Intelligenz* 1983 sein inzwischen weltweit akzeptiertes Konzept der multiplen Intelligenz vorstellte. Gardner ist der Mann, der unser Verständnis von der Vielfalt menschlicher Fähigkeiten vielleicht am stärksten bereichert hat.

Vergleichen Sie einmal Ihre Stärken mit den zehn von Howard Gardner vorgeschlagenen Intelligenzen:

1. *Sprachliche Intelligenz*
   Wie geschickt verstehen Sie es, mit geschriebener und gesprochener Sprache umzugehen? Wie treffsicher sind Sie bei der Auswahl Ihrer Worte in verschiedenen sozialen Situationen? Fällt es Ihnen leicht, Sprachen zu erlernen?

2. *Logisch-mathematische Intelligenz*
   Haben Sie es bereits in der Schule geliebt, Probleme logisch zu analysieren und mathematische Operationen durchzuführen? Liegt es Ihnen, Fragestellungen und Probleme mit wissenschaftlichen Methoden zu lösen?

3. *Assoziativ-kreative Intelligenz*
   Liegt es Ihnen, Gedanken auch in nicht logischer oder kausaler Weise zu verbinden? Können Sie Sachverhalte mit Werten assoziieren, den Dingen so eine Bedeutung geben? Lieben Sie es, zu entdecken und zu kreieren? Verstehen Sie es, »etikettenfrei« zu beobachten?

4. *Räumliche Intelligenz*
   Haben Sie einen »inneren Kompass« und finden sich überall schnellstens zurecht? Können Sie Distanzen genauer abschätzen als alle Ihre Kollegen? Haben Sie Talent zum Zeichnen oder zur Bildhauerei?

5. *Musikalische Intelligenz*
   Haben Sie Begabung zum Musizieren und/oder Kompo-

nieren? Wie gut ist Ihr musikalisches Gehör? Haben Sie Sinn für musikalische Prinzipien?

6. *Körperlich-kinästhetische Intelligenz*
   Verstehen Sie es, einzelne Körperteile oder den ganzen Körper für Bewegungsabläufe präziser einzusetzen als andere?

7. *Naturkundliche Intelligenz*
   Sind Sie ein Mensch, der es versteht, seine Umwelt zu erkennen und zu klassifizieren? Diese Fähigkeit ist genauso bedeutsam für Kulturwelten wie für natürliche Umwelten.

8. *Intrapersonale Intelligenz*
   Wie gut kennen Sie sich selbst? Können Sie mit Ihren Gefühlen konstruktiv umgehen? Wie steht es mit Ihrer Fähigkeit zur Selbstmotivation? Verstehen Sie es, Ihre Wünsche, Ängste und Fähigkeiten konstruktiv für den Alltag zu nutzen?

9. *Interpersonale Intelligenz*
   Haben Sie ein Talent, die Fähigkeiten, die Absichten, Wünsche und Motive anderer Menschen zu verstehen? Sind Sie dadurch in der Lage, mit ihnen erfolgreich zu kooperieren?

10. *Spirituelle Intelligenz*
    Haben Sie eine spezielle Fähigkeit, Dinge zu erkennen und zu verstehen, die sich hinter den Erkenntnisgrenzen unserer Welt befinden?

Unseren Talenten auf der Spur

Diese zehn Grundintelligenzen liegen bei jedem Menschen in unterschiedlicher Ausprägung und Kombination vor, und bei jedem von uns werden sie weiter durch kulturelle Einflüsse und persönliche Entscheidungen ausdifferenziert. Stellen Sie sich vor, diese Grundintelligenzen seien die Tonleiter, dann sind unsere individuellen Talente die Akkorde, die wir darauf spielen.

Ein jeder Mensch verfügt über ein Talentprofil, das genauso einzigartig ist wie sein Fingerabdruck oder die Kombination seiner Gene.

Es gibt zwar nur zehn verschiedene Dimensionen von Intelligenzen als Ausgangsbasis, aber es ist faszinierend, was jeder von uns daraus machen kann: Die einzelnen Töne in der Musik waren schon immer da. Aber schauen Sie sich an, was Beethoven oder Mozart daraus gemacht hat!

Der beste Talente-Indikator: die Stimme des Herzens

Die Raster der Intelligenztests helfen uns nur in einem ersten Schritt, wenn wir davon ausgehen, dass es im Detail ebenso viele Talente und Stärkenprofile gibt, wie es Individuen gibt. Für weitere, tiefer gehende Analysen benötigen wir noch feinere und präzisere Instrumente. Dabei habe ich bei einer Reihe von Coachings und bei mir selbst gelernt, dass die Stimme unseres Herzens der beste Talente-Indikator ist, der sich finden lässt. Aus diesem Grund sind die Module unseres Talente-Finders so ausgerichtet, dass sie unseren Herz- und Bauchgefühlen Gelegenheit geben, sich Gehör zu verschaffen.

1. Die Analyse der eigenen Biografie

Ihre Aufgabe besteht nun darin, Ihre eigene Biografie zu analysieren und Schlüsselerlebnisse und Aktivitäten herauszuarbeiten, die Sie schon als Kind begeistert haben.

Bei der Analyse der eigenen Geschichte hat sich ein zweistufiges Vorgehen bewährt: Im ersten Schritt lohnt es sich, alle emotionalen Schlüsselerlebnisse anzuschauen, bei denen uns die Augen dafür geöffnet worden sind, dass wir uns zu einer bestimmten Aufgabe berufen und von ihr angezogen fühlen. Im zweiten Schritt ist es empfehlenswert, unsere ganze Erinnerungsdatenbank noch einmal von frühester Jugend an durchzukämmen, um ein möglichst vollständiges Bild aller Talente- und Stärkenkombinationen zu erkennen.

Manchen Menschen fällt es leicht, ihre wichtigsten Talente und Stärken in der Vergangenheitsanalyse zu erkennen, weil sie durch außergewöhnliche Aha-Erlebnisse vom Schicksal einen »Wink mit dem Zaunpfahl« bekommen haben. So Ihnen dieser Wink des Schicksals, der sofort auf das eine oder andere Talent hinweist, nicht vergönnt war, ist dies kein Grund zum Kopfzerbrechen. Die meisten Menschen finden ihre Talente, indem sie sorgfältig ihre Kindheit analysieren. Sie machen sich ein konkretes Bild davon, welche Aktivitäten sie schon immer angezogen haben und was ihr Herz vor Begeisterung und Leidenschaft hat schneller schlagen lassen.

Talente in der Kindheit suchen

2. Talent- und Stärken-Scouting in der Gegenwart

Aber nicht nur die Vergangenheit bietet ein Füllhorn von Informationen, um unsere Talente zu erkennen. Auch im Hier und Jetzt gelingt es, durch eine Reihe von bewährten Übungen als Talent-Scout fündig zu werden.

Übung:

Analysieren Sie 14 Tage lang Ihren Tagesablauf, indem Sie alle Aktivitäten notieren und allabendlich entscheiden, von welchen Sie sich angezogen fühlen und welche Sie eher vermeiden.

Talente im Alltag suchen

- Was genießen Sie am meisten?
- Was stört Sie?
- Was raubt Ihnen Energie?
- Was tun Sie gerne und wo schleppen Sie sich eher dahin?
- Wovon hätten Sie gern sehr viel mehr in Ihrem Leben?
- Was würden Sie am meisten vermissen, wenn es wegfiele?

Wenn Sie wissen wollen, ob eine Tätigkeit, die Ihnen viel Spaß macht, wirklich eine Ihrer großen Leidenschaften ist, bei der es sich lohnt, einen individuellen Expertenstatus aufzubauen, dann stellen Sie sich folgende Fragen:

- Träumen Sie von dieser Aktivität?
- Entwickeln Sie große Vorfreude?

- Ist Ihr Energielevel höher als sonst?
- Ist Ihr Enthusiasmus immer da und verändert sich nicht im Zeitablauf?
- Haben Sie mehr Selbstvertrauen während der Tätigkeit?
- Fallen Sie anderen mit Ihrem Enthusiasmus auf oder reißen Sie andere mit?
- Sind Sie nachher energiegeladen?
- Spüren Sie nach der Tätigkeit eine große innere Genugtuung?

3. Wünsche als Vorboten unserer Talente

Wünsche hinterfragen

Der dritte Baustein ist die Analyse unserer Intention, denn es gilt: Wünsche sind die Vorboten unserer Fähigkeiten. Schon Goethe wusste darum, dass unsere geheimsten und tiefsten Wünsche oft Indikatoren für unsere Fähigkeiten sind. Daher empfiehlt es sich, in die Welt unserer Intentionen und Absichten hineinzuhorchen, um die Wegrichtung für unseren Enthusiasmus zu erkennen. Allerdings liefern die Ergebnisse der Vergangenheits- und Gegenwartsanalyse viel eindeutigere Ergebnisse, sodass die Analyse von Wunschszenarien lediglich der Ergänzung dient.

4. Mit Abstand über Talente nachdenken

Talente in der »Wildnis« suchen

Baustein vier ist die »Aussteigerübung«, die uns die Chance gibt, in einem ganz anderen emotionalen Kontext mit viel Abstand über unsere Talente nachzudenken. Um Ihr Talent-Gold unter dem Schutt der Alltagsroutine zu erkennen, tun Sie gut daran, sich von Ihrem Schreibtisch, Arbeitsplatz, Computer, Faxgerät und Mobiltelefon zu entfernen. Zu Beginn Ihrer Talentsuche sollten Sie Freunde, Verwandte und Bekannte noch nicht einbeziehen. Sie sind Ihnen in den späteren Phasen der Talentfindung viel hilfreicher. Ob für Sie eine Mountainbiketour, drei Tage im Kloster oder drei Wochen Lachse angeln in Alaska die ideale Umgebung zum Hineinspüren in Ihr Herz sind, ist nicht wichtig – entscheidend für die innere Qualität Ihrer Einsichten ist, dass Sie Ihren persönlichen Rahmen finden und aufsuchen:

> **Ihr Herz spricht in der Wildnis lauter. Also gehen Sie hin – was immer Ihre »Wildnis« ist –, und hören Sie zu!**

Das eigene Talentprofil klar herausarbeiten

Sie sollten das Selbstbild Ihrer Stärken so kristallklar und gestochen scharf herausarbeiten, wie Sie es noch nie zuvor in Ihrem Leben getan haben. Denn je klarer Sie erkennen: »Dies hier sind meine Talente und Stärken, und jene Dinge dort drüben sind meine Sache nicht«, umso stabiler ist das Fundament, auf dem Ihr Masterplan ruht: Je höher wir hinaus wollen, umso sorgfältiger sollten wir die Basis vorbereiten:

> **Wer einen Eiffelturm baut, sollte beim Fundament nicht pfuschen.**

Für ein Lebenskonzept voller Saft und Kraft, voller Enthusiasmus und Begeisterung, Leidenschaft und Passion ist unser Herz ein sehr viel besserer und weiserer Ratgeber als unser Kopf. Als sehr nützliches Hilfsmittel zur Objektivierung erweisen sich verschiedene Testverfahren. Einen Test für die Grundintelligenzen sowie viele weitere Tipps und Übungen, die Sie bei der Entwicklung eines stärkenzentrierten Lebens unterstützen können, finden Sie im Buch *Stärken stärken – Talente entdecken, entwickeln und einsetzen*, das ich zusammen mit Frank M. Scheelen geschrieben habe.

Eine neue Richtung einschlagen

Sie denken: »Alles hochinteressant – aber für mich leider zu spät!« Meist nicht! Es gibt unzählige Beispiele für Menschen, die beweisen, dass es nie zu spät ist, eine neue Richtung auf der Basis unserer stärksten Stärken erfolgreich einzuschlagen. Denn oft erreichen wir gerade dort in wenigen Jahren das, was uns anderswo ein ganzes Berufsleben lang verwehrt bleibt. Die Anzahl der Berufe hat sich in den letzten 50 Jahren mehr als verhundertfacht. In einer solchen Welt besteht für jeden von uns die Chance, die Tätigkeit zu finden oder gar das Unternehmen selbst aufzubauen, das maßgeschneidert zu ihm passt.

Den Preis prüfen

Ein Sprichwort sagt: *»Nur wer Altes loslässt, kann Neues gewinnen.«* Ob wir bereit sind, loszulassen, um eine neue Karriererichtung einzuschlagen, hängt sicherlich zum einen davon ab, wie sehr wir an dem hängen, was wir aufgeben müssten. Zum anderen ist entscheidend, wie stark wir unter dem leiden, was uns jetzt gefangen hält. Nur Ihr Herz weiß, welchen Preis Sie bezahlen, und deswegen kann auch nur Ihr Herz für Sie richtig entscheiden.

Die Selbstverständlichkeit, mit der wir uns daran gewöhnen, beruflich unsere Seele zum Verstummen zu bringen, ist beunruhigend. Deshalb erlauben Sie mir den Hinweis, dass wir für die Kompromisse unseres Herzens regelmäßig den höchsten Preis bezahlen in Form von Selbstachtungs-, Selbstvertrauens- und Selbstmotivationsdefiziten. Viele Menschen stellen später mit der Weisheit des Alters fest, dass der Preis für faule Kompromisse viel zu hoch war.

In Abwandlung des alten Rechtsgrundsatzes gilt: »Im Zweifel für unser Herz und für unsere Stärken.«

Stärkenzentriert den individuellen Expertenstatus aufbauen

Möglicherweise haben Sie bereits viele gute Ideen und Vorsätze, die Sie in Ihrem eigenen Leben umsetzen möchten. Erfolgreich werden Sie sein, wenn es Ihnen gelingt, basierend auf Ihren Talenten und Stärken die ideale Marktpassung zu finden und sich als Experte zu positionieren.

Die Marktpassung finden

Überlegen Sie sich deshalb einmal:

- Wo kann ich mit meinen Talenten sichtbar mehr Nutzen bieten als andere?
- Kann ich durch Spezialisierung auf Bedürfnisse bestimmter Zielgruppen einen sichtbaren Mehrnutzen bieten?
- Wie kann ich mein Unternehmen (mich selbst) durch die richtige Kommunikation als Marke in den Köpfen meiner Kunden (Partner) verankern?

- Wie würde mein Business in fünf Jahren aussehen, wenn ich dann unangefochtener Marktführer wäre?

In den transparenten Märkten von morgen werden nur diejenigen Unternehmen erfolgreich sein, die es schaffen, einen Expertenstatus aufzubauen. Es gilt, einen Nachfragesog für Produkte und Dienstleistungen (die eigene Arbeitsleistung inklusive) zu schaffen. Folgende Strategien bringen Sie auf den Weg des Erfolgs:

Kräfte bündeln

Energie konzentrieren

Viele Unternehmer machen wie die meisten Menschen von allem etwas, aber nichts richtig. Die physikalische Grunderkenntnis: »Je kleiner das Feld, auf das ich meine Energie konzentriere, umso größer die Wirkung!« ist für Unternehmer (und jeder ist Unternehmer seiner selbst) überlebenswichtig. Wir alle sind in unseren Kräften begrenzt. Wir alle verfügen nur über ein beschränktes Maß an Zeit, Energie, Finanzen, Manpower, Know-how und anderen Ressourcen. Je größer die Bandbreite des Fach- und Geschäftsgebietes ist, das wir abdecken, umso weniger Durchschlagskraft können wir entwickeln.

Das bedeutet im Klartext für den Businessalltag: Wann immer jemand als Experte in seinem Spezialgebiet so gut geworden ist, dass seine Stärke alles andere überstrahlt, sind wir bereit, ihm viele Dinge nachzusehen, für die wir andernfalls überhaupt kein Verständnis hätten. Dies gilt für Produkte genauso wie für Unternehmen oder Menschen: Viele Jaguar- oder Ferrari-Fahrer sind bereit, bei ihren Edelgefährten Qualitätsdefizite zu akzeptieren, die jeden VW-Polo-Fahrer sofort auf die Barrikaden und auf dem schnellsten Wege in seine Vertragswerkstatt bringen würden. Deshalb:

Konzentrieren Sie sich auf Ihre Talente und Begabungen! Schaffen Sie sich eine Marktnische, in der Sie sichtbar besser sind als alle anderen!

Intelligente Spezialisierung

Auch wenn es nahe liegt, unsere Kräfte zu konzentrieren und uns zu spezialisieren, so hat doch unsere christlich-abendländische Erziehung mit ihrem griechischen Kulturideal ihre Spuren hinterlassen: Ist es wirklich ratsam, unsere Aufmerksamkeit auf das zu richten, was uns am meisten Spaß macht, und dies – in Einklang mit unseren stärksten Talenten – ein Leben lang? Ist das nicht Frevel? Sollten wir uns nicht nach dem Grundsatz »Nur wer hart arbeitet, darf gut essen« den Rest unseres Lebens darauf konzentrieren, unsere Schwächen mit Disziplin und harter Arbeit zu überwinden? Unterschätzen wir nicht die Verteidigungsstrategien unseres Unterbewusstseins, das uns davor zurückschrecken lässt, einen Expertenstatus aufzubauen! Eine der bewährtesten Bremser-Strategien ist die Angst: »Und was passiert, wenn ich mich auf das Falsche spezialisiere? Was passiert, wenn ich mich auf ein Verfahren konzentriere, das morgen überholt ist? Was passiert, wenn ich mich für eine Zielgruppe entscheide, der es morgen schlechter geht? Wie kann ich dann verhindern, dass ich nicht hineingerate in den Strudel, der mich herabzieht?«

EKS

Den ebenso einfachen wie klaren Rat, mit diesen Ängsten umzugehen, verdanken wir meines Wissens Wolfgang Mewes, dem Begründer der *engpasskonzentrierten Strategie EKS*: Er erkannte schon in den 70er-Jahren des 20. Jahrhunderts, was in der Dynamik des technischen Fortschritts heute noch offensichtlicher ist: Wer sich auf ein Verfahren spezialisiert, der wird über kurz oder lang vom technischen Fortschritt überholt werden. Wolfgang Mewes wählt das Beispiel des Kohleofens. Wer sich auf Kohleöfen spezialisiert, guckt in die Röhre, sobald Öl, Erdgas oder Nachtspeicherheizungen »in« sind. Wer sich aufs Bausparen konzentriert, ist weg vom Fenster, sobald im Rahmen einer europäischen Rechtsvereinheitlichung die Bausparförderung eingestellt wird.

Lösungen statt Techniken bieten

Gleichgültig, wie sehr ein Verfahren oder eine Technik heute gefragt ist, es wird der Tag kommen, an dem diese Technik oder dieses Verfahren durch ein neues, leistungsfähigeres Verfahren abgelöst wird. Und bei der Dynamik des technischen Fortschritts werden die Lebenszyklen von Techniken und Verfahren immer kürzer. Die Strategieempfehlung von Wolfgang Mewes heißt deshalb: Spezialisierung auf Grundbedürfnisse, nicht auf Verfahren – also Spezialisierung auf »wohlige Wärme« anstatt auf »Kohleöfen«.

Genies und ihre Lernstrategien

Wenn die Frage, wie viel wir aus einer Grundintelligenz herausholen können, stark von der Effizienz unserer Lernmethoden abhängt, dann – so spekulieren Lernpsychologen – müsste man aus den Studiertechniken bekannter Genies ableiten können, welche Lernmethoden am besten geeignet sind, Weltklasse-Talente zu Weltklasse-Stärken zu entwickeln.

Die grundlegenden Untersuchungen zu dieser Frage gehen bis in die 20er-Jahre des letzten Jahrhunderts zurück. Wissenschaftler haben inzwischen die Lebensläufe, Denk-, Lern- und Studiertechniken von mehreren Hundert Genies intensiv untersucht und sind dabei auf faszinierende Übereinstimmungen gestoßen. Mindestens drei Lerntechniken scheinen Menschen tatsächlich zu erlauben, aus ihren Talenten das meiste zu machen. Die gemeinsamen Lerngewohnheiten der Genies sind:

3 wesentliche Lerntechniken

1. das »zwanghafte Aufschreiben«
2. das »geborgte Genie« und
3. das *Image-Streaming*.

1. Das »zwanghafte Aufschreiben«

Denn was du schwarz auf weiß besitzt …

Verschiedenste Untersuchungen haben gezeigt, dass nicht einmal 1 Prozent aller Menschen ihre Wahrnehmungen, Gedanken und Erfahrungen in Protokollen, Tagebüchern, Briefen oder Büchern niederschreiben. Menschen, die geistige Höchstleistungen erbringen – in welcher Disziplin auch immer –, gehören zu diesem 1 Prozent! Weltweit berühmte Beispiele hierfür sind Leonardo da Vinci oder Thomas Alva Edison. Viele tausend Seiten ihrer Aufzeichnungen und Notizen sind der Menschheit bis heute erhalten.

Gewöhnen Sie sich daran, überall dort, wo Sie Ihre Talente entfalten wollen, großzügig von der Kunst des Aufschreibens Gebrauch zu machen.

2. Das »geborgte Genie«

Sich in ein Vorbild hineinversetzen

Der russische Psychologe Vladimir Raikow entdeckte eine erstaunliche Lernmethode. Raikow versetzte seine Versuchspersonen in einen Zustand der Tiefenhypnose und suggerierte ihnen, sie würden durch Reinkarnation zu einem Genie der Geschichte. Raikow konnte anschließend feststellen, dass Menschen, denen er suggeriert hatte, sie seien Rembrandt, im Zustand der Hypnose Kunstwerke anfertigten, die weit jenseits ihrer »normalen« Begabung lagen. Manche wollten nachher selbst nicht glauben, zu welchen Leistungen sie im Zustand der Hypnose fähig waren. Interessanterweise konnten die Versuchspersonen die in der Hypnose entdeckten Fähigkeiten später auch ohne erneute Hypnose nutzen.

Der amerikanische Lernforscher Win Wenger, den ich seit vielen Jahren kenne und als einen der renommiertesten Experten seines Fachgebiets schätze, hält die Methode des »geborgten Genies« für die wirksamste Talent-Optimierungs-Technik überhaupt. Er empfiehlt »Genie-Anfängern« folgende Übung, die sich auch in unseren Seminaren sehr bewährt hat:

Übung:

- Entscheiden Sie sich für ein Talent, das Sie optimieren wollen.
- Wählen Sie ein Genie, das diese Fähigkeit weltmeisterlich beherrscht.
- Stellen Sie sich eine landschaftlich reizvolle Umgebung vor und beschreiben Sie sie in allen Einzelheiten.
- Sehen Sie jetzt, wie das Genie ins Bild kommt, und beschreiben Sie es in allen Einzelheiten.
- Schlüpfen Sie in Ihrer Vorstellung in den Experten hinein und beschreiben Sie die Szene aus seiner Sicht; achten Sie auf Unterschiede in der Wahrnehmung zu Ihrer eigenen Beschreibung.

- Üben Sie dann in der Person des Experten die Tätigkeit aus, die Sie perfektionieren wollen.
- Beschreiben Sie diese Tätigkeit in allen Einzelheiten.
- Protokollieren Sie anschließend detailliert, was Sie gelernt haben.

3. Image-Streaming nach Win Wenger

Win Wenger beschäftigt sich seit über 25 Jahren mit effizienten Lerntechniken. Er hat eine Lern- und Kreativitätsmethode entwickelt, die langfristig und bleibend den IQ steigert – ein Phänomen, das viele Testpsychologen überhaupt nicht lustig finden. Wengers Methode – von ihm *Image-Streaming* genannt – ist an Einfachheit nicht zu überbieten und funktioniert wie folgt:

- Sie schließen die Augen und beschreiben die inneren Bilder, die Sie sehen, laut (einem anderen Menschen, oder Sie diktieren sie einem mitlaufenden Kassettenrekorder).
- Es gibt drei Gebote: Erstens, die Bilder laut zu beschreiben, zweitens, alle Sinne einzusetzen und drittens, in der Zeitform Präsens zu berichten.

Interessante Vorstellungen für das Image-Streaming könnten sein:

1. Mein Bilderbuchjahr eines starken Lebens in fünf Jahren
2. Meine Bilderbuchwoche in fünf Jahren
3. Mein Bilderbuchtag in fünf Jahren
4. Mein Unternehmen in fünf Jahren, nachdem wir bis dahin zum Marktführer geworden sind
5. Wie ich im Leben sein möchte
6. Was ich im Leben tun möchte
7. Was ich im Leben haben möchte
8. Das Marketingkonzept für mein Unternehmen
9. Der Idealzustand des nächsten Ziels, an dem ich arbeite
10. Der Idealzustand der Problemlösung, an der ich gerade arbeite

Eine Vision finden und beschreiben

Finden Sie Ihre Vision einer erfolgreichen Zukunft und visualisieren Sie diese so genau wie möglich. Beschreiben Sie laut, was Sie sehen, hören und riechen.

So sehr sich diese Methode allein schon wegen der erwähnten Trainingseffekte auf den Intelligenzquotienten lohnen würde, so liegt der noch viel größere Nutzen in ihrer grenzenlosen Produktivität von neuen Gedanken und Ideen:

Wenn Sie die nächsten 30 Tage lang 10 Minuten täglich Ihrer Frau oder Ihrem Mann Ihr Wohnzimmer beschreiben, dann werden Sie nicht nur jeden Tag innovative Ideen zur Inneneinrichtung haben, sondern mit diesem Zeiteinsatz von insgesamt 5 Stunden so viele Einrichtungsideen generiert haben, dass Sie damit eine zwölfteilige Aufsatzserie in *Schöner Wohnen* füllen könnten. Wenn Sie zufällig nicht gerade Innenarchitekt sind, wird Sie dieser Vorschlag vermutlich nur zum Teil begeistern: Doch es liegt ja allein bei Ihnen, diese gigantische Ideenproduktivität auf Themen zu lenken, die Sie in Ihrem Leben voranbringen.

Und nun auf zu einem stärkenzentrierten Leben. Es ist unser Leben und unsere Karriere. Wir haben entschieden, wie sie begonnen hat, und wir entscheiden uns jeden Tag, in welche Richtung unsere Karriere weitergeht. Ich wünsche Ihnen viel Erfolg beim Aufbau Ihres individuellen Expertenstatus!

Ihr Alexander Christiani

LITERATUR

Buckingham, Marcus / Coffman, Curt: *Entdecken Sie Ihre Stärken jetzt.* Frankfurt am Main / New York: Campus 2002

Buckingham, Marcus / Coffman, Curt: *Erfolgreiche Führung gegen alle Regeln. Wie Sie wertvolle Mitarbeiter gewinnen, halten und fördern.* Frankfurt am Main / New York: Campus 2001

Christiani, Alexander: *Magnet Marketing. Erfolgsregeln für die Märkte der Zukunft.* Frankfurt am Main / New York: Campus 2001

Christiani, Alexander: *111 Motivationstipps für persönliche Höchstleistungen.* Landsberg / München: mvg 2002

Christiani, Alexander: *Weck den Sieger in dir. In 7 Schritten zu dauerhafter Selbstmotiviation.* Wiesbaden: Gabler 2000

Christiani, Alexander / Scheelen, Frank M.: *Stärken stärken. Talente entdecken, entwickeln und einsetzen.* München: Redline Wirtschaft 2002

Gardner, Howard: *Abschied vom IQ. Die Rahmen-Theorie der vielfachen Intelligenz.* Stuttgart: Klett-Cotta 1991

Wenger, Win / Poe, Richard: *Der Einsteinfaktor.* Freiburg: VAK 1997

Hans-Jochen Fröhlich

Der ehemalige Tageszeitungsredakteur und Träger mehrerer Journalistenpreise übernahm mit 24 Jahren als verantwortlicher Redakteur den Aufbau und die Leitung eines auflagenstarken Wochenmediums in Nordbayern. Nach erfolgreicher Markteinführung und -etablierung wechselte er von der Medien- auf die Agenturseite. Seit mittlerweile zehn Jahren ist er geschäftsführender Gesellschafter der *Fröhlich PR GmbH*. Diese betreut Unternehmen, Verbände und öffentliche Einrichtungen. Die Palette reicht dabei von der klassischen Öffentlichkeitsarbeit über Krisen-PR bis hin zu außergewöhnlichen Vermarktungsstrategien.

Die Agentur mit Sitz in Bayreuth unterhält Kontakte zu mehreren Hundert Medien im deutschsprachigen Raum und gibt im Kundenauftrag mehrere regelmäßig erscheinende Kunden- und Mitarbeiterzeitschriften sowie Magazine heraus.

Kontakt: h.froehlich@froehlich-pr.de

Siynet Spangenberg

ist Diplom-Physikerin. Nach Tätigkeit in der Industrie wechselte sie 1998 in den Bereich der Öffentlichkeitsarbeit. Heute betreut sie bei der Bayreuther Agentur *Fröhlich PR GmbH* Unternehmen aus den Bereichen Training und Energieversorgung.

Kontakt: s.spangenberg@froehlich-pr.de

Hans-Jochen Fröhlich und Siynet Spangenberg

So verärgern Sie Journalisten garantiert

Die ultimative Strategie, sich ins schlechte Licht zu rücken

Warum überhaupt Öffentlichkeitsarbeit?

Warum überhaupt Öffentlichkeitsarbeit? Heißt es nicht »Reden ist Silber, Schweigen ist Gold«? Und: Sprechen die Produkte nicht für sich selbst? So schlagen viele das Motto der PR-Experten vom »vertrauensvollen Dialog mit der Öffentlichkeit« in den Wind, pfeifen aufs Image und ignorieren, ob und was die Medien berichten. Ganz Hartgesottene folgen gar dem Grundsatz »viel Feind – viel Ehr« und verärgern Journalisten geradezu systematisch.

Tagtäglich wird in Unternehmen gesündigt, wenn es um Journalistenkontakt, Pressekonferenzen, Event-Management und Co. geht. Die zehn vielleicht häufigsten Sünden in Sachen PR finden Sie – mit einem Augenzwinkern präsentiert – auf den folgenden Seiten. Durch Nachmachen lassen Sie sich und Ihr Unternehmen garantiert im schlechtesten Licht erscheinen. Und das nicht nur bei der schreibenden Zunft in den Redaktionen, sondern auch bei Kunden und Mitarbeitern.

Wer sich und sein Unternehmen lieber positiv in den Blickpunkt der Öffentlichkeit rücken möchte (was höchst empfehlenswert ist), der findet unter »So machen Sie es richtig« erfolgserprobte Tipps und Strategien.

Sünde Nummer 1: Sich rar machen

Stichwort Journalistenkontakt

Eine bewährte Taktik, nicht nur in Liebesbeziehungen! Wenn Sie offensichtlich ständig von einer Konferenz zur nächsten eilen und per Handy ausschließlich mit wichtigen Leuten telefonieren (zu denen Journalisten in Ihren Augen natürlich nicht gehören), unterstreichen Sie wirkungsvoll Ihren hohen Status. Es spielt dabei keine Rolle, ob Sie tatsächlich viel unterwegs sind oder nicht – entscheidend ist allein, dass die Journalisten dies glauben und Sie niemals schon nach wenigen Anrufen erreichen. Wer Spaß an Konfrontation hat, sollte seine Sekretärin in Abwiegelungstaktik schulen und sich bei Anrufen aus Redaktionen oder von freien Journalisten stets verleugnen lassen. Wenn es dann doch nervt, nehmen Sie den zehnten Anruf entgegen – natürlich nur, um auf einen »fachlich kompetenten Mitarbeiter« zu verweisen, der selbstredend gerade auf Kundenbesuch ist.

Wenn Sie gerne diese PR-Strategie der ganz eigenen Art verfolgen, so sollten Sie keinesfalls von sich aus Kontakt zu relevanten Journalisten aufnehmen oder diesen gar wichtige Informationen geben. Die kommen schon irgendwann von selbst auf Sie zu – spätestens, wenn Ihr Unternehmen einmal etwas verbockt hat. Also einfach abwarten und Tee trinken. Ähnlich läuft es, wenn neue Journalisten die Redaktionen verstärken. Bloß nicht um ein Kennenlerngespräch bitten. Denn: Ist nicht Recherche die erste Berufspflicht der schreibenden Zunft?

Bleibt die Frage, mit wem Sie überhaupt zu reden bereit sind. Am besten akzeptieren Sie nur Chefredakteure überregionaler Blätter mit klangvollen Titeln. So richtig schön Schwung in die Beziehungen zu den Medien bringen Sie, wenn Sie einzelne Journalisten gezielt und auffällig bevorzugen. Das heizt den Konkurrenzkampf der Medien untereinander an, sorgt also für eine Prise Spannung.

So machen Sie es richtig

- Eine wichtige Regel beim Pressekontakt lautet: erreichbar sein. Bei Abwesenheit leiten Sie Gespräche aufs Handy um. Im Fall des Falles (jeder ist mal in einer Konferenz) rufen Sie die Medien so schnell wie möglich zurück! Bevor Sie sich in den Urlaub oder zu einer längeren Tagungsreise verabschieden, sorgen Sie für eine kompetente Vertretung. Teilen Sie dies Ihren Ansprechpartnern in den Redaktionen (und vor allem Ihrer eigenen Telefonzentrale) mit!
- Die Basis einer erfolgreichen Pressearbeit ist ein umfassender, gut gepflegter Presseverteiler. Bitte beachten Sie: Für regional orientierte Unternehmen sind die Lokal- und Wirtschaftsredaktionen der Tageszeitungen und Wochenblätter vor Ort interessante Partner. Aufmerksamkeit verdienen zudem die regionalen Rundfunk- und Fernsehsender. Denken Sie auch an IHK-Medien, Gemeindeblätter sowie (falls sinnvoll) Kirchen- und Schülerzeitungen.
- Haben Sie keine Scheu, auch überregionale Medien zu kontaktieren, wenn Sie Themen von besonderer Bedeutung anbieten können. Eine besondere Rolle spielt der dpa-Redakteur in Ihrem Bezirk. Sein Bericht erreicht in der Regel alle wichtigen deutschen Medien. Nutzen Sie auch die Fachmedien Ihrer Branche!
  Übrigens: Fairerweise sollte gesagt werden, dass es Konzerne mit Weltgeltung oder bekannte Persönlichkeiten leichter haben, den Weg in die so genannten Top-Titel und Top-Fernsehsender zu finden.
- Ergreifen Sie ruhig die Initiative beim Aufbau des Erstkontakts zu den entscheidenden Redakteuren – und vernachlässigen Sie auch wichtige freie Journalisten nicht. Sind Sie neu im Unternehmen, stellen Sie sich mit einem kurzen Telefonanruf vor. Alternativ können Sie einen »Antrittsbesuch« in der Redaktion machen.

Sünde Nummer 2: Anforderungen der Redaktionen ignorieren

Stichwort Pressemitteilung

Beim Verfassen von Pressemitteilungen halten Sie sich als Super-PR-Sünder nicht an irgendwelche Normen, sondern vertrauen ganz Ihrer Kreativität und der Findigkeit der Journalisten. Je mehr

Papier, desto besser. Deshalb keine Zurückhaltung bei Anzahl und Länge der Texte! Den Blutdruck der Redakteure können Sie auf Hochtouren bringen, wenn Sie in Ihren Texten grundsätzlich mit der Firmengründung beginnen. Schildern Sie sodann ausführlichst den Aufstieg Ihres Unternehmens zu seiner jetzigen beeindruckenden Größe. Den aktuellen Anlass der Pressemitteilung hängen Sie am Schluss an oder – fast noch besser – verstecken ihn geschickt in einem der zahlreichen Schachtelsätze. Es verschafft dem Journalisten ungeahnte Erfolgserlebnisse, wenn er nach längerer Lektüre fündig geworden ist. Seine Talente testen kann er auch beim Umschreiben des Textes, denn natürlich überraschen Sie die Redaktionen mit Ihren Formulierungskünsten. In jeder zweiten Zeile ein Superlativ, jede Menge indirekte Rede und viele, viele Fachausdrücke prägen Ihren ganz persönlichen Stil.

Außerdem beherzigen Sie den Grundsatz: Harte Fakten und aktuelle Infos stehen nur in den Artikeln von PR-Konformisten. Sie dagegen sind innovativ und setzen Akzente durch Selbstbeweihräucherung und Seitenhiebe auf die Wettbewerber. Verschweigen Sie tunlichst, wann Ihre neue Produktlinie auf den Markt kommt. Auch den Öffnungstermin Ihrer neuen Filiale oder die Anzahl der neuen Arbeitsplätze, die mit der letzten Expansion geschaffen wurden, sind nichts für Journalisten.

Auf Bildmaterial verzichten Sie entweder ganz oder Sie legen eine beliebige Auswahl aus Ihrem Fotoarchiv bei. Bildunterschriften mit Bezug zu den Pressetexten sind langweilig. In einer Zeit, in der Quiz- und Rätsel-Shows boomen, freut sich der Journalist, die Bildmotive erraten zu dürfen. Und wenn der Redakteur danebenliegt? Wo ist das Problem? Nette Verwechslungen von Personen oder Anlässen sorgen für Heiterkeit beim Leser.

An wen schicken Sie Ihre Pressetexte? Natürlich immer an den Chefredakteur persönlich. Dieser leitet die unzähligen Presseinfos, die ihn täglich erreichen, sicherlich mit stetig wachsender Begeisterung an seine zuständigen Mitarbeiterinnen und Mitarbeiter weiter. So regen Sie die redaktionsinterne Kommunikation wirkungsvoll an. Beim Versandweg hat sich die altbewährte Lösung »per Post« bewährt – insbesondere dann, wenn Pressemitteilungen in ausgedruckter Form die 2-Kilo-Grenze überschreiten. Jede Redaktion freut sich über einen solchen Stoß geballter Information. Ein Versand per Fax ist in diesem Fall allerdings auch nicht schlecht, können Sie doch so das Faxgerät der Redaktion die ganze Nacht blockieren. Da wird die Konkurrenz schnell aufgeben!

Ein wichtiges Thema ist auch das Nachrufen. Ignorieren Sie am besten die zeitlichen Abläufe in einer Redaktion, denn so fallen Sie garantiert auf. Tipp: Mitten in der Phase der größten Hektik, bei Lokalredaktionen so zwischen 17 und 19 Uhr, anrufen. Auch ein Nachfragen wenige Minuten nach dem Versand der Pressemitteilung ist zu überlegen, unterstreicht es doch die Dringlichkeit Ihres Anliegens. Wenn Ihre Meldung nicht umgehend (und unverändert) gebracht wird, drohen Sie natürlich unverhüllt mit Anzeigenboykott.

So machen Sie es richtig

- Verschicken Sie Pressemitteilungen nur bei interessanten Anlässen.
- Fassen Sie sich kurz und beantworten Sie die wichtigsten Fragen (Wer?, Was?, Wann?, Wo?, Wie?, Warum?) schon am Beginn des Textes.
- Sie erhöhen die Abdruckwahrscheinlichkeit, wenn Sie nicht zu werblich schreiben. Auf Superlative sollten Sie verzichten, Fremdwörter müssen Sie, wenn sie sich nicht vermeiden lassen, erläutern. Je konkreter der Text (Zahlen, Daten, Fakten), desto höher – in der Regel – der Wert für den Redakteur.
- Passen Sie Ihren Schreibstil den jeweiligen Medien an, die Sie natürlich regelmäßig selbst lesen und hören sollten. PR-Profis können es durchaus wagen, den Medien auch selbst verfasste Reportagen oder Interviews anzubieten. Qualität und Informationsgehalt müssen dann allerdings stimmen.
- Machen Sie sich frühzeitig Gedanken, für welche Medien Ihre Aussendungen geeignet sind. Wirtschaftsmagazine haben natürlich andere Schwerpunkte als eine Frauenzeitschrift. Auch beim Ansprechpartner, an den Sie ihre Mitteilung adressieren, heißt die Maxime Zielgenauigkeit. Sprechen Sie den für Ihren Bereich zuständigen Redakteur – und nicht den Chefredakteur – an.

- Selbstverständlich muss der Aussendung ein Anschreiben (auf dem Briefpapier Ihres Unternehmens) mit Nennung eines kompetenten Ansprechpartners beiliegen. Bei mehreren Texten versenden Sie am besten eine Pressemappe, die dann auch ein Beiblatt mit Informationen zum Unternehmen enthalten kann.
- Nutzen Sie die neuen Medien: Stellen Sie Texte und Bilder ins Internet und geben Sie den Journalisten die Möglichkeit zum Download. Wichtig: Reservieren Sie für Journalisten einen speziellen Pressebereich, der nur per Passwort »betreten« werden kann. Meldungen, die jeder Surfer und damit (potenzielle) Leser auf seinen Bildschirm holen kann, sind für den Redakteur, der Neuigkeiten vermelden will, nicht mehr »sexy«. Generell sollten Sie wissen, wie Ihre Ansprechpartner die Informationen bekommen möchten: per Post, Fax, Mail ... Fragen kostet nichts!
- Bilder sagen in der Tat oft mehr als tausend Worte und genießen beim normalen Leser etwa den gleichen Aufmerksamkeitswert wie eine Hauptüberschrift. Deshalb achten Sie auf Profiqualität und aussagekräftige Bildmotive. Zu den Bildern (immer häufiger bereits in digitaler Form) gehört eine vollständige Beschriftung (Anlass, Namen der abgebildeten Personen, evtl. Name des Fotografen).
- Ein heikles Thema ist das so genannte Nachrufen nach dem Versand von Artikeln. Bei Journalisten ist es naturgemäß nicht sonderlich beliebt (es kostet Zeit), doch es erhöht die Abdruckchancen (wie die Erfahrungen in unserer Agentur zeigen) deutlich. Beachten Sie jedoch: Geben Sie dem Redakteur Zeit, sich mit dem Text zu beschäftigen. Fallen Sie nicht mit der Tür ins Haus. Fragen Sie also nicht, warum der Text denn immer noch nicht erschienen ist. Erkundigen Sie sich stattdessen, ob vielleicht zusätzliche Informationen oder Bilder benötigt werden. Akzeptieren Sie ein »Nein«, wenn für Ihre Pressemitteilung keine Verwendungsmöglichkeit besteht. Tipp: Es kann durchaus sinnvoll sein, den Telefonkontakt vor der Aussendung zu suchen. Dann können Sie beim Schreiben die Wünsche und Anregungen der Redaktion bereits berücksichtigen.
- Offiziell gilt der direkte Hinweis an die Redaktionen, dass die Veröffentlichung mit Anzeigenschaltung honoriert wird, als echte Todsünde in Sachen PR. Gerade in Zeiten der Werbekrise muss sich ein Hinweis auf die »ausgezeichnete Wirkung des Mediums, die man als Anzeigenkunde schätzt«, allerdings bei stark anzeigenorientierten Medien nicht unbedingt nachteilig auswirken.

Sünde Nummer 3: Auf die Vorbereitung pfeifen

Stichwort Pressekonferenzen

Pressemitteilung oder Pressekonferenz? Entscheiden Sie einfach nach Lust und Laune! Also ruhig mal sämtliche Medienvertreter zur Einweihung der neuen Teeküche im 2. Stockwerk einladen! Apropos Einladung: Testen Sie die Spontaneität der Medienvertreter und laden Sie erst unmittelbar vor der Konferenz ein. Und: Verraten Sie den Anlass der Veranstaltung nicht schon im Voraus. Das erhöht die Spannung, und ein wenig Durcheinander macht Sie und Ihren Betrieb erst sympathisch. Sie kennen doch den Spruch von den liebenswerten Chaoten.

Zur »PK« selbst kommen Sie mit deutlicher Verspätung – schließlich sind Sie ja viel beschäftigt und sollten das auch demonstrieren. Bei den Vorträgen achten Sie vor allem auf Ausführlichkeit. Und: Lassen Sie keine Zwischenfragen zu, die Sie aus dem Konzept bringen würden. In Sachen Vorbereitung vertrauen Sie ruhig auf Ihre Kreativität, sprich: Unterlassen Sie das Zusammenstellen wichtiger Zahlen, Daten und Fakten. Schenken Sie sich das Erstellen schriftlicher Unterlagen, das senkt nur die Aufmerksamkeit.

Lässt sich doch mal die Frage eines neugierigen Journalisten nicht vermeiden, offenbaren Sie ruhig ein gewisses Maß an Ahnungslosigkeit. Kramen Sie in dicken Aktenordnern, ehe Sie zögerlich antworten. Alternativ können Sie auch keck aufs Geratewohl antworten, denn wer will es denn schon so ganz genau wissen?

So machen Sie es richtig

- Pressekonferenzen (PK) sollten ausgesuchten Anlässen vorbehalten bleiben und gründlich vorbereitet werden. Bei der Terminwahl sind auch die Abläufe in den Redaktionen zu berücksichtigen.
- Laden Sie die Medienvertreter frühzeitig ein – schriftlich und mit Rückantwortmöglichkeit. Erhalten Sie keine Antwort, ist eine höfliche telefonische Nachfrage im Redaktionssekretariat erlaubt.
- Kümmern Sie sich um die Technik (Beleuchtung, Overhead, Diaprojektor, Mikrofone usw.) und die Bewirtung.

- Unterziehen Sie die Räumlichkeiten rechtzeitig vor der Veranstaltung noch einmal einem Check.
- Lassen Sie professionell gestaltete Pressemappen erstellen, die neben einer Programmübersicht und Kurzfassungen der Referate auch zusammenfassende Pressetexte, Pressefotos und Hintergrundinformationen zum Unternehmen enthalten.
- Bereiten Sie sich persönlich auf das Thema der PK vor und seien Sie auch auf weiter gehende Fragen gefasst. Überlegen Sie, welche Themen (auch unangenehme) von den Medienvertretern angesprochen werden könnten.
- Rechtzeitig klären: Welche Personen aus Ihrem Unternehmen sind anwesend? Wer moderiert die PK? Wer spricht zu welchem Thema? Generell gilt: Die Zahl der Unternehmensrepräsentanten sollte im engen Rahmen bleiben.
- Nach der Pressekonferenz muss ein Presseverantwortlicher telefonisch erreichbar sein. Nicht selten tauchen beim Schreiben der Artikel noch Fragen auf. Und natürlich möchte der Journalist dann fundierte Auskünfte.

Sünde Nummer 4: Auf dem hohen Ross sitzen

Stichwort Umgang mit Journalisten

Was sich manche Journalisten herausnehmen! Der eine streicht Ihre Pressemitteilung auf zwei Sätze zusammen, der andere ignoriert sie gar völlig. Und der dritte erwartet doch tatsächlich, innerhalb der nächsten Woche einen Termin für ein Hintergrundgespräch zu erhalten. Damit es zu solchen Auswüchsen an Dreistigkeit gar nicht erst kommt, erziehen Sie »Ihre« Redakteure von Anfang an richtig. Treten Sie abwechselnd autoritär und gönnerhaft auf, sozusagen mit Zuckerbrot und Peitsche. In der Praxis heißt das beispielsweise: Steht Ihr neues Produkt kurz vor der Markteinführung, fordern Sie einen unverzüglichen Abdruck Ihrer Pressemeldung. Folgsames Verhalten belohnen Sie mit einer Anzeige in der nächsten Ausgabe, Verweigerung ahnden sie mit Liebesentzug. Kommen Sie mit einem Redakteur besonders gut aus, dann bevorzugen Sie ihn hemmungslos.

So machen Sie es richtig

- Beweisen Sie beim Umgang mit Journalisten Einfühlungsvermögen, und berücksichtigen Sie deren Zeitdruck. Drängen Sie sich nicht auf, aber seien Sie auch nicht zu zaghaft. Wie so oft im Leben gilt es auch hier, den goldenen Mittelweg zu finden.
- Bauen Sie ein persönliches Vertrauensverhältnis zu den für Sie relevanten Journalisten auf. Vernachlässigen Sie deshalb aber nicht den Kontakt zu den übrigen Medienvertretern.
- Eine Bewirtung, etwa bei Pressekonferenzen, oder kleine (!) Aufmerksamkeiten für die Journalisten sind durchaus üblich.
- Beachten Sie, dass Journalisten gerade bei kleineren Tageszeitungen Generalisten sind, also in der Regel kein ausgeprägtes Fachwissen in Ihrer Branche besitzen. Stellen Sie deshalb auch für den Laien verständlich aufbereitete Informationen zur Verfügung.
- Bieten Sie den Journalisten Hintergrundgespräche zu den Themen Ihrer Presseaussendungen – oder auch zu Themen, welche die Redaktionen vorschlagen – an.
- Möglicherweise eignet sich Ihr Unternehmen für die Veranstaltung einer Journalistenreise (zum Beispiel zu verschiedenen Standorten des Unternehmens oder zu Vorlieferanten).

Sünde Nummer 5: Keine Chance den Strategen

Stichwort Jahresplanung

Es soll ja Menschen geben, die gerne Pläne schmieden. Das ist nicht so Ihr Fall? Kein Problem, denn es kommt doch ohnehin meist anders, als man denkt. Geben Sie folglich den Strategen in Ihrem Unternehmen, die auch die Öffentlichkeitsarbeit gerne strukturieren möchten, keine Chance. Argumentieren Sie mit Zeitmangel und der Intuition des Augenblicks oder der nahen Verwandtschaft von Genie und Chaos. Zwar wird sich das Unternehmen wahrscheinlich in Sachen Produktion, Vertrieb und Logistik ziemlich konkrete Ziele setzen, doch für die PR-Arbeit muss das doch nun wirklich nicht sein.

Zugegeben: Ohne Jahresplanung könnten Sie relevante Messetermine verpassen. Oder die für Ihre Branche interessante Sonderveröffentlichung in der Lokalzeitung. Aber all diese Missgeschicke eröffnen fantastische Möglichkeiten für spontane Aktionen: Die Sonderseiten zum Thema »Bauen & renovieren« sind schon abgeschlossen? Dann stellen Sie doch Ihren Fertighaus-Text einfach dem für die Karriereseiten zuständigen Redakteur zur Verfügung. Wetten, dass in der Redaktion über Sie gesprochen wird!

So machen Sie es richtig

- Planen Sie Ihre PR-Aktivitäten möglichst langfristig – zum Beispiel für die nächsten zwölf Monate. Wichtige Messetermine, der Termin für die Jahresbilanz usw. stehen lange im Voraus fest.
- Zusätzlich ist eine monatliche oder zweimonatliche Detailplanung sinnvoll. Natürlich sollten Sie auch kurzfristig auf unvorhersehbare Ereignisse reagieren können.
- Legen Sie Ihren Planungen immer Leitideen und Ziele zugrunde. Welche Zielgruppe wollen Sie ansprechen? Welches Image wollen Sie transportieren? Welche Kernkompetenzen und Produkte sollen die Kunden mit Ihrem Unternehmen verbinden? Ohne detaillierte Antworten auf diese Fragen sind PR-Strategien nichts wert.
- Dank optimaler Zeitplanung können Sie sich Ihren Etat für die Öffentlichkeitsarbeit optimal einteilen und versäumen keine wichtigen Termine. Spielen Sie auf der gesamten Klaviatur der PR: von der Pressearbeit über Events und Aktionen bis hin zum Sponsoring. Stimmen Sie die einzelnen Maßnahmen inhaltlich und zeitlich aufeinander ab, sodass Sie im Idealfall das ganze Jahr über Präsenz zeigen.

Sünde Nummer 6: Auf das Glück des Laien bauen

Stichwort Agenturen

PR- und Werbefachleute: Sind das nicht die Typen, die immer alles besser wissen? Vertrauen Sie nur sich selbst. Wer sollte Ihnen denn in Sachen Selbstdarstellung etwas vormachen können?

Ihnen kommen Zweifel? Okay, dann probieren Sie es zur Not eben mal mit einer Agentur. Schauen Sie einfach ins Telefonbuch und lassen Sie dann das Zufallsprinzip entscheiden. Nach Referenzen fragen? Das Zeug ist doch vermutlich ohnehin getürkt! Sich bei Journalisten erkundigen, welche PR-Leute ihr Handwerk verstehen? Nie und nimmer! Außerdem: Die Devise »Learning by doing« muss doch wohl auch für PR-Leute gelten. Und bei cleveren PR-Leuten besteht die Gefahr, dass diese eigene Erfahrungen, Ideen und Strategien einbringen möchten. Nicht auszudenken!

So machen Sie es richtig

- Es ist in vielen Fällen sinnvoll, sich bei der PR-Arbeit der Hilfe von Profis zu versichern. Das bedeutet: Entweder Sie bauen in Ihrem Betrieb eine eigene PR-Abteilung auf (das lohnt sich meist nur bei größeren Unternehmen) oder Sie wählen eine Agentur aus, mit der Sie kontinuierlich zusammenarbeiten. Doch ob PR-Abteilung im Haus oder externe Agentur: Öffentlichkeitsarbeit ist immer eine Führungsaufgabe und darf nicht stiefmütterlich behandelt werden!
- Informieren Sie sich gründlich über alle Agenturen, die als Partner infrage kommen. Wo liegen deren Schwerpunkte? Welche Referenzen können vorgelegt werden? Wie steht es um Erfahrung und Kompetenz? Führen Sie Vorgespräche und vergeben Sie zunächst einen »Test«-Auftrag.
- Ist Ihr Unternehmen regional orientiert, sollte auch die Agentur hier besondere Stärken aufweisen. Kontakte zu den Medienvertretern sowie zu wichtigen Institutionen und Multiplikatoren vor Ort sollten idealerweise bereits bestehen.
- Betrachten Sie die Agenturmitarbeiter nicht als Befehlsempfänger, sondern als ebenso kritische wie kreative Begleiter Ihres Unternehmens. Chronische »Ja-Sager« bringen Sie nicht weiter.
- Holen Sie sich bereits bei der Erstellung der PR-Strategie den Rat der PR-Fachleute und fordern Sie diese zum Ideen-Sparring auf. Das ist ein wirkungsvolles Mittel gegen Betriebsblindheit.
- Vertrauen Sie beim Kreieren von PR-Aktionen und Pressetexten dem Gespür der PR-Profis, die nicht selten selbst aus dem Journalismus kommen. Auf jeden Fall wissen sie, was bei den Medien ankommt. Die PR-Profis sollten selbstverständlich das journalistische Schreiben beherrschen sowie die Bedürfnisse der Redakteure und die Abläufe in den Redaktionen kennen.

Sünde Nummer 7: Eier legende Wollmilchsau sein wollen

Stichwort Profilschärfe

Das eine Unternehmen setzt ganz auf Beratung und hochwertige innovative Produkte, das andere sucht den Erfolg durch konkurrenzlos günstige Preise. Beide haben ein scharfes Profil, doch weshalb bei der Pressearbeit Profil zeigen? Werden Sie zum Gemischtwarenladen! Verschweigen Sie Ihre spezifischen Vorteile und Leistungen. Bleiben Sie allgemein. Beschränken Sie sich auf Floskeln wie »zuverlässige Technik, hochwertige Qualität und Top-Design«. Damit reizen Sie weder die Konkurrenz noch potenzielle Leserbriefschreiber. Versuchen Sie ruhig, sich und Ihr Unternehmen stets als Eier legende Wollmilchsau zu präsentieren. Journalisten, die das Besondere, das Neue suchen, können lange suchen.

So machen Sie es richtig

- Analysieren Sie zunächst Eigen- und Fremdbild Ihres Unternehmens. In der Regel gibt es aufschlussreiche Unterschiede zwischen dem gewünschten und dem tatsächlichen Image eines Betriebes. Legen Sie fest, mit welchen Aussagen, Aktionen und Presseberichten Sie das Wunsch-Image erreichen wollen.
- Grundsätzlich heißt die Erfolgsstrategie »Spitz statt breit«! Nur durch Differenzierung können sich die meisten Unternehmen aus der Vielzahl ähnlicher Angebote herausheben. Überlegen Sie genau, wodurch sich Ihr Unternehmen auszeichnet und welche Zielgruppen Sie mit Ihrer Pressearbeit erreichen wollen.
- Einzelpersonen wie Unternehmen sollten Experten-Status anstreben. Unterstreichen Sie Fachwissen in Interviews und Fachartikeln. Besonders interessant sind Aktionen, bei denen Sie von einem Medium als *der* Experte für ein Spezialthema präsentiert werden (»Leser fragen – unser Experte antwortet«). Auftritte in Fernsehsendungen und das Verfassen von Fachbüchern krönen die öffentlichkeitswirksame Expertenarbeit.

Sünde Nummer 8: Es kunterbunt treiben

Stichwort Corporate Identity

Schon auf den ersten Blick für die Journalisten erkennbar sein – wie langweilig! Bringen Sie Farbe ins Spiel und verändern Sie immer mal wieder Firmenlogo und Anzeigen, Visitenkarten und Briefpapier. Sicher sind Ihre Ansprechpartner bei den Medien beeindruckt von Ihrer Kreativität und Wandlungsfähigkeit, zeugen doch beide von Dynamik und dem Mut, Neues auszuprobieren. Variieren Sie auch munter Ihre Wortwahl und die über die Medien kommunizierten Unternehmensziele. So ist der Zeitungsleser, Rundfunkhörer oder Fernsehzuschauer gefordert und wird aus seiner passiv konsumierenden Haltung herausgelockt. Schließlich gilt es, das Gelesene, Gehörte oder Gesehene dem richtigen Unternehmen zuzuordnen – eine nicht immer leichte Aufgabe, wenn der Wiedererkennungswert gleich null ist.

Wer das einheitliche Erscheinungsbild *(Corporate Design)* durch Vielfalt ersetzt, kann die Diskussion über eine Unternehmensphilosophie *(Corporate Identity)* gleich unterlassen. Von *Corporate Behaviour* oder *Corporate Communications* ganz zu schweigen. Haben wir nicht alle zahlreiche Brüche in der Persönlichkeit – warum also nicht auch ein Unternehmen? In einer Welt, in der Identität und Orientierung zunehmend zu Fremdwörtern werden, liegt man damit voll im Trend. In der Praxis heißt das: Entscheiden Sie sich mal für Umweltschutzpapier, dann wieder für eine Hochglanzbroschüre. Betonen Sie in Anzeigen Ihre regionale Verbundenheit und im Pressetext Ihre Globalisierungsambitionen. Schillernd und nicht ausrechenbar – das ist doch allemal interessanter als ein für jeden leicht erfassbares Image.

So machen Sie es richtig

- Formulieren Sie eine klare Unternehmensphilosophie. Diese sollte Antworten auf Fragen liefern wie: Wie wollen wir in der Öffentlichkeit wahrgenommen werden? Welcher Führungsstil herrscht im Unternehmen und wie sieht das Verhältnis zu unseren Kunden aus?

- Alle Aktionen, Veröffentlichungen und Strategien des Unternehmens sollten zu dieser Philosophie »passen«, sie widerspiegeln und ihre Umsetzung fördern. Das bedeutet: Bringen Sie sämtliche Bereiche Ihres Betriebes wie Kommunikation, Verhalten und Sprache auf eine Linie.
- Im Idealfall sollte der Journalist genauso wie der (potenzielle) Kunde sowohl vom Slogan als auch von einer Anzeige in der Zeitung oder dem Auftreten Ihrer Service-Mitarbeiter am Telefon auf Ihre Unternehmensphilosophie schließen können.

Sünde Nummer 9: Im Ernstfall Schotten dicht!

Stichwort Krisen-PR

In keinem Unternehmen lassen sich Pannen immer vermeiden – ob nun das neue Modell des Autoherstellers mit fehlerhaftem Bremssystem ausgeliefert wurde, beim Reiseveranstalter plötzlich ein Partner-Hotel die Türen schließt oder im Chemiebetrieb ein Unfall passiert. In solchen und ähnlichen Fällen reagieren Sie nach dem Motto: Schotten dicht! Gehen Sie keinesfalls ans Telefon (am besten die Anrufer in eine ewige Warteschleife leiten, das wird sie vielleicht aufgeben lassen). Sollten die Journalisten gar bei Ihnen vor der Tür stehen, schließen Sie einfach die Werkstore und stellen Sie den möglichst finster dreinschauenden Werkschutz davor.

Geheimniskrämerei macht die ganze Sache erst so richtig spannend. Wird das Auto schon bei 60 km/h die Böschung hinuntersausen oder erst bei 100 km/h? Werden die Urlauber nun in drittklassige Ersatzhotels verfrachtet oder können sie die Reise gleich in den Wind schreiben? Reicht es, in der Nähe des Chemiebetriebs die Fenster zu schließen, oder sollte man umgehend den Arzt aufsuchen?

Wenn Kunden durch die Panne Schaden erlitten haben, seien Sie keinesfalls zur Übernahme irgendwelcher Kosten bereit. Schließlich steht die nächste Jahresbilanz bevor, und da müssen die Zahlen stimmen. Entschuldigen werden Sie sich als echter »PR-orist« auf keinen Fall.

So machen Sie es richtig

- Erstellen Sie präventiv mögliche Krisenszenarien, Telefonlisten und Argumentationsschemata. Jeder Mitarbeiter muss seine Aufgaben im Krisenfall kennen.
- Legen Sie Ansprechpartner für die Presse und für die Kunden sowie für die Öffentlichkeit fest. Diese müssen stets vom Management über die aktuellen Entwicklungen auf dem Laufenden gehalten werden. Außerdem sollte auch die Führungsriege Präsenz zeigen.
- Grundsätzlich beginnt das Krisenmanagement mit einer Bestandsaufnahme der Lage. Anschließend gilt es zu analysieren, wer betroffen ist. Der Kommunikation kommt dann entscheidende Bedeutung zu: Agieren Sie aktiv, machen Sie den Ausnahmecharakter der Krise deutlich, bitten Sie eventuell um Mithilfe und werben Sie um Vertrauen.
- Setzen Sie auf Transparenz bei der Krisenbewältigung. Vorgehen: Im ersten Stadium eines Krisenfalles ist es empfehlenswert, den Vorfall nur kurz, sachlich und chronologisch darzustellen. Erst dann, wenn Sie sichere Aussagen treffen können, sollten Sie ausführlich über Ursachen, Auswirkungen und Bewältigung der Krise informieren. Beantworten Sie jede Anfrage so schnell wie möglich und seien Sie jederzeit ansprechbar.
- Einzelne Instrumente der Krisen-PR sind unter anderem Pressemitteilungen per E-Mail und Fax, Pressekonferenzen, die Einrichtung einer Telefon-Hotline, eventuell das Arrangieren von Interviews, eine Hausmitteilung an die Mitarbeiter und Hintergrundgespräche mit den Medien.

Sünde Nummer 10: Die »Untergebenen« dumm halten

Stichwort Mitarbeiterkommunikation

Mitarbeiterkommunikation? Die »Untergebenen« sollen arbeiten und nicht mitreden. Was müssen die sich Ihren Kopf machen und womöglich Entscheidungen hinterfragen? Verhindern Sie das, indem Sie dichthalten. Wenn die Mitarbeiter bei der Lektüre der Morgenzeitung von der Stilllegung einer Produktlinie erfahren, ist das allemal früh genug. Mitarbeiterzeitungen oder der Aufbau eines Intranets kosten nur Geld. Geben Sie deshalb jedem Angestellten nur genau so viele Informationen, wie er für seine tägliche Arbeit benötigt, denn was hat er sich mit Firmenphilosophie oder Produktpolitik zu befassen? Am Ende würde er vielleicht eigene Ideen einbringen!

So machen Sie es richtig

- Eine funktionierende interne Kommunikation und Transparenz im Unternehmen tragen dazu bei, das Engagement der Mitarbeiter und ihre Identifikation mit dem Betrieb zu stärken.
- Beziehen Sie Ihre Mitarbeiter stets in die Unternehmenspolitik ein. Jeder Mitarbeiter sollte die Produkte des Betriebes kennen, über Managemententscheidungen auf dem Laufenden gehalten werden, Nachrichten von anderen Unternehmensstandorten erhalten sowie über die Aufgaben und den beruflichen Hintergrund neuer Kolleginnen und Kollegen informiert werden.
- In Krisensituationen sollte die Aufklärung innerhalb des Betriebes selbstverständlich sein.
- Neben dem üblichen Betriebsausflug im Sommer und der Weihnachtsfeier im Dezember gibt es zahlreiche weitere Möglichkeiten, den Mitarbeitern ihre Bedeutung zu signalisieren und für mehr »Wir-Gefühl« zu sorgen. Beispielsweise können Sie regelmäßig Mitarbeiterbesprechungen veranstalten, einen Mitarbeiterbrief herausgeben oder eine Mitarbeiterzeitung produzieren lassen. Hilfreich ist auch ein funktionierendes Intranet.
- Machen Sie Mitarbeiter (auch die ehemaligen) sowie Zulieferer, Partner und Kunden zu »Botschaftern« Ihres Unternehmens.

LITERATUR

Cutlip, Scott M. / Center, Allen / Broom, Glen M.: *Effective Public Relations.* 8. Auflage. Englewood Cliffs, NJ: Prentice-Hall 2000

Reineke, Wolfgang / Pfeffer, Gerhard A. (Hrsg.): *PR-Check-up. Arbeitshandbuch Öffentlichkeitsarbeit. Checklisten für die Praxis.* Essen: Stamm 2000

Reineke, Wolfgang / Eisele, Hans: *Taschenbuch der Öffentlichkeitsarbeit.* 3. neu bearbeitete und erweiterte Auflage. Heidelberg: Sauer 2000

Cornelsen, Claudia: *Das 1 x 1 der PR. Öffentlichkeitsarbeit leicht gemacht.* Freiburg i. Br.: Haufe 1997

Foto: Klaus Vyhnalek

Matthias Horx,
geboren 1955 in Düsseldorf, gilt als einflussreichster Trend- und Zukunftsforscher im deutschsprachigen Raum. Nach einem Soziologiestudium in Frankfurt am Main war er zwölf Jahre lang als Journalist und Publizist für Zeitschriften wie *ZEIT, MERIAN* und *TEMPO* tätig, bevor er Anfang der 90er-Jahre die Agentur *TRENDBÜRO* mitbegründete. Heute arbeitet er als Zukunftsberater für namhafte Firmen, betreibt ein eigenes Institut mit Sitz in Frankfurt und Wien und gibt den *Zukunftsletter* im VNR-Verlag heraus. Durch inzwischen 15 Bücher (das neueste heißt *Future Fitness – Wie Sie Ihre Zukunftskompetenz erhöhen. Ein Handbuch für Entscheider,* erschienen 2003) wurde er auch einem breiten Publikum bekannt.

Kontakt: m.horx@zukunftsinstitut.de
www.zukunftsinstitut.de

Matthias Horx

Megatrends

Die »Blockbusters« des Wandels

In den frühen 80er-Jahren erschien in den USA ein Buch, das Geschichte schreiben sollte. *Megatrends* und acht Jahre später *Megatrends 2000* von John Naisbitt begründeten eine neue Disziplin der Zukunftsschau. Hier ging es nicht mehr um mehr oder minder spektakuläre Szenarien einer fernen Zukunft oder utopische Spekulationen über kommende Technologien. Naisbitt, ein Ex-Manager von IBM und Regierungsberater, analysierte nicht das Morgen, sondern das Hier und Jetzt. Genauer: das, was sich *heute* schon ankündigt – und sich wahrscheinlich *morgen* noch stärker in dieselbe Richtung verändern wird.

Was macht *Megatrends* aus?

In Naisbitts erstem »Megatrend«-Buch ging es um Begriffe wie *Globalisierung* und *Informationsgesellschaft* – Stichworte, die heute selbstverständlich sind, damals aber noch unverständiges Kopfschütteln hervorriefen. Was unterscheidet *Megatrends* von den in unserem Konsum-Universum ständig wechselnden Trend-Erscheinungen, bei denen immer neue Kühe durch die Marketing- oder die Medienlandschaft getrieben werden? Was also legitimiert das anspruchsvolle »Mega« vor dem »Trend«?

- Megatrends sind langfristig: Ihre Halbwertzeit muss, damit sie sich ihr Präfix verdienen, mindestens bei 25 Jahren liegen. Sie prägen einen Wandel, der mindestens ein halbes Jahrhundert andauert.

- Megatrends sind tief greifend und interdisziplinär. Sie haben ihre Wurzeln in fundamentalen gesellschaftlichen oder ökonomischen Veränderungen. So erzeugen sie Auswirkungen auf allen Ebenen unserer Existenz: Lebensstil, Familie, Konsum, Werte, Technologie.
- Megatrends sind in ihrem Wesen global. Selbst, wenn sie nicht gleichzeitig verlaufen, spürt man ihre Auswirkungen auch auf der anderen Seite des Planeten. Früher oder später werden sie in den Schwellen- und Entwicklungsländern ankommen (und das tun sie oft schneller, als wir denken).

Diese drei Bedingungen sorgen zwingend dafür, dass es nicht allzu viele Megatrends gibt. In der Tat arbeitet die moderne Trend- und Zukunftsforschung mit etwa 20 »aktiven« Megatrends, von denen ich Ihnen die wichtigsten hier vorstellen möchte.

Megatrend Frauen

Frauen sind an allen Fronten auf dem Vormarsch. Kulturell. Politisch. »Wertemäßig«. Ökonomisch. Und dieser Vormarsch wird gewaltige Auswirkungen auf unsere gesellschaftlichen Kontrakte, die Vermögensverhältnisse und nicht zuletzt die Konsummärkte haben.

Man muss diese Aussage allerdings streng vom Emanzipations-Hype trennen. Man darf sich nicht von Illustriertengeschichten, Talkshow-Palaver oder den Alice Schwarzers dieser Welt verwirren lassen. Dieser Trend ist keine polemisch-politische Angelegenheit, er basiert vielmehr auf handfesten Fakten.

Frauen sind gebildeter

In allen industrialisierten Nationen, aber auch in der überwiegenden Zahl der Schwellenländer, hat in den letzten Jahrzehnten ein entscheidender historischer Umverteilungsprozess eingesetzt. In seinem Zuge wurde die »Kernressource Bildung« von den jungen Männern auf die jungen Frauen umverteilt. Besonders in der höheren Bildung, bei den Abiturienten und Studienabgängern, haben wir heute weltweit mehr Mädchen als Jungen mit besseren Abschlüssen, kürzeren Studiengängen. (Währenddessen dominiert das männliche Geschlecht in den unteren Bildungsabschlüssen: Volksschulen, Sonderschulen sind Jungenschulen.)

Dieser Trend verstärkt sich durch den Übergang zu einer wissensökonomischen Berufswelt. Während Männer in großer Zahl Opfer von De-Industrialisierungsprozessen werden – sie fallen aus den alten Produktions- und Facharbeiterjobs heraus –, haben Frauen in einer auf Kommunikation und Teamwork aufgebauten Dienstleistungswelt weitaus bessere Aufstiegschancen. Die sie trotz vieler kulturell-politischer Hemmnisse auch hartnäckig nutzen.

Frauen sind *die* Managementreserve

Frauen werden zur entscheidenden strategischen Arbeitsreserve für Unternehmen, weil durch die sinkende Geburtenrate und steigende Anforderungen qualifizierte Arbeitskräfte knapp werden. Die Folge: Im Unterschied zu früher werden Unternehmen und Staat eine Menge dafür tun, Frauen in qualifizierte Jobs hineinzubekommen und dort zu halten.

Durch diese Prozesse kommt es mittelfristig zu einer Umverteilung sowohl der Berufschancen als auch des erzielten Erwerbseinkommens. Das Einkommen entscheidet letzten Endes über die Macht- und Einflussstrukturen der Gesellschaft.

Soziokulturell macht sich der »Megatrend Frauen« durch eine zunehmende erotische und emanzipative Aufrüstung der Frauen und eine Abrüstung und Verunsicherung der Männer bemerkbar. (Man lese Frauenzeitschriften, sehe Vorabendserien oder lese zeitgenössische Romane – die Männer sind immer häufiger das schwache Geschlecht!)

Macht- und Werteveränderungen

Diese soziologischen Tatsachen beschreiben einen der wahrscheinlich fundamentalsten Werte- und Macht-Shifts in der Geschichte. Sie erklären, warum Scheidungsrate, Alleinerzieherquote, Heiratsverweigerung weiter ansteigen. Sie bilden den Hintergrund für das ständige Ansteigen der männlichen Single-Haushalte zwischen 30 und 50, aus denen die eher ungebildeten allein stehenden Männer nicht mehr »abgeholt« werden, weil sie für die jungen Frauen keine attraktive Partie mehr darstellen. Sie erklären, warum Männer sich heute mit Frauen so schwer tun (und vice versa): Der »alte Deal« zwischen Mann und Frau ist ausgelaufen. Ein neuer ist, zumindest auf gesamtgesellschaftlicher Ebene, noch nicht wirklich in Sicht. Letzten Endes krempelt der »Megatrend Frauen« unser gesamtes Werte- und Alltagsmodell um, das in 200 Jahren industrieller Kultur entstanden ist. Die Kernfrage lautet: Warum? Warum sollen Frauen Kinder lebenslang erziehen, den Haushalt managen *und* sich um den gestressten Mann kümmern – anstatt sich selbst zu entdecken, zu verwirklichen und die Welt nach ihrer Pfeife tanzen zu lassen?

Megatrend Alter

Die graue Revolution

Es lohnt sich, einmal aus einem ganz anderen Blickwinkel auf die erstaunliche Verlängerung der Lebenserwartung zu blicken, die heute von allen Statistikern bestätigt wird. Aktuelle Zahlen zeigen, dass die hohe Lebenserwartung, die wir heute schon haben, im Laufe des 21. Jahrhunderts zumindest in den spätindustriellen Ländern auch ohne genetische Verlängerung der biologischen Lebensspanne weiter steigen wird. Auf 82 Jahre im Jahr 2020 und 85 Jahre im Jahr 2050. Nach den Berechnungen des Rostocker Max-Planck-Instituts wird jedes zweite Mädchen, das im Jahr 2000 geboren wurde, das 22. Jahrhundert erleben.

»Erfolgreich altern«

Langlebigkeit entwickelt sich medizinisch in anderen Bahnen, als wir vielfach angenommen haben. Eine ältere Gesellschaft ist nicht automatisch eine sieche Gesellschaft. 70 Prozent der Alten »altern erfolgreich«. Wer ein hohes Alter erreicht, der hat viele Krankheiten gleichsam »ausgesessen«. (»Wer mit 90 Asthma hat, wird nicht 90!«)

»Zweites Alter«

Die Verschiebung des Lebensmittelpunktes bewirkt die Entstehung und Entfaltung neuer Lebensphasen. Das »Zweite Alter« zwischen 50 und 70 ist nun eine eigenständige Phase, die nicht mehr als Niedergang und Rückzug, sondern als gestaltbarer Lebensabschnitt erfahren wird. Damit wird das Leben in längeren Horizonten planbarer, gestaltbarer – und abwechslungsreicher.

Eine ältere Generation tritt auf den Plan, die ein großes Vermögen aus der industriellen Boom-Zeit angesammelt hat. Ihr Einkommen koppelt sich zunehmend vom Renten- und Erwerbseinkommen ab – und vermehrt sich durch Erbschaften. Wer wird die 30 Billiarden Euro erben, die allein in Deutschland in den nächsten zehn Jahren die Besitzer wechseln? Die 50- bis 60-Jährigen erben sie von ihren Eltern, die mit 80 sterben!

Finanzielle Unabhängigkeit

Die Älteren von morgen sind nicht die Alten von gestern. Sie sind mit Rock 'n' Roll und Konsum groß geworden. Sie sind kompetente, qualitätsbewusste Konsumenten.

Eine ältere Gesellschaft ist eine Gesellschaft veränderter Werte. In ihr bekommen Reifung, persönliches Wachstum und Gelassenheit eine andere Bedeutung. Aus der Sicht dieses Diskurses ist eine ältere Gesellschaft nicht die Abweichung von der Norm, sondern die Basis für eine Kultur der Selbstbewusstheit, der Vorsorge und des proaktiven Gesundheitsverhaltens. Alterung ist die Bedingung einer entwickelten Individualität. Denn nur wer in längeren Horizonten sein Leben sehen und womöglich planen kann, hat die Wahl. Womit wir beim eigentlich zentralen und fundamentalen »Mega-Mega-Trend« sind, der heute unsere soziale und gesellschaftliche Welt verändert:

Megatrend Individualisierung

Individualität ist hierzulande mit einer antimodernen Assoziationskette verbunden, die man zunächst lösen muss, um an die wahre Bedeutung des Begriffs zu gelangen. Wertezerfall, Asozialität, Einsamkeit, haltloser Hedonismus, Narzissmus und ruppiger Egoismus sind mit diesem Begriff verbunden. Aber das ist natürlich nur eine Wertung: Mit dem eigentlichen Individualisierungsprozess hat es wenig zu tun.

> **Individualisierung heißt, dass es in einer Gesellschaft Revisionsmöglichkeiten und vielfältige kulturelle Auswahlmöglichkeiten gibt – und dass Menschen lernen, sich selbst zu entdecken und bewusst zu verändern.**

Vielfältige Lebenswelten

Individualisierung bedeutet die Entwicklung immer vielfältigerer Lebenswelten, Rollenmodelle und biografischer Muster. Es entstehen Multi-Optionen, Patchwork-Identitäten, Lebensbrüche und Biografie-Puzzles, die die kulturellen Normen nachhaltig erodieren. Die Wahl zwischen den vielfältigen Optionen muss nicht immer angenehm sein, sie führt im Gegenteil oft zu einem Dilemma für den Einzelnen.

Verhandelbarkeit und Verhandlungszwang

Individualisierung bedeutet Verhandelbarkeit und Verhandlungszwang. In der Individualkultur sind menschliche Beziehungen weniger in Funktionen, Hierarchien und Rollenmustern definiert. Also muss man Beziehungskontrakte – beruflich wie privat – ständig neu ausverhandeln und neu definieren, damit sie Bestand haben können.

Verschiedene Geschwindigkeiten

Individualisierung bedeutet Multi-Geschwindigkeiten im Leben. Untersuchungen des *Henley Center for Forecasting* identifizierten ein neues Phänomen namens »gearshifting« (Gangwechseln). Dank flexibler Arbeit und multipler Einkommensquellen können Menschen »ihr Leben in verschiedenen Zeit- und Geschwindigkeitszonen gestalten, Gas geben oder bremsen, die Gänge wechseln, wenn sie wollen«. Beispiel: Leben auf dem Land *und* Leben in der Stadt, Leben in der nomadischen Gesellschaft *und* im Ruheraum einer Familie.

Netzwerke statt Bindungen

Individualisierung bedeutet in einer pluralen Gesellschaft die Ergänzung oder Ablösung von gesetzten und verordneten Bindungen durch eigenbestimmte Netzwerke. In der jungen Generation ist dieser Prozess nahezu abgeschlossen – das Netzwerk der Gleichaltrigen hat die Familienbindung ersetzt oder »komplett ergänzt«. Man hat wieder ein entspanntes Verhältnis zu den Eltern, weil sie im Vergleich zur Clique und zum Freundeskreis nicht mehr dominieren.

Natürlich ist es wahr, dass Individualität ein »Luxusprodukt« ist. Sie basiert auf dem breiten ökonomischen Reichtum einer Gesellschaft. Aber Individualität als Sehnsucht ist eine fundamentale Kraft. Wer aus der Satellitenperspektive die Welt des alltäglichen Lebens in unserer Gegenwart betrachtet, spürt, wie stark diese Kraft ist – weltweit! Wann immer es geht, versuchen Menschen, ihre Unabhängigkeitsgrade zu erhöhen, sich als *Eigene* zu entdecken und zu konstruieren.

Wann immer es geht, bringen Menschen den Mut auf, ein Stück weit zu sich selbst zu kommen. Auch, wenn dies mit erheblichen Risiken und Sicherheitsverlusten verbunden ist.

Megatrend Gesundheit

Gesundheit – Hauptaspekt des Lebens

Individualisierung, Feminisierung und Alterung verleihen der Gesundheit eine völlig andere Bedeutung als »Abwesenheit von Krankheit«: Gesundheit wird von einer Nebensache zum Hauptaspekt des Lebens, sie wird vom passiven zum aktiven Begriff. Denn wir haben verstanden: Jeder Einzelne von uns wird statistisch um die 80 Jahre alt, viele noch bedeutend älter. Und darauf müssen wir uns vorbereiten, wollen wir nicht einen immer größeren Lebensabschnitt in Siechtum und Krankheit verbringen.

Das ist der eigentliche Hintergrund für den »Megatrend Gesundheit«. Die Nachfrage nach gesunden Lebensformen steigt in dem Maße, wie die Gesellschaft sich ihrer Alterung bewusst wird. Laut Allensbach ist »Gesundheit« seit einigen Jahren schon der höchste Wert der Bundesbürger. Die Nachfrage nach gesundheitlichen Dienstleistungen, Verhaltensformen und Produkten explodiert.

> **Ohne Zweifel wird Gesundheit der dominante Markt der kommenden Jahrzehnte. Immer mehr Produkte werden »vergesundheitet«.**

»Vergesundheitung« aller Lebensbereiche

Lebensmittel (Functional Food), Tourismus (Wellness-Reisen), Wohnen (Bio-Wohnen, Feng Shui) – alles bekommt einen »Health-Aspekt«. In der Medizin beginnt eine riesige Welle von Vorsorge-Medizin, zum Beispiel »komplementäre Medizin« (die Verbindung von alternativen und konventionellen Behandlungsmethoden). Immer mehr »Unpässlichkeiten«, von der Impotenz bis zur Frühjahrsdepression, werden als behandelbar definiert und mit neuen Medikamenten oder Naturheilmitteln behandelt.

Und auch die große »finale Krankheit« aller Menschen, das Alter, erscheint nun immer mehr als eine behandelbare Malaise.

Megatrend »GloKalisierung«

Angst vor dem Einheitslebensstil

»Eine der unbeabsichtigten Folgen des modernen Kapitalismus ist die Stärkung des Ortes, die Sehnsucht der Menschen nach der Verwurzelung in einer Gemeinde.« So schrieb es Richard Sennett in seinem Buch *Der flexible Mensch*. Die globalisierte Welt erscheint vielen als großer Einheitsbrei von Kultur- und Verhaltensmustern von Grönland bis Neuseeland. Als Verlust lokaler Eigenständigkeit, Niedergang regionaler Produkte und Lebensweisen – und als Aufkommen eines amerikanischen Einheitslebensstils.

Die Entwicklung der Globalisierung nimmt jedoch einen anderen Verlauf. Ohne Zweifel ist die »große Globalisierung« in der Krise – sowohl in ihren makroökonomischen Aspekten (weltweiter Kapitalmarkt) als auch in Sachen »Welteinheitsmärkte« (der Irak-Krieg lässt sich durchaus als ein Ausdruck dieser Krise lesen; es geht darum, ob ganze Kontinente vom Globalisierungsprozess ausgeschlossen werden – oder eben nicht). Auf einer zweiten, einer regionalen Ebene jedoch blüht sie. Das Globale verschmilzt mit dem Regionalen zum *Glokalen*.

Neuer Regionalismus

Schon John Naisbitt formulierte in seinen 1980 erschienenen *Megatrends* den »neuen Regionalismus«. In der Welt des 21. Jahrhunderts siegt nicht der Nationalstaat im internationalen Wettbewerb, sondern die Region. Regionale Produkte, authentische »Eigenheiten« sind nicht nur sympathisch, sie sind inzwischen auch ein Standortvorteil. In den Massenkonsummärkten blüht gerade das Spezifische, das Kleine, das Bestimmte: vom Regionalbier bis zum feinen Käse, vom sortenreinen Apfelsaft bis zum regionalen Küchentrend.

Regionen haben oft Vorteile, die Nationen oder »Kernländer« nicht haben.

Im Dreiländereck zwischen der Schweiz, Deutschland und Frankreich etwa spricht man mindestens drei Sprachen. In der Brückenregion zwischen Schweden und Dänemark, am Öresund, siedelt eine große Menge IT- und Logistikfirmen, die in beiden Ländern (und darüber hinaus) aktiv sind. Oft können die peripheren Regionen Vorteile aus ihrer Randlage ziehen: Man denke etwa an das agrarische Irland, das zum *Hidden Champion* Europas aufstieg (nicht zuletzt durch seine Brückenfunktion zwischen den USA und Europa).

Megatrend New Work

»Wissensarbeit« statt »Produktionsarbeit«

Es lässt sich messen, und es lässt sich beweisen: Ein immer größerer Anteil der Wertschöpfung aus unserer Arbeit besteht statt aus »Produktionsarbeit« aus »Wissensarbeit«. Anders ausgedrückt: Immer mehr Geld wird nicht mit der Erzeugung »möglichst vieler gleicher Gegenstände zu immer geringeren Preisen« (industrielle Wertschöpfung) verdient, sondern mit Ideen, Patenten und Veränderungen. Wie verändert diese Verschiebung die Strukturen der Arbeitswelt?

New Work bedeutet, dass immer größere Areale wiederholender, gleichförmiger Produktionsarbeit – also industrieller Arbeit – von kreativer, erfinderischer oder den Menschen dienender (Dienstleistungs-)Arbeit abgelöst werden.

> **Die Komplexität *aller* Tätigkeit steigt: Aus Muskelkraft wird Hirnkraft, aus Fabrikarbeit wird Service, aus Verkaufen wird Kommunikation.**

Jene Tätigkeiten, welche das Industriezeitalter prägten, werden von Robotern oder – eine Zeit lang – von Billiglohnarbeitern in anderen Regionen des Planeten übernommen. Parallel entsteht eine neue Klasse oder Schicht von »Basic Workern«, die Billig-Dienstleistungen »hinter den Kulissen« vollbringen.

Kürzere Produktzyklen

In der globalen Konkurrenz verkürzen sich Produktzyklen rapide. Fabriken werden nur noch für fünf statt für fünfzig Jahre gebaut.

Strategische Investments, die früher über Jahrzehnte liefen, entscheiden sich heute in Monaten. Die Merger- und Outsourcing-Wellen sind nur Symptome eines permanenten Prozesses der kreativen Zerstörung, in der der institutionelle Charakter der Arbeit (»sichere Arbeitsplätze«) generell verloren geht.

Damit tendiert die Organisation der Arbeit von langfristigen Bindungen – den *Arbeits-Plätzen* der industriellen Ära – zu *project work*. Arbeitskontrakte werden prinzipiell kurzfristiger. Neue Qualifikationen wie Teamfähigkeit, emotionale Intelligenz und Flexibilität ersetzen die alten »linearen« Qualifikationen.

Im Mittelpunkt der neuen Arbeitswelt steht nun der »Selbstunternehmer«. Dies heißt aber nicht, dass ein Meer halt- und bindungsloser nomadischer Jobber entsteht. Es entsteht vielmehr eine Gegenkraft: Eben *weil* Wissensarbeit »humanzentriert« ist, steigen die Bedeutung und der *Wert* der Humanressource. Unternehmen haben also nicht nur ein Interesse, zu flexibilisieren, sie haben auch das Interesse, Mitarbeiter zu *binden* – indem sie sie gut behandeln, auf ihre Bedürfnisse eingehen, sie zu Partizipienten des Unternehmens machen. So sagt der US-Publizist Bruce Tulgan:

> *»Lebenslange Beschäftigung, diese Idee liegt auf dem Totenbett. Aber für Unternehmen, die sich neu erfinden, die sich verwandeln in fluide und flexible Organisationen, für die gilt: ›Lang lebe lebenslange Beschäftigung!‹«*

Abschied von der tradierten Arbeitsgesellschaft

Wir alle wissen, dass dieser Wandel eine Vielzahl von Anpassungs- und Veränderungsleistungen erfordert. Die Gegenwart ist in vielerlei Hinsicht von Abschiedspanik geprägt. Unser gesamtes kulturell-ökonomisches System, alle Sicherheits- und Transfersysteme, aber auch die psychologischen Selbst-Definitionen der Menschen sind in 150 Jahren Industriegeschichte auf Basis des soliden, lebenslangen Arbeitsplatzes gewachsen. Auch die alltagskulturellen Institutionen wie die (Versorger-)Ehe sind um dieses ökonomische System herumgebaut worden. Deshalb liegt im »Megatrend New Work« gleichzeitig die größte Herausforderung für die Fantasie und den Veränderungswillen von Staat, Gesellschaft, Unternehmen und Individuum.

Megatrend Bildung

In der kommenden Ökonomie ist Bildung der Kernwert schlechthin, und zwar in einem doppelten Sinne. Einerseits wird lebenslanges Lernen zur Grundvoraussetzung für das berufliche Fortkommen des Individuums. Andererseits wird Wissen – in seinen vielen Formen von abstraktem Wissen bis zum Erfahrungswissen – zur Kernressource der Wirtschaft. In diesem Prozess verändert sich auch das Wesen von Bildung. Unser kultureller Bildungsbegriff entstammt einem Gesellschaftssystem, in dem höhere Bildung ein Privileg der oberen Schichten war. Wie akademisch dieser Bildungsbegriff ist, zeigt die Tatsache, dass die oberen Schichten in früherer Zeit sich nicht an Erwerbsarbeit beteiligen mussten: Bildung hatte einen hohen kulturellen, aber einen eher marginalen ökonomischen Stellenwert.

Bildung als Produktivkraft

Gegen dieses akademische Modell von Bildung, das heute noch die kerneuropäischen Länder dominiert, hat sich weltweit ein anderes, moderneres Bildungsverständnis durchgesetzt. Hier wird Bildung als Produktivkraft, als *upward mobility* verstanden. Damit sprengt die höhere Bildung ihren akademischen Panzer und wird zu einem gesamtgesellschaftlichen Konzept: In Finnland haben heute an die 70 Prozent (!) der Jüngeren das Abitur, in England propagiert Tony Blair, dass im Jahr 2010 50 Prozent der jungen Generation ein Universitätsstudium abgeschlossen haben werden. Auch in südostasiatischen Ländern (zum Beispiel Singapur) ist die Hochbildungsgesellschaft heute eine näher rückende Realität. Ihr Prinzip ist einfach: Man bilde die Bevölkerung in ihrer ganzen Breite schneller, als der Strukturwandel vonstatten geht. Damit wird man vom Exporteur von Rohstoffen, Produkten oder Arbeit zum Weltmarktanbieter von Wissen, Know-how und Intelligenz. Die Wissensgesellschaft verlangt dreierlei:

- *Ent-Akademisierung:* Hochbildungsgesellschaften müssen ihre Studienzeiten verkürzen und die Barrieren zwischen Hochschule und betrieblicher Sphäre einreißen. Dabei werden eine Menge neuer Bildungswege und Fächer entstehen. Zu allen Studiengängen der Zukunft gehört ein »Studium generale«.

- *Selbst-Lernen:* Im neuen Bild des Lernens verschwindet der Frontalunterricht, der die alten Bildungslandschaften prägt. In der Zukunft lernen Schüler in Teams, selbstbestimmt, als Entdecker statt als Erfüller von äußeren Normen. Voraussetzung dafür ist eine neue »Kultur der Anerkennung«: Anerkannt wird, dass jeder Lernende eigene Talente hat, die er zur Entfaltung bringen kann und muss. Dass es keine »einzige Lösung« gibt, sondern nur Problemlösungen, die man gemeinsam erarbeitet (und deren Weg differieren kann). So können Lehrer zu Moderatoren werden, die nicht mehr »frontale Wahrheiten« verkünden müssen.
- *New Skills:* Fähigkeiten, die eher den *Soft Skills* zugeschrieben werden, rücken mehr und mehr ins Zentrum der Bildungsanstrengungen. Diese emotionalen Fähigkeiten sind in der Kommunikations- und Wissenswelt von entscheidender Bedeutung. Beispiele sind Selbstkritikfähigkeit, Kommunikationspotenz, Präsentation, Moderation, Darstellung von komplexen Inhalten.

Megatrend Mobilität

In der Wissensgesellschaft werden die Menschen zunehmend mobil. Individualisierungs- und New-Work-Prozesse erhöhen die Mobilität auch in Kerneuropa – Menschen ziehen häufiger um, wechseln den Wohnort oder leben in »ergänzenden Lebensformen«. Nomadischer Lebensstil, bis vor kurzem nur einer kleinen Elite von Managern vorbehalten, wird Schicksal (oder Chance) von immer breiteren Schichten.

Mobilität erscheint in den verschiedensten Formen – und zeigt die verschiedensten Wirkungen. Einerseits wächst die Anzahl und Größe der *Transitionsorte* rapide: Flughäfen und Bahnhöfe sind die eigentlichen »Lebensorte« der modernen Welt. Allein in Deutschland sind jeden Tag 3,5 Millionen Menschen auf einem Flughafen unterwegs, im Jahr frequentieren 280 Millionen Menschen einen Airport.

Ein weiterer Aspekt der modernen Mobilität ist die *Migration*. Waren es bislang vor allem die Wanderungsbewegungen der Armen und Entrechteten, die die Schlagzeilen beherrschten (man denke an die Bilder überfüllter Boote mit albanischen Flüchtlingen in der Adria), werden es in Zukunft vor allem die *Globalnomaden* mit höheren Bildungsgraden sein, die die Welt verändern. Hier bildet sich eine neue *Globalokratie* von gut verdienenden, vielsprachigen »Wanderarbeitern«, die überall auf dem Planeten die globale Wirtschaft vorantreiben.

Neue Migration

Mobilität hat auch einen *mentalen* Aspekt: Mobil kann und muss man auch im Kopf sein, so führt die Mobilitätsfrage schließlich zu den *New Skills* zurück. Wirklich mobil ist nur derjenige, der mit Medien umgehen kann, Technologie beherrscht und Übergänge moderieren kann. Zu gelungener Mobilität gehört eine Vielzahl von Sozialtechniken, von Sprache über Toleranz bis zur Fähigkeit, sich in höherer Lebenskomplexität zu bewegen und eigenbestimmte Entscheidungen zu treffen. Kulturelle Adaptionsfähigkeit, Sprachgewandtheit und Selbstveränderungskompetenz sind in der sich entwickelnden Globalkultur unabdingbar. Sie verbinden sich zu einer Art »Meta-Mobilität«, die eine geistige, eine berufliche, eine physische und eine biografische Achse aufweist.

Geistige Mobilität

Arbeiten mit Megatrends

Was sollen wir nun mit diesen großen Veränderungen in der Alltagspraxis anfangen? Die Erfahrung zeigt: Die Auseinandersetzung mit Megatrends führt zunächst einmal zu einem anderen Bewusstsein. Wer die Megatrends kennt, kennt die »Matrix der Zukunft«. Die Angst vor der Zukunft, die viele Arbeits- und Innovationsprozesse verhindert, sinkt. Die andere Hälfte der Miete besteht in der Umsetzung in Produkt- und Marketingideen, in strategische Entscheidungen und Umpositionierungen. Hier kann es keine Erfolgsrezepte geben. Aber einige Beispiele sind möglich:

Zielgruppe Frauen

Feminisierung des Produktportfolios: Viele Produkte haben, ohne dass die Hersteller es wissen, eine sehr »männliche« Seite, die die Konsumenten der Zukunft, die Frauen, eher abstößt. So sind etwa im Autobau die Auswirkungen der Feminisierung klar zu sehen: Vans und kleine Stadtautos haben sich in den letzten Jahren ein starkes Segment aus dem großen Kuchen des Marktes herausgebissen, die klassisch männliche Limousine ist nicht mehr unbedingt das »Auto schlechthin«.

Zielgruppe Ältere

Die Märkte der Reife: Ältere Konsumenten bilden in den kommenden Jahren den Konsumschwerpunkt. Sie bevorzugen reifere, »ruhigere« Produkte, die nicht alltäglichen Moden unterliegen und einen klassisch individualistischen Charakter haben.

»Zielgruppe eins«

Konsequente Individualisierungskonzepte: In immer mehr Branchen entwickeln sich hochspezifische Produktsortimente mit der »Zielgruppe eins«. *Mass Customizing* nennt sich das dazugehörige Marketingkonzept, in dem oft handwerkliche Vorgehensweisen mit Hightech verschmelzen. Das Spektrum reicht vom maßgeschneiderten Anzug, bei dem der Kunde vorher elektronisch gescannt wird, bis zur »Ich-Tapete«, die ein Motiv nach der Wahl des Kunden an die Wände bringt.

Zielgruppe Region

Glokalisierte Produkte: McDonald's arbeitet derzeit an einer weiteren Ausdifferenzierung seiner Geschmacksvarianten je nach regionalem Gusto. Immer mehr Autokonzepte werden nach dem Geschmack der jeweiligen Länder austariert. Ist Ihr Produkt auch in China, Indonesien, den USA »stilsicher«?

Zielgruppe Lernende

Meta-Märkte der Bildung und des Lernens: Märkte, die bislang gar nicht als »Markt« definiert wurden, dominieren die Zukunft. So werden zum Beispiel alle Beratungs- und Coaching-Dienstleistungen einen unvergleichlichen Boom erleben, weil die Zukunft uns immer lern- und beratungsbedürftiger macht – bis hin zur »Life Assistance« und dem »Personal Coach«.

»Trend-Opportunismus« vermeiden

Wie immer Sie Ihren geschäftlichen Zugang zu Megatrends gestalten: Vermeiden Sie »Trend-Opportunismus«, den Hang, auf den Trend zu setzen, auf den *alle* bereits gesetzt haben. Wenn *Wellness* in aller Munde ist, ist es meist zu spät! Oft ist die Arbeit mit *Gegen-* oder *Retro*-Trends vielversprechender. Nostalgie und Comeback-Phänomene sind lukrativer als das »ewig Neue«. Die Dialektik der Trends und Gegentrends ist das A und O jeder Zukunftsstrategie

– nicht das zwanghafte »Vorne-dran-sein-um-jeden-Preis«. Wer die Megatrends kennt, kann sich auf sie einstellen und vielleicht sogar mit ihnen spielen.

LITERATUR

Beck, Ulrich / Beck-Gernsheim, Elisabeth (Hrsg.): *Riskante Freiheiten. Individualisierung in modernen Gesellschaften.* Frankfurt am Main: Suhrkamp 1995

Faith Popcorn: *EvOlution. Die neue Macht des Weiblichen.* München: Heyne 2001

Giger, Andreas: *Megatrend Reife.* Kelkheim: Zukunftsinstitut 2002

Horx, Matthias: *Future Fitness. Wie Sie Ihre Zukunftskompetenz erhöhen. Ein Handbuch für Entscheider.* Frankfurt am Main: Eichborn 2003

Horx, Matthias: *Smart Capitalism. Das Ende der Ausbeutung.* Frankfurt am Main: Eichborn 2001

Horx, Matthias: *Die acht Sphären der Zukunft. Ein Wegweiser in die Kultur des 21. Jahrhunderts.* 4. Auflage. München / Wien: Signum 2002

Horx, Matthias: *Das Zukunfts-Manifest. Wie wir uns auf das 21. Jahrhundert vorbereiten können.* München: ECON 1997

Naisbitt, John: *Megatrends – 10 Perspektiven, die unser Leben verändern werden.* Rastatt: Hestia 1982

Peterson, Peter / Grey, Dawn: *How the Coming Age Wave will transform America – and the World.* London / New York: Times Books 1999

Pine, B. Joseph / Gilmore, James H.: *Erlebniskauf. Konsum als Erlebnis, Business als Bühne, Arbeit als Theater.* München: ECON 2000

Schulze, Gerhard: *Die Erlebnisgesellschaft. Kultursoziologie der Gegenwart.* 8. Auflage. Frankfurt am Main / New York: Campus 2000

Sennett, Richard: *Der flexible Mensch. Die Kultur des neuen Kapitalismus.* Berlin: Berlin Verlag 1998

Sprenger, Reinhard K.: *Aufstand des Individuums. Warum wir Führung komplett neu denken müssen.* Frankfurt am Main / New York: Campus 2000

Tulgan, Bruce: *Winning the Talents War.* New York: Norton 2001

Tuljapukar, Shripad / Li, Nan / Boe, Carl: *A Universal pattern of mortality decline in the G7 Countries.* Mountain View Research 2000. www.mvr.org

Leslie Mandoki

studierte Anfang der 70er-Jahre am Musikkonservatorium in Budapest Drums und Percussion. Schon bald machte er sich als Bandleader der Jazzrockformation *JAM* einen Namen in der oppositionellen Budapester Musikszene. Durch seinen kompromisslosen Freiheitsdrang geriet er in Konflikt mit der kommunistischen Regierung und flüchtete 1975 gemeinsam mit seinem »Musenzwilling« Laszlo Bencker und dem heute in Hollywood als Trickfilmproduzent erfolgreichen Gabor Csupo aus Ungarn in Richtung Westen.

In München startete er einen musikalischen Neuanfang und wurde später als Frontman der Gruppe *Dschingis Khan* zum Popstar. Ende der 80er-Jahre baute er zusammen mit seinem Freund Laszlo Bencker die *Park-Studios* in München auf, inzwischen am Starnberger See zu einem der größten Studiokomplexe Europas erweitert. Hier arbeitet er unter anderem mit Lionel Richie, Phil Collins, Joshua Kadison oder den *No Angels*. Disney lässt seine Soundtracks ebenfalls bei Mandoki produzieren.

Sein aktuelles Erfolgsprojekt *Soulmates*, das er unter anderem mit Musikern wie Jack Bruce von *CREAM*, Ian Anderson *(Jethro Tull)*, Al Di Meola oder Steve Lukather *(Toto)* realisierte, bezeichnet er als sein musikalisches Lebenswerk: *»Wir hoffen, dass wir mit unseren Reflexionen den Menschen aus der Seele sprechen.«*

Leslie Mandoki im Gespräch mit Hermann Scherer

Keine Kompromisse? Keine Kompromisse!

Von der Kraft der Vision

Ist ein Mensch erfolgreich, wenn er eine Million Euro besitzt? Sind es die sichtbaren Statussymbole – der Porsche, die Rolex, das Haus auf Mallorca ..., die deutlich machen, ob es jemand »geschafft hat«? Oder ist Macht der Maßstab für Erfolg? Bekanntheit? Zufriedenheit? Woran misst man Erfolg? Und wie wird ein Mensch überhaupt erfolgreich? Ist es eine klare Selbstvermarktungsstrategie, die zum Erfolg führt? Sind es Beziehungen? Netzwerke? Oder sind es vor allem Inhalte, die zählen ...? Hermann Scherer, Herausgeber der Buchreihe *Von den Besten profitieren*, sprach mit Leslie Mandoki, Vollblutmusiker und ehemaliger Sänger der Gruppe Dschingis Khan, dem auch international erfolgreichen Produzenten, über die Kraft der Vision als Energiequelle und Erfolgsmotor. Ein Gespräch mit überraschenden Aussagen eines ausgewiesenen Kenners der Showbranche zu Schein und Sein in einer mediengeprägten Umwelt.

HERMANN SCHERER: Herr Mandoki, Sie gelten als einer der erfolgreichsten »Macher« in der deutschen Musik- und Showszene. Standen lange Zeit selbst ganz vorne im Rampenlicht. Und jetzt wieder mit Ihrer *Soulmates*-DVD. Sie haben mit den Ikonen der 70er-Jahre, mit den besten Musikern der Welt,

»Ihren Seelenverwandten«, ein selbst verfasstes Album unter großer medialer Begleitung erstellt.

Sie haben sich als Komponist, Arrangeur, Produzent und Talentscout auch auf internationaler Ebene einen hervorragenden Namen gemacht. Für einen ehemaligen Jazz-Rock-Musiker aus der ungarischen Studenten-Opposition, der am Tag seiner Flucht in den Westen kein Wort Deutsch sprach, eine wohl einmalige Karriere. Für viele gelten Sie als Musterbeispiel eines »erfolgreichen Menschen«, der auch andere zum Erfolg führen kann. Was, Herr Mandoki, ist das Geheimnis des Erfolgs?

Wichtig: ein klares Ziel

LESLIE MANDOKI: Das Geheimnis ist, dass es kein Geheimnis gibt. Wenn überhaupt, existiert aus meiner Sicht nur eine einzige Methodik, die wirklich zum Erfolg führt: das strikte Festhalten an einem klaren Ziel, an einer Vision. Ich selbst habe nie vorgehabt, erfolgreich zu sein. Ich wollte Musik machen. Platten produzieren. Talente fördern. Mit anderen Musikbegeisterten zusammenarbeiten. Und zwar mit der ganzen Kraft, die mir zur Verfügung steht. Erfolg, so wie ihn andere Menschen definieren, war für mich immer nur ein Nebenprodukt dieser absoluten Begeisterung für mein Lebensthema »Musik«. Denn diese Liebe war und ist die eigentliche Antriebsfeder meines Tuns. Was sich, meiner Meinung nach, übrigens auch bei vielen anderen Menschen beobachten lässt … Dass eben nicht das Streben nach Erfolg an sich zu dauerhaftem Erfolg führt, sondern themen- und aufgabengebundene Träume und Vorstellungen. Schlussendlich vereint alle wirklich erfolgreichen Menschen dieser Erde wohl vor allem eines: der Wunsch, im jeweiligen Kernbereich so gut wie irgend möglich zu sein!

HERMANN SCHERER: Sind denn Visionen wirklich so wichtig?

Ohne Visionen geht es nicht.

LESLIE MANDOKI: Ich denke, um erfolgreich zu sein, müssen Menschen Visionen haben. Ohne Visionen geht es nicht. Wenn jemand von seiner ganz persönlichen Vision überzeugt ist, nimmt er sich auch den gestalterischen Freiraum, diese Vision Wirklichkeit werden zu lassen. Ich habe vor kurzem den ehemaligen US-amerikanischen Präsidenten Bill Clinton reden hören. Er hat ausdrücklich betont, wie wichtig es ihm sei, heute Freiräume nutzen zu können, die er als Präsident nicht hatte. Wer etwas gestalten möchte, braucht ein Ziel, und er oder sie braucht Entfaltungsräume. Nur erfolgreich sein zu wollen, ist schlichtweg zu wenig ... Und kann, das macht die aktuelle Politik in Deutschland in vielen Bereichen deutlich, unter Umständen sogar gefährlich sein!

Unser derzeitiger Bundeskanzler ist dafür, meiner ganz persönlichen Meinung nach, ein eindrucksvolles Negativbeispiel. Hier spielen nicht eine Vision und deren Umsetzung, geschweige denn ideologische Verbundenheit die tragende Rolle, sondern vielmehr ein medialer Erfolg, der in eine Wiederwahl mündet.

Macht um der Macht willen ist nicht produktiv

Wohl niemals zuvor in der jüngeren deutschen Nachkriegsgeschichte wurde unser Land von einem Mann regiert, der sich so offen zu seinem Machtwunsch bekannte! Was mich daran ganz besonders ärgert, ist, dass Gerhard Schröder diesen Umstand in Interviews nicht einmal zu verheimlichen versucht – so sehr hat er das Marketingdenken aus Machtstreben schon verinnerlicht. Ist es nicht eine Bankrotterklärung der Themenpolitik, wenn jemand sagt: »Ich möchte die politische Mitte besetzen«?

Ich jedenfalls will so etwas nicht hören. Ich möchte von einem Politiker erfahren, welche Visionen er hat. Was er besser machen will. Was seine Ziele sind. Nicht, wie er Wählerzielgruppen an sich bindet! Erfolgreiche Politiker sind für mich Menschen, die Inhalt und Form in Einklang bringen, weil es ihnen um Ziele geht. Oskar Lafontaine beispielsweise hat politische Ansichten, die meinen eigenen diametral entgegenstehen – aber mit so einem Mann kann ich mich wenigstens inhaltlich auseinander setzen. Bei unserem Bundeskanzler finde ich dagegen kaum Reibungspunkte, weil er seine Meinungen immer wieder ändert und an aktuelle Marktforschungsergebnisse anpasst. Aus diesem Grund ist

Gerhard Schröder, meiner ganz persönlichen Meinung nach, auch kein erfolgreicher Mensch.

Was ist Erfolg?

Wenn wir uns Personen wie Christian Barnard oder Jacques Cousteau vor Augen führen, wird der entscheidende Unterschied schnell deutlich. Diese beiden Männer hatten große Visionen – und sie setzten alles daran, diese Visionen Realität werden zu lassen. Beide haben dabei im übertragenen Sinne »freie Räume«, also Freiräume, für sich genutzt. Schließlich hatte vor ihnen noch niemand Herzen transplantiert oder auf solch öffentlichkeitswirksame Art und Weise die Meere erforscht. Beide waren deshalb in ihren Bereichen enorm erfolgreich.

HERMANN SCHERER: Gibt es denn in der Politik keine solchen Freiräume mehr?

LESLIE MANDOKI: Wenn wir das politische Weltgeschehen der letzten beiden Jahrzehnte analysieren, erkennen wir, dass es sehr wohl Menschen gegeben hat, die Visionen entwickelt und sich die zur Realisierung notwendigen Freiräume gesucht oder geschaffen haben.

Beispiel Gorbatschow

Ich denke in diesem Zusammenhang zum Beispiel an Michael Gorbatschow, mit dem ich vor einiger Zeit lange Abende durchdiskutieren durfte. Er hatte die menschliche Größe, zu erkennen, dass er einem menschenverachtenden System diente, und hat daraufhin die Vision entwickelt, dieses System zu zerstören – und sich dann nach und nach die Freiräume geschaffen, genau das zu tun. Das nenne ich Größe. Das nenne ich Erfolg! Betrachten wir doch dagegen einmal einen Politiker wie Gregor Gysi … Keine Frage, der weiß als Medienprofi bei seinen Fernsehauftritten mit witziger Rhetorik und schlagkräftigem Intellekt durchaus zu punkten. Inhalte, klare Standpunkte und eindeutige Ziele vermag ich aber ebenso wenig zu erkennen wie bei unserem Bundeskanzler! Die Koketterie mit ewig gestrigem ideologischem Gedankengut ist bei Gysi hoffentlich nicht ernst gemeint.

Es hätte der historisch gesellschaftlichen Hygiene gut getan, wenn wir die Verherrlichung der stalinistischen SED-Diktatur ebenso unter Strafe gestellt hätten wie die des Nationalsozialismus. Kein Mensch sollte jemals eine deutsche Diktatur verherrlichen oder verniedlichen können. Eben: »Good bye, Lenin«...

Die Inhalte zählen

Gysi mag unterhaltsam sein, aber als Politiker ist es eben nicht seine Hauptaufgabe, als Unterhaltungskünstler im Fernsehen zu überzeugen. Wenn Menschen wie er wenigstens bereit wären, Fehler einzusehen und sich zu veränderten Zielen zu bekennen. Doch ein Gysi ist eben kein Gorbatschow ...

Viele negative Beispiele

Allerdings gibt es leider viele Politiker, die über diese Größe nicht verfügen. Ein gutes beziehungsweise negatives Beispiel dafür ist auch Jochen Vogel. Ich erinnere mich noch gut daran, wie dieser hochrangige SPD-Politiker den damaligen US-Präsidenten Ronald Reagan als dummen Hollywood-Schauspieler abqualifizierte, nur weil der sich vor das Brandenburger Tor gestellt und öffentlich gefordert hatte: »Mr. Gorbatschow, please open this gate!« Vogel hielt das für eine ziemlich dumme und absolut wirkungslose Idee eines Amerikaners, der nichts von Europa weiß. Michael Gorbatschow sagte mir allerdings vor kurzem, dass er diese Rede von Reagan sehr wohl persönlich auf CNN gesehen hatte, er bestätigte mir darüber hinaus auch, dass ihn die Kernaussage dieser Ansprache darin bestärkte, die Öffnung in Richtung Westen weiter voranzutreiben. Kurzum: Jochen Vogel täuschte sich enorm! Trotzdem warten wir bis heute darauf, dass er – und all die anderen, die seine Meinung in dieser Zeit teilten – sich zu diesem Irrtum von historischer Dimension bekennt.

HERMANN SCHERER: Können Sie uns auch positive Beispiele nennen?

LESLIE MANDOKI: Ich habe vor einiger Zeit eine Kunstausstellung in Paris erlebt, die mich sehr beschäftigt hat – eine große Retrospektive der wichtigsten Impressionisten. Das waren Menschen, die uns in der Stärke ihrer Vision und der Beharrlichkeit ihres Strebens als Vorbilder dienen können. Das waren Menschen, die sich nicht am Althergebrachten, am »Das-haben-wir-schon-immer-so-gemacht« aufhielten, sondern bewusst neue und schwierige Wege beschritten haben! Ausnahmekünstler eben – so wie es auch in der Musik immer wieder einige wenige gibt, die durch Stärke und Treue zu sich selbst unter Umständen ganze Stilrichtungen prägen können.

Treue zu sich selbst

Miles Davis war zum Beispiel so jemand. Ein Musiker, der generationenübergreifend begeisterte. Ein Mensch, der mehrere neue Stilrichtungen einführte oder prägte – und sich dabei doch stets selbst treu blieb. Ein einzigartiger Mensch! An den vielleicht allenfalls ein Charlie Parker und ein John Coltrane heranreichen.

Nicht die Einzelleistung ist es dabei übrigens, die bestimmte Menschen vor anderen auszeichnet, sondern die gesamte Lebensleistung, also die Geradlinigkeit, mit der ein Lebensentwurf durchgehalten wird, ohne dabei die Einsicht in neue Erkenntnisse zu verlieren. In diesem Zusammenhang fällt mir auch mein Freund Al Di Meola ein. Ein begnadeter Gitarrist, der bei Gesprächen zu seiner Person immer wieder betont, wie wichtig ihm seine persönliche Entwicklung ist. Der sagt: »Mit 17 war ich zwar schon der schnellste Gitarrist der Welt – aber ich hatte musikalisch weniger zu sagen als heute!« Die Kraft seiner Vision hat ihn getragen und dazu geführt, dass sich im Laufe der Zeit zur spielerisch technischen Perfektion auch eine inhaltliche Kraft entwickeln konnte.

Kraft aus der Vision

Was übrigens ähnlich auch für einen anderen guten Musikerfreund von mir gilt – für Ian Anderson von Jethro Tull. Auch Ian ist sich und seiner Vision stets treu geblieben – und hat sich doch zugleich inhaltlich und musikalisch kontinuierlich weiterentwickelt. Ian und Al, das sind beides Künstler, die ihre innere Mitte gewahrt haben und sich nie zu etwas zwingen ließen. Es ist für mich ein unermessliches Privileg und eine große Ehre, seit langem mit solchen Ausnahmemusikern spielen und ihre Freundschaft genießen zu dürfen.

HERMANN SCHERER: Trends spielen für solche Menschen keine Rolle?

LESLIE MANDOKI: Menschen wie Ian oder Al haben selbst Trends gesetzt, weil sie ihrer eigenen Linie gefolgt sind und das Publikum diese Geradlinigkeit anerkannt hat. Das Entscheidende ist, meine ich, die von den meisten Menschen anerkannten Scheingesetzmäßigkeiten nicht zu akzeptieren und sich ausschließlich an den eigenen Visionen und Plänen zu orientieren.

Trends setzen statt ihnen nachrennen

Und zwar nicht nur in der Musik oder in anderen Kunstbereichen, sondern zum Beispiel auch in der Wirtschaft oder in der Politik. Churchill war ein Politiker, der ganz genaue Vorstellungen von den notwendigen Maßnahmen gegen Hitler hatte – und sich von nichts und niemandem davon abbringen ließ. Die amerikanische Wirtschaftspolitik der letzten Jahre ist ein anderes Beispiel dafür, dass das Scheinnaturgesetz des regelmäßigen Wechsels von Aufschwung und Rezession durchaus gelindert werden kann. Oder Gorbatschow! Die Diktatur Osteuropas aufzubrechen, ohne dadurch einen Weltkrieg auszulösen, war doch nur dadurch möglich, dass dieser Mann an sein Ziel geglaubt hat und unbeirrt von all den Zweiflern und Bremsern den Weg dorthin beschritt. Erfolg als Ergebnis einer konsequenten Linie, einer klaren Vision. Ein großes Leben.

HERMANN SCHERER: Erfolg wird ohne Zweifel aus einer inneren Einstellung heraus geboren. Doch ist in der heutigen Zeit ein entsprechendes Marketing oder Selbstmarketing nicht mindestens ebenso wichtig?

LESLIE MANDOKI: Die Bedeutung des Marketings und der Selbstvermarktung nimmt zweifellos immer mehr zu. Trotzdem zählen meistens doch noch die Inhalte und möglicherweise die Fähigkeit, mit vorhandenen Machtstrukturen umzugehen. Sonst hätte sich beispielsweise ein so wenig medienaffiner Bundeskanzler wie Helmut Kohl nicht so lange in seiner Machtposition halten können. Und so mancher Sänger oder Musikproduzent wird nicht dadurch erfolgreicher, dass er sein Liebesleben oder das, was er dafür hält, in der Öffentlichkeit breittritt.

HERMANN SCHERER: Provokante Nachfrage: Sind denn heute wirklich alle Sänger oder Musiker, die kommerziell erfolgreich sind, auch fachlich gut? Oder welche Rolle spielt dabei die richtige Vermarktung?

LESLIE MANDOKI: Sicher ist der Erfolg eines Musikers oder Sängers immer das Ergebnis einer Vielzahl von Aspekten. Trotzdem bin ich der festen Überzeugung, dass Erfolge, die über den Tag hinaus Bestand haben, eine gemeinsame Wurzel haben: Authentizität!

Langfristig zählt Authentizität

Kurzfristig lässt sich mit einem guten Marketing und einer gekonnten Selbstinszenierung viel, sehr viel überdecken. Langfristig setzt sich Qualität durch. Ein Beispiel: Als ich vor einigen Jahren mein Album *People in Room Nr. 8* aufnahm, habe ich dazu auch meinen Freund Peter Maffay eingeladen. In dieser Zeit wurden Peters Leistungen von der intellektuellen Presse in Deutschland noch nicht anerkannt. Folglich wurde ich von großen Tageszeitungen und namhaften Wochenzeitschriften gefragt, warum ich Peter in dieses Projekt, an dem die einflussreichsten amerikanischen und englischen Musiker teilnahmen, eingebunden hätte. Ich antwortete: »Weil ich davon überzeugt bin, dass er ein erstklassiger Sänger und Musiker ist! Aus meiner Sicht der beste unseres Landes.« Nach vier weiteren exzellenten Maffay-Alben wird Peters Arbeit nun auch von gehobenen Medien anerkannt. Das liegt an seiner Authentizität. Peter hatte von Anfang an ein großes künstlerisches Ziel, das er konsequent verfolgt hat. Er fand im Laufe der Jahre immer mehr zu sich selbst, ruht jetzt vollkommen in sich – und weiß ganz genau, was er will. Unprätentiös. Unaufgeregt. Mit beiden Beinen im Hier und Jetzt verwurzelt. Und interessanterweise ähnelt er damit vielen anderen mir befreundeten Künstlern, die über Jahre oder sogar Jahrzehnte hinweg erfolgreich sind: Lionel Ritchie, Phil Collins oder auch Otto Walkes zeichnen sich wie Peter Maffay für mich vor allem durch ihre Authentizität aus. Alle diese Künstler haben sich nie verbiegen lassen, selbst wenn es der Vermarktung im einen oder anderen Fall vielleicht kurzfristig förderlich gewesen wäre.

Wichtig: sich nicht verbiegen lassen

Betrachten wir einmal Sandra Maischberger – eine von mir überaus geschätzte Moderatorin. Der hätten Vermarktungsexperten, wenn sie denn gefragt worden wären, vor einigen Jahren ganz sicher geraten, nicht so intellektuell aufzutreten, um schneller erfolgreich zu werden. Sandra Maischberger hat sich offensichtlich nie um so etwas gekümmert. Ist ganz sie selbst geblieben. Hat differenziert gefragt und zielgerichtete Gespräche geführt und uns dadurch hinter die Kulissen ihrer Gesprächspartner blicken lassen. Heute erntet sie die Früchte ihrer Geradlinigkeit. Sie ist zu Recht eine der anerkanntesten und besten Moderatorinnen Deutschlands. – Sie hat es geschafft, hat durch ihre Leistung überzeugt.

Wer einen Blick in die für ihre sozialpornografische Berichterstattung bekannten Gazetten wirft, stellt fest, dass es oft gerade solche Menschen sind, die nicht durch Leistung zu überzeugen wissen, die alles dafür tun, dass in solchen Blättern über sie berichtet wird. Günther Jauch oder Thomas Gottschalk sind in diesen Zeitungen wesentlich seltener zu finden – und wenn, dann nicht mit ihren Familien. Diese Menschen überzeugen eben durch ihre Leistung auf dem Bildschirm. Trotzdem möchte ich die Bedeutung des Marketings nicht völlig abstreiten: Den Mädchen von *No Angels* hat das professionelle Marketingfeuerwerk, das für sie abgebrannt wurde, mit Sicherheit genutzt – aber die fünf haben eben auch Talent! Bei ihnen lässt sich festhalten, dass alles zueinander gepasst hat: Leistung, Authentizität und die Vermarktung.

HERMANN SCHERER: Authentisch sein, das ist also eines der Erfolgsgeheimnisse wirklich bedeutender Menschen. Doch ist das alles? Gibt es nicht noch mehr, was zum Erfolg eines Menschen beiträgt?

Sekundärtugenden sind extrem wichtig!

LESLIE MANDOKI: Oskar Lafontaine hat einmal, bezogen auf eine entsprechende Äußerung von Helmut Schmidt, gesagt, dass die so genannten »Sekundärtugenden« seiner Meinung nach völlig unwichtig seien. Ich sage: Lafontaine irrt. Meiner festen Überzeugung nach sind Sekundärtugenden im Gegenteil sogar extrem wichtig! Eine Vision, das notwendige Talent und Authentizität sind die Basis für den Erfolg eines Menschen. Aber ohne Disziplin, Zuverlässigkeit, Vertrauenswürdigkeit und Durchhaltevermögen, um nur einige dieser Sekundärtugenden zu nennen, ist das alles wertlos! Nur wer den Biss hat, morgens rechtzeitig aufzustehen und anstehende Aufgaben Punkt für Punkt abzuarbeiten, kann später auch die Lorbeeren für diesen Einsatz ernten.

Unterscheiden können

Mindestens ebenso wichtig ist es, selektieren zu können. Wer zwischen »wichtig« und »weniger wichtig« unterscheiden kann, vermag seine Energie zielgerichtet einzusetzen, und das ist von enormer Bedeutung. Beispielweise vergeuden manche Menschen wertvolle Zeit durch den Small-Talk mit für die Sache völlig unwichtigen Zeitgenossen. Wer sowieso schon sehr wenig Zeit hat, kann doch davon nicht auch noch jedem x-Beliebigen abgeben. Wirklich erfolgreiche Menschen, so meine Beobachtung, verstehen es instinktiv, sich den richtigen Menschen gegenüber zu öffnen und sich anderen gegenüber zu verschließen.

HERMANN SCHERER: Thomas Edison soll einmal gesagt haben, dass Erfolg zu 1 Prozent aus Inspiration und zu 99 Prozent aus Transpiration besteht. Wie sehen Sie das?

LESLIE MANDOKI: Ich glaube nicht an Talent im Sinne einer alles andere überstrahlenden Kraft. Soll heißen: Natürlich haben manche Menschen bestimmte Talente. Aber jeder Mensch kann etwas aus sich machen. Der Verweis auf nicht vorhandene oder nicht geförderte persönliche Fähigkeiten dient vielen doch nur als billige Ausrede. Und ich gehe sogar noch einen Schritt weiter: Wir leben heute in einer Welt, in der unsere Handlungen immer mehr in psychologischen Zusammenhängen gesehen werden. Wie oft lesen wir in den Medien, die Biografie habe einen Menschen so geprägt, dass er gar nicht anders handeln konnte, als er es tat. Das streite ich rigoros ab!

Jeder ist für sich verantwortlich

Auf den Punkt gebracht: Für mich ist es keine Entschuldigung, wenn ein Vergewaltiger eventuell zu früh abgestillt wurde. Für mich werden bei einer solchen Sichtweise Ursache und Wirkung durcheinander gebracht. Ich glaube an die individuellen Entwicklungsmöglichkeiten und an die Verantwortung für das eigene Leben. Und zwar im negativen, aber eben auch im positiven Sinne! Als Kind oder Jugendlicher erlebt das doch jeder von uns ganz direkt beim Sport: Der eine ist besonders gut im Schwimmen, der andere läuft extrem schnell und ein Dritter spielt außergewöhnlich gut Fußball – doch alle können sich durch regelmäßiges Training entscheidend verbessern. Und zwar sowohl in der Sportart, die ihnen besonders liegt – aber auch in einer ganz anderen. Noch einmal: Wir haben den allergrößten Teil unseres Lebens selbst in der Hand – können durch Engagement und Fleiß unendlich viel bewegen.

Wir können viel bewegen.

Jeder Einzelne von uns – aber auch in der Gemeinschaft mit anderen. Wer hat von Deutschland im Jahre 1945 beispielsweise erwartet, dass dieses Land jemals wieder aus den Ruinen aufersteht? Niemand. Und doch, die Menschen in diesem Land haben es geschafft. Sie haben die Trümmer des Krieges beiseite geschafft, in die Hände gespuckt und angepackt. Unter denkbar ungünstigen Vorzeichen!

Auch heute stehen wir wieder vor einer Situation, die uns extrem schwierig erscheint. Die hohe Arbeitslosigkeit, das aus allen Fugen geratene Sozialsystem, PISA, die Rentendiskussion, der Mangel an Fachkräften ... Deutschland ist mittlerweile in bestimmten Bereichen zum Schlusslicht Europas geworden. Keine Frage also, die Situation ist nicht einfach. Doch unser Land kann es (wieder) schaffen. Wenn es sich auf seine (Sekundär-)Tugenden konzentriert. Die Leute hören so etwas nicht gerne, aber ich bin der festen Überzeugung, dass jedes Volk eine bestimmte Grundmentalität hat, auf die es im positiven Sinne aufbauen kann. Und wir haben der Welt viel zu bieten.

Auf Mentalitätsvorteilen aufbauen

In Amerika ist das zum Beispiel dieses bedingungslose Bekenntnis zur individuellen Freiheit. Den meisten Deutschen sind andere Dinge wichtig. Ordnung. Eine funktionierende Struktur. Fleiß. Und das ist ja nichts Negatives. Im Gegenteil. Als ehemaliger Ausländer kann ich das beurteilen. Deutschland sollte endlich erkennen, dass das Stärken sind, auf die sich aufbauen lässt. Stärken, mit denen es gelingen kann, die gegenwärtigen Schwierigkeiten zu bezwingen. Adenauer und Erhardt ist damals der Wiederaufbau nicht alleine gelungen. Sie haben allerdings wie Katalysatoren gewirkt, die dazu beitrugen, dass sich die Deutschen in dieser Aufbauphase auf ihre ureigensten Stärken besannen.

HERMANN SCHERER: Auch Sie selbst haben schon viele andere zum Erfolg geführt – ja, Sie gelten vielen als eine Art Franz Beckenbauer der Show- und Musikbranche ...

LESLIE MANDOKI: Ich habe das große Glück, Franz Beckenbauer persönlich zu kennen, und kann sagen, dass er das beste Beispiel für meine These ist. Sicher, der Mann ist ein Ausnahmetalent. Aber was er aus sich und seinen Fähigkeiten gemacht hat, lässt sich nicht nur mit Talent erklären.

Talent ist nicht alles

Franz Beckenbauer war eben auch enorm fleißig, er hat zielstrebig an sich gearbeitet, Kontakte geknüpft, gelernt und immer wieder den Blick über den Tellerrand gewagt. Das Talent war seine Eintrittskarte in das große Spiel des Lebens. Er hat diese Eintrittskarte auf einmalige Art und Weise genutzt. Die Voraussetzungen waren günstig, doch ein Franz Beckenbauer hätte sich auch von ungünstigeren Bedingungen nicht von seinem Erfolgsweg abbringen lassen. Ganz im Gegensatz zu den meisten Menschen, die heute in unserer Gesellschaft scheitern. Die arbeitslos sind, weil sie im ursprünglich erlernten Beruf keine Anstellung bekommen, nicht bereit sind, einen niedrigeren Tarif zu akzeptieren, oder die Notwendigkeit eines Wohnortwechsels nicht einsehen wollen. Ich bin sicher, dass das einen Franz Beckenbauer nicht hätte aufhalten können. Mit seiner unbedingten Leistungsbereitschaft hätte er sich auch ohne den besonderen Vorteil seines Sporttalents durchgesetzt – und würde das auch heute noch schaffen, wenn es notwendig wäre.

Wichtig: kein falsches Anspruchsdenken

Leider ist es so, dass viele Menschen sich zu gut fühlen, einfache Arbeiten auszuführen – selbst, wenn sie nicht für verantwortlichere Aufgaben geeignet sind. Viele sind lieber arbeitslos, als Straßen zu kehren oder Mülleimer zu leeren. Das ist falsch! Das immer mehr um sich greifende Anspruchsdenken vieler Menschen ohne persönlichen Leistungsbezug gefährdet die allgemeine Leistungsbereitschaft. Statt die Leistungswilligen unserer Gesellschaft, unabhängig von ihrer jeweiligen ethnischen Abstammung, zu fördern, werden Leistungsverweigerer massiv unterstützt. Eine wenig durchdachte Gleichmacherei führt so zu Ressentiments, die es so vor einigen Jahren in Deutschland noch nicht gab! Als leistungsbereiter und lernwilliger Mensch habe ich in Deutschland nie Fremdenhass erlebt. Ich wurde unendlich liebevoll aufgenommen und habe deshalb aus tiefster innerer Überzeugung die deutsche Staatsbürgerschaft angenommen. Doch was derzeit passiert, zerstört diese enorme Integrationskraft der deutschen Gesellschaft. Das ist schlimm und ich wünsche mir sehr, dass wir uns wieder darauf besinnen, die individuelle Leistung und die Leistungsbereitschaft (nicht unbedingt die Leistungsfähigkeit) als zentrale Kriterien für die Position des Einzelnen in der Gesellschaft anzuerkennen.

Leistung sollte zählen – sonst nichts

Was nicht heißen soll, dass damit ein Rückschritt zu den autoritären Strukturen von gestern verbunden sein muss. Die Position eines alles entscheidenden und alles wissenden Chefs, die in der Nachkriegszeit vielleicht noch sinnvoll war, muss heute nicht mehr besetzt werden. Im Gegenteil. Heute ist ein Zusammenspiel der Spezialisten im Team gefordert. Bei meiner eigenen Arbeit versuche ich beispielsweise, Menschen mit an Bord zu nehmen, die von ihrem Spezialgebiet wesentlich mehr verstehen, als ich davon weiß. Natürlich habe ich auch Toningenieurskenntnisse – aber es gibt Leute in unserem Team, die wesentlich mehr darüber wissen. Und in anderen Fachbereichen ist das ganz genauso. Es gibt zentrale Leistungsträger und es gibt Menschen, die ihre Spezialfähigkeiten einbringen. Auf diese Weise kann jeder seinen ganz persönlichen Teil zum Gesamterfolg beitragen.

Einzelfähigkeiten sollten sich sinnvoll ergänzen

Ob bei den *No Angels* oder bei meinen eigenen Musikprojekten – mit einem solchen System klappt es viel eher! Und ganz genauso müsste es doch auch in unserer Gesellschaft funktionieren. Erfolg sollte wieder stärker an Leistung und Leistungsbereitschaft gekoppelt werden – manche Politiker verfolgen anscheinend genau das entgegengesetzte Ziel. Das ist schade …

HERMANN SCHERER: Wie war denn eigentlich Ihr allererster Eindruck von Deutschland, als Sie von Ungarn hierher gekommen sind?

LESLIE MANDOKI: Ich kam als Flüchtling, als langhaariger Musiker, der kein Wort Deutsch sprach, nach München, wo uns Klaus Doldinger in die Szene eingewiesen hat. Am Münchner Stachus beobachtete ich etwas, das mein Deutschlandbild bis heute prägt – und das mich so sehr beeindruckte, dass ich sofort meine Mutter in Budapest anrufen musste, um ihr davon zu erzählen … Ich kann mich noch genau erinnern, was ich damals sagte: »Stell dir vor, ich bin in einem Land gelandet, in dem es Fahrpläne gibt, die tatsächlich eingehalten werden. Und diese Fahrpläne sind in wind- und wetterfesten Kästen an jeder Haltestelle aufgehängt, sodass jeder Fahrgast sie in Ruhe studieren kann. Und keiner der Kästen ist zerstört oder zerbrochen!«

Dieses Organisierte, dieses Ordentliche, dieses Tüchtige und Leistungsfähige – das ist es, was dieses Land nach meinem Verständnis ganz besonders auszeichnet und unbedingt bewahrt und ausgebaut werden sollte, weil es Deutschland von anderen Ländern unterscheidet.

Deutsche Stärken

Nur ein Volk, welches seine eigene »Leitkultur« und sein eigenes Wesen liebt, in sich ruht und einen gesunden Patriotismus pflegt, ist in der Lage, eine weltoffene, kosmopolitische Grundeinstellung zu leben. Bestes Beispiel hierfür ist

England. England hat unterschiedlichste Kulturen hervorragend integriert. Wir in Deutschland dürfen eine viel größere Integrationsfähigkeit, vor allem aber Integrationswilligkeit von unseren ausländischen Mitbürgern erwarten. Durchaus auch eine Anpassungsfähigkeit an deutsche Bräuche und Gewohnheiten. Es ergibt keinen Sinn, den Kindern ausländischer Eltern an den Schulen Nachhilfeunterricht in der Muttersprache und der Geschichte der Herkunftsländer der Eltern zu geben. Vielmehr sollten diese in der Tat zumindest sprachlich benachteiligten Kinder Nachhilfeunterricht in Deutsch und deutscher Geschichte bekommen. Das ist ein echter Beitrag zur Integration. Der respektvolle Umgang mit den unterschiedlichen Kulturen kann immens bereichernd sein. Eine der einflussreichsten Kulturnationen der Welt – Deutschland – darf ruhig erwarten, dass sich die hier lebenden Ausländer gerade mit dieser spannenden, tiefgründigen Kultur der Deutschen auseinander setzen. Umgekehrt können wir uns darüber freuen, wenn die bei uns lebenden Ausländer mit ihren unterschiedlichen Kulturen unser Leben bereichern.

Viele Deutsche lieben mittlerweile die Länder des Mittelmeerraums, sind zum Beispiel Toskana-Fans. Ihnen gefällt die lockere Art zu leben in diesen Gegenden. Dass es dort keine Fahrplankästen gibt. Und dass Fahrpläne auch nicht eingehalten werden. Aber aus einem deutschen Toskana-Fan wird eben trotzdem kein Italiener! Das hat Nachteile – es hat aber eben auch viele Vorteile. Die Unterschiede zu bestreiten und der Gleichmacherei das Wort zu reden, finde ich einfach unsinnig. Schon innerhalb Deutschlands sind doch riesige Mentalitätsunterschiede festzustellen – denken wir doch nur einmal an das unterschiedliche Sicherheitsbedürfnis, das Bayern im Vergleich zu manchem norddeutschen Bundesland auszeichnet. Es hat doch einen Grund, warum hier in München die so genannten »schwarzen Sheriffs« patrouillieren und anderswo nicht. Ich finde es großartig, wenn meine Kinder mit sicheren U- und S-Bahnen fahren können und vor bayerischen Schulen keine Drogen feilgeboten werden.

HERMANN SCHERER: Sie beziehen klare Positionen …

Klartext reden **LESLIE MANDOKI:** Ich versuche Klartext zu reden, weil ich meine, dass das notwendig ist. Wer Dinge vorantreiben will, muss nicht nur analysieren können, sondern auch Stellung beziehen. Dieses »Niemand-weh-tun-Wollen« ist doch eines unserer größten Übel. Als Ronald Reagan zum Präsidenten gewählt wurde, sagte er damals wörtlich: »Die Sowjetunion ist eine böse Macht.« Da ging ein Aufschrei der Entrüstung durch die Reihen der Intellektuellen in der ganzen westlichen Welt, vor allem in Deutschland. Dabei war das doch absolut richtig! Die Sowjetunion hatte in der Zeit noch an die 4 Millionen politischer Gefangener in ihren Gulags. Reagan war gegen das dortige Regime und machte dies ohne Umschweife deutlich. So etwas imponiert mir. Ebenso wie das Verhalten von Helmut Kohl, der bei seinem Amtsantritt in seinem wohl bekanntesten Interview eindeutig zum Ausdruck brachte, dass für ihn die Wiedervereinigung ein ganz wichtiges Ziel ist und dass er sie noch im 20. Jahrhundert für möglich hält. Kohl hat die Anbiederung an den totalitären Bruderstaat jenseits der Mauer nicht mitgemacht – und damit die Menschen im Osten des Landes bei ihrem Kampf um die Freiheit unterstützt.

Sandra Maischberger führte einmal ein Interview mit dem Moderator Ingo Dubinski, der zuvor als ehemaliger Stasi-Spitzel enttarnt worden war. Dubinski versuchte nun in diesem Interview, seine Sicht der Dinge darzulegen. Dass es nicht möglich gewesen sei, Karriere zu machen, wenn er seine Kollegen nicht verraten hätte … Dass das System eben so gewesen sei … Für mich ist das unbegreiflich, ein völliger Mangel an Rückgrat und Charakter. Selbstverständlich war das System so, wie es war, und ich verurteile menschliches Fehlverhalten in dieser Zeit nicht pauschal – aber ihn persönlich verurteile ich schon. Er hatte sehr wohl die Wahl und hat sich für den Verrat an Freunden und Kollegen entschieden. Aus meiner Sicht ist so etwas unverzeihlich! Klare Bekenntnisse, klare Aussagen und klare Standpunkte, das ist es doch, wonach wir uns alle sehnen, was wir alle brauchen.

Klare Standpunkte erleichtern die Orientierung.

Wobei sich, das ist wichtig, Standpunkte im Laufe der Zeit auch ändern können. Ein positives Beispiel ist für mich Joschka Fischer. Als er politische Verantwortung übernahm, musste er einsehen, dass bestimmte Ansichten, die er zuvor vertreten hatte, nicht mehr mit den politischen Realitäten und Erfordernissen in Einklang zu bringen waren. Er hat seine Standpunkte geändert, daraus aber – und das ist der entscheidende Punkt – niemals ein Geheimnis gemacht, sondern im Gegenteil ganz bewusst und in aller Deutlichkeit erklärt, wie und warum sich seine Einstellung gewandelt hat.

HERMANN SCHERER: Lässt sich diese Philosophie auch auf Ihre eigene Arbeit übertragen?

LESLIE MANDOKI: Mir ist es extrem wichtig, ehrlich zu sein. Zu anderen und zu mir selbst. Wenn ich bei einem Lied der Meinung bin, dass da etwas nicht stimmt, dann sage ich das. Damit ernte ich logischerweise nicht immer Zustimmung.

Klare Meinungen sind oft unbequem

Aber ich finde es wichtig, in allem, was wir tun, unser Bestes zu geben. Aus allem, was sich von uns Menschen beeinflussen lässt, sollte man das Optimum herausholen. Der Zufall spielt bei jedem menschlichen Projekt trotzdem eine Rolle. An uns liegt es aber, seine Wirkung so gut wie irgend möglich zu minimieren. Wer ein klares Ziel verfolgt, muss deshalb auch einmal ein klares Wort wagen. Ich versuche das jedenfalls.

Monika Matschnig

Die Diplompsychologin, ehemalige Volleyball-Nationalspielerin, konnte schon früh wichtige psychologische Wirkungsmechanismen herausfinden: innere Kommunikation, fortwährende Motivation, gezielte Selbststeuerung und das Erkennen, Ausbauen und Nutzen der eigenen Talente unter dem Motto »Stärken stärken«. Schwerpunkte ihres Studiums waren Persönlichkeit, Arbeits-, Betriebs- und Organisationspsychologie. Heute – nach einer umfangreichen Trainerausbildung und anschließender Trainertätigkeit in der Persönlichkeits- und Personalentwicklung – verbindet Monika Matschnig wissenschaftliche Erkenntnisse mit der beruflichen Praxis. Die Expertin gibt ihr Wissen im Dienst verschiedener namhafter Institute europaweit an Teams, Führungskräfte und Mitarbeiter weiter. Zu ihren Kunden gehören nationale und internationale Unternehmen und Organisationen. Durch ihren lebhaften, überzeugenden Vortragsstil motiviert die beliebte Referentin ihre Teilnehmer, Psyche und Körper logisch miteinander zu verbinden, die richtige Sprache zu sprechen und authentisch die eigenen Leistungen in jeder Situation überzeugend, charismatisch und wirkungsvoll darzustellen.

Kontakt: m.matschnig@unternehmen-erfolg.de

Monika Matschnig

PsychoLogik und *KörperSprache*

Von der Logik zwischen Psyche und Körper

Nur wer Psyche und Körper logisch miteinander verbindet, spricht eine wirkungsvolle Sprache, ist authentisch und präsentiert sich, die eigenen Leistungen oder Produkte in allen Prozessen, in denen es darum geht, zu überzeugen, mit der nötigen Intensität.

Psychologie – was ist das?

Seelenkunde

Der Begriff der Psychologie hat seinen Ursprung im griechischen *psychein* (hauchen) und *logos* (Wort) und bedeutet »Seelenkunde«. Hätten wir die geringste Ahnung davon, was denn diese »Seele« ist und wie sie aussieht oder wo genau im Inneren unseres Körpers sie sitzt, würden wir uns mit der Psychologie wohl wesentlich leichter tun!

So sagen wir einfach:

> **Psychologie ist die Wissenschaft vom Erleben und Verhalten von Lebewesen.**

Unabhängig von der endgültigen Klärung der Frage, was genau unter Psychologie zu verstehen ist, macht sich die Gesellschaft bereits seit längerer Zeit die Erkenntnisse der »Wissenschaft vom Erleben und Verhalten von Lebewesen« zunutze, in der Beratung seelisch kranker Menschen etwa oder auch auf dem banaleren Gebiet von Werbung und Verkauf. Hier soll es um die Anwendung psychologischer Erkenntnisse für den Laien gehen, beispielsweise in beruflichen Gesprächssituationen oder bei der Abstimmung eines Produkts auf eine Zielgruppe.

Wie kann die Psychologie dabei helfen?

Externale Psychologie

Stellen Sie sich die menschliche Psyche als eine Orange vor, die zunächst einmal aus einer von außen sichtbaren Schale besteht. Diese »psychische Schale« enthält all das, was wir an uns selbst oder an unseren Mitmenschen und diese an uns konkret sehen oder erkennen können. Dazu gehören die verbale Sprache und die nonverbalen Signale, also die Körpersprache. Dieser Teil der Psychologie heißt *externale Psychologie*.

Internale Psychologie

Daneben enthält die Orange aber auch noch das eigentliche Kernstück, das Fruchtfleisch – das, was eine Orange wirklich ausmacht. Analog dazu besitzen wir Menschen ein zunächst nicht sichtbares Innenleben. Die *internale Psychologie* – also das Fruchtfleisch – setzt sich aus folgenden Grundelementen zusammen:

1. Fähigkeiten (Stärken, Talente)
2. Motive (Antrieb, Bedürfnisse)
3. Wahrnehmung (selektives Aufnehmen der Umwelt)
4. Persönlichkeit (einzigartige Eigenschaften)

Das Grundverständnis für die komplexe Struktur der menschlichen Psyche wird es uns im Folgenden erleichtern, die Möglichkeiten der *PsychoLogik* zu erkennen und diese an uns und unserem Gegenüber zielgerichtet umzusetzen. Der Schwerpunkt dieses Textes liegt auf der individuellen Wahrnehmung und dem Umgang mit Persönlichkeitstypen. Darauf lässt sich dann die externale Psychologie in Form der Körpersprache anwenden.

Wahrnehmung – die subjektive Bewertung der Umgebung

Die individuelle Wirklichkeit

Jeder Mensch ist einzigartig in der Art und Weise, wie er die ihn umgebende Welt wahrnimmt, und in seinem Denken und Fühlen in Bezug auf diese Wahrnehmung. Gleichzeitig sind wir jedoch auch geprägt von den Werten und Denkweisen unserer jeweiligen Kultur und Gesellschaft, wir sind *konditioniert*.

»Vernünftig« denken, heißt in der Regel »logisch« denken, »rational« und »beweisbar« argumentieren. Die nicht beweisbaren, unlogischen Elemente der Wirklichkeit bleiben außen vor, als wenn es sie nicht gäbe. Aber machen Sie sich bewusst:

Jeder hat sein eigenes Bild der Wirklichkeit im Kopf.

Erst der spielerische Umgang mit verschiedenen Blickwinkeln, Betrachtungsweisen, Weltanschauungen, Mustern und Strukturen schafft uns die nötige Vielfalt im Denken, die nicht versucht, das Ende der Sackgasse der eigenen Wirklichkeit zu verlängern, sondern aus ihr herauszukommen.

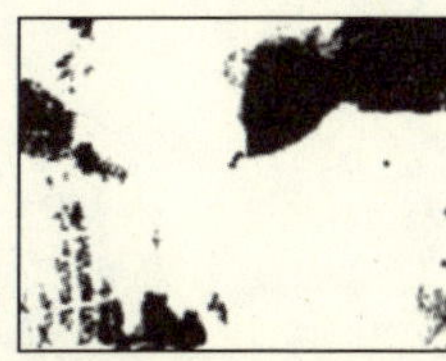

Abb. 1: Erkennen Sie das Tier?

Die Stimmung trübt die Wahrnehmung

Vorrangig nehmen wir die Welt über unsere Sinnesorgane wahr (Hören, Sehen, Riechen, Schmecken, Tasten). Doch wie verlässlich sind unsere Sinne? Ist alles wirklich und wahr, was wir sehen? Unsere Wahrnehmung ist sehr häufig durch unsere innere Einstellung getrübt. Eine kleine private Misere, und sei dies nur eine Sechs in Mathe des Sohnes, führt oft dazu, dass der Chef seine Stimmung auf das gesamte Arbeitsumfeld überträgt oder der Verkäufer es nicht zu einem Abschluss bringt. Die negative Stimmung erkennt unser Gegenüber intuitiv aufgrund verschiedener Faktoren: Körperhaltung, Mimik, Gestik, Sprache.

Sich positiv konditionieren

Wir sind jedoch in der Lage, uns von einem Stimmungstief wieder in ein Stimmungshoch zu bringen. Wir können uns selbst konditionieren, ähnlich wie Pawlow seine berühmten Hunde. Wie die pawlowschen Hunde auf ein Signal mit Speichelfluss reagieren, das sie mit Nahrung verbinden, brauchen auch wir Menschen ein positives Signal, an dem wir unsere Psyche aufrichten können. Eine dafür häufig eingesetzte Methode ist das *Ankern*, das aus dem *NLP (Neurolinguistisches Programmieren)* stammt.

Ankern bedeutet, einen bestimmten Zustand mit einem Auslöser zu verbinden, sodass dieser Zustand gezielt abrufbar und benutzbar wird. Über das Ankern können Erfahrungen mobilisiert werden, die helfen, in einer bestimmten Situation – im Sinne eines selbst gesetzten Ziels – erfolgreich zu sein. Die einfachste Art, einen emotional positiven Zustand hervorzurufen, ist, sich an einen Zeitpunkt in der Vergangenheit zu erinnern, an dem wir etwas Wunderbares erlebt haben. Je intensiver wir uns daran erinnern und dabei alle Sinne einsetzen, desto stärker werden die Veränderungen spür- und sichtbar. Um dies zu verdeutlichen, hier ein Beispiel, wie wir mit allen Sinnen eine in der Vergangenheit erlebte Situation wahrnehmen können, um sie wieder ressourcenreicher zu machen:

Übung:

Stellen Sie sich vor, Sie haben Urlaub und liegen im Spätsommer bei angenehmer Wärme an einem wunderschönen Sandstrand am tiefblauen Meer. Stellen Sie sich diese Situation vor. Wenn Sie das Gefühl haben, dass Ihre Vorstellung besonders intensiv ist, dann lesen Sie zuerst den Absatz »Sehen«, machen dann eine Pause und nutzen die Zeit, um sich dieses Szenario wieder intensiv vorzustellen. Danach lesen Sie den Absatz »Hören«, Pause, Vorstellung usw.

- *Sehen:* Sie liegen am Meer, sehen die Weite des Meeres, beobachten das Spiel der Wellen, erspähen eine Möwe am Himmel und mustern die gut gelaunten Menschen am Strand.

- *Hören:* Sie lauschen dem Gesang der Wellen, hören in der Ferne die gut gelaunten Menschen, und das Strandcafé spielt gerade Ihre Lieblingsmusik.

- *Fühlen:* Sie spüren die warmen Strahlen der Nachmittagssonne auf Ihrer Haut und vergraben Ihre Füße im Sand, der sich kühl anfühlt. Ganz zu schweigen von den zarten Berührungen Ihrer/s Frau/Mannes.

- *Riechen:* Sie schnuppern die salzige Meeresluft, vom Strandcafé duftet es wunderbar nach Essen, und Sie vernehmen den wohlriechenden Duft des Sonnenöls.

- *Schmecken:* Sie lassen genüsslich eine Melone stückweise im Mund zergehen und genießen ihre Süße.

Na, sind Sie nun schon in Urlaubsstimmung? Haben sich bei Ihnen möglicherweise die Stimmung und die Haltung verändert? Ja? Das ist logisch, denn schon die bloße Vorstellung einer bestimmten Situation lässt uns unsere Stimmung und Körperhaltung verändern.

Wenn Sie sich an ein Erlebnis erinnern, bei dem Sie Angst hatten, werden Ihre Lippen schmaler, die Hautfarbe blasser, Sie atmen flacher und nehmen eine Angriffs- oder Fluchthaltung ein. Wenn Sie sich an ein angenehmes Erlebnis erinnern, werden die Lippen voller, die Haut wird etwas erröten, der Atem wird tiefer, die Gesichtsmuskeln weicher und der Körper richtet sich auf. Überzeugen Sie sich selbst!

Übung:

Bitten Sie einen Partner, an einen Menschen zu denken, den er/sie gerne mag. Während er dies tut, achten Sie auf seine Mimik, seine Haltung, seine Atmung. Beachten Sie auch die Muskelspannungen. Richten Sie Ihre gesamte Aufmerksamkeit auf die Feinheiten, die normalerweise unbeachtet bleiben. Die Feinheiten sind Äußerungen der inneren Gedanken. Nun bitten Sie Ihren Partner, an jemanden zu denken, den er/sie nicht mag. Achten Sie wiederum auf die feinen äußeren Anzeichen. Sie sollten beide Übungen machen, damit Sie die Unterschiede in der Physiognomie entdecken können, die Ausdruck unserer Gefühle sind. An dieser Übung wird sehr schnell deutlich, dass wir uns selbst beeinflussen können.

Anker setzen

Emotionale Zustände haben machtvollen und dauerhaften Einfluss auf das Denken und Verhalten. Ankertechniken sind dazu geeignet, uns in eine positive Stimmung zu versetzen, um das gewünschte Ziel auch zu erreichen. Setzen Sie sich Ihren persönlichen Anker! Ihr persönlicher Anker wird großen Einfluss auf Ihre innere Befindlichkeit ausüben. Gehen Sie folgendermaßen vor:

- *Erlebnis:* Denken Sie an ein Erlebnis, das äußerst positiv war. Machen Sie es wie in der zuvor geschilderten Übung: Setzen Sie alle Sinne ein. Was haben Sie gesehen, gehört, gefühlt, gerochen und vielleicht sogar geschmeckt?

- *Intensität:* Wenn das Erlebnis am intensivsten ist (kurz vor dem Höhepunkt), kann es geankert werden. Umgreifen Sie in der Phase des intensivsten Erlebnisses Ihr Handgelenk oder drücken Sie Daumen, Zeige- und Mittelfinger zusammen.

- *Anker testen:* Um zu testen, ob die Konditionierung erfolgreich war, gehen Sie in eine andere Position, nehmen Sie eine andere Körperhaltung ein oder erinnern sich an zukünftige Aufgaben. Verharren Sie kurz darin und dann verwenden Sie ihren Anker (Daumen und Zeigefinger oder Handgelenk zusammendrücken). Der Test war erfolgreich, wenn es zu einer gravierenden Änderung in der Physiognomie kommt. Erfolgt keine gravierende Reaktion, stimmte das Timing beim Ankern nicht oder Ihr vorgestelltes Erlebnis ist durch ein vorheriges negatives Erlebnis überlagert. Sie sollten die Übung wiederholen.

- *Automatische Aktivierung:* Machen Sie sich bewusst, wann Sie den Anker benötigen werden (vor einer Präsentation, einem Meeting, einer unangenehmen Begegnung im privaten Bereich). Verwenden Sie kurz vorher Ihren Anker, und Ihre Stimmung und Physiognomie werden sich zum Positiven ändern.

Aber nicht nur Sie selbst können sich in eine positive Stimmung versetzen, sondern Sie können auch andere Menschen positiv beeinflussen. Gehen Sie mit offenen Augen durch die Welt und nehmen Sie die Stimmungen Ihrer Mitmenschen, Mitarbeiter und Kunden wahr. Sie haben die Möglichkeit, sie dort abzuholen, wo sie gerade sind, und sie in eine positive Richtung zu führen, und zwar mit der Methode des *Rapports*. Was ist Rapport?

Rapport bedeutet, auf der gleichen Wellenlänge mit meinem Interaktionspartner zu sein. Wir haben nur dann die Möglichkeit, erfolgreich zu kommunizieren, wenn wir verbal, aber auch nonverbal die gleiche Sprache sprechen.

Rapport einsetzen

Rapport kann auf mehreren Ebenen vollzogen werden:

- *Anpassung:* Ein wichtiger Schritt einer erfolgreichen Intervention ist, sich der anderen Person anzupassen. Volle Konzentration auf mein Gegenüber ist dazu Voraussetzung.
- *Wahrnehmung:* Sich auf eine Person einzustellen, verlangt zunächst die Fähigkeit, durch genaues Wahrnehmen nonverbaler Signale den inneren Zustand des Gegenübers zu erkennen.
- *Körpersprache:* Beobachten Sie die Physiognomie Ihres Partners. Dazu zählt der gesamte Körper. Handeln Sie nach der Formel *SO KLAR*:
  - **S**itzen / stehen Sie im rechten Winkel zum anderen. Wenn Sie einem Menschen frontal gegenübersitzen, wird dies häufig als Konfrontation verstanden. Seitlich lässt man einen Menschen näher an sich herankommen.
  - **O**ffene Haltung: Verschränken Sie nicht Ihre Arme. Verstecken Sie Ihre Handflächen nicht unter dem Tisch.
  - **K**onzentration: Schenken Sie Ihrem Gegenüber die volle Aufmerksamkeit. Hören Sie aktiv zu, um das Gesagte wiederholen zu können (klingt einfach – ist es auch, wenn Sie es zuvor intensiv trainiert haben).
  - **L**eicht nach vorne neigen – signalisiert Interesse.
  - **A**ugenkontakt: Regelmäßiger Blickkontakt deutet dem anderen an, dass wir bei der Sache sind. – Ich konzentriere mich auf deine Person. Aber Vorsicht: Durchbohren Sie Ihr Gegenüber nicht mit Ihren Blicken.
  - **R**uhig bleiben. – Nicht umsonst heißt es: In der Ruhe liegt die Kraft.

- *Stimme:* In welcher Lautstärke, Stimmlage, Betonung, in welchem Rhythmus spricht Ihr Partner? Hören Sie genau hin und nehmen Sie die gleiche Lautstärke, Stimmlage usw. ein.

- *Sprache:* Auch über die Sprache können Sie Rapport aufbauen. Jeder Mensch bevorzugt einen bestimmten Sinneskanal: Man findet visuelle (sehen), auditive (hören) und kinästhetische/taktile (fühlen) Wahrnehmungstypen vor. Die Bevorzugung eines Sinneskanals äußert sich auch in der Wortwahl. Ein visueller Typ benutzt häufig Redewendungen wie: »Ich habe es deutlich vor Augen«, »Das kann ich mir gut vorstellen«, »Das sieht schlimm aus«. Ein auditiver Typ gebraucht Formulierungen wie: »Das klingt gut«, »Das hört sich gut an«, »Da kann ich dir zustimmen«. Ein taktiler Typ hingegen spricht von: »Da fühle ich mich nicht wohl dabei«, »Das habe ich begriffen«, »Da kann ich sehr gut mitfühlen«.

Dieselbe Sprache sprechen

Beachten Sie die Sprache. Sie werden noch näher an Ihren Gesprächspartner herankommen, wenn Sie seine Sprache sprechen: Wie spricht der Mensch, was für Wörter benutzt er? Oft liegt das bekannte ungute Gefühl nach einem Gespräch darin, dass in zwei Sprachwelten gesprochen wurde, was zwangsläufig schief gehen muss. Positiv formuliert: Obschon Sie Ihre eigenen Wahrnehmungspräferenzen haben, können Sie sich dem Gesprächspartner anpassen und Sprachmuster verwenden, die dem Gegenüber entsprechen. Das wird mehr Nähe, Vertrauen und Offenheit erzeugen und Ihnen Ihre Aufgabe, den richtigen Menschen an den richtigen Platz zu bringen, erleichtern. Probieren Sie es aus. Es ist einfach und effektiv.

Persönlichkeit – Wahrnehmung und Einzigartigkeit

Unter *Persönlichkeit* verstehen wir die unverwechselbare Einzigartigkeit eines Menschen, die er weitgehend ein Leben lang behält. Wenn wir eine Person genau wahrnehmen, können wir die

Grundzüge der Persönlichkeit anhand dieser individuellen Eigenschaften und mithilfe der Körpersprache erkennen.

Das DISG-Modell

Bevor wir nun aber tiefer in die Körpersprache eintauchen, lassen Sie uns verschiedene Persönlichkeitstypen näher beleuchten. Auf dem wissenschaftlichen Markt gibt es unzählige empirische Arbeiten zur Erforschung und zum Erkennen der Grundzüge der Persönlichkeit. Viele sind hochinteressant und lehrreich, doch mit dem Nachteil verbunden, dass sie für Laien schwer verständlich sind. Ich stelle Ihnen ein Modell vor, dass schon um das Jahr 400 vor Christus seine ersten Ansätze gefunden hat und bis heute weiterentwickelt wurde. Dieses Modell hat den Vorteil, für jedermann leicht verständlich zu sein und eine sofortige Identifikation zu ermöglichen. 460 vor Christus definierte Hippokrates – er war der erste »moderne« Arzt und Begründer der wissenschaftlichen Medizin – durch seine Beobachtungen vier Persönlichkeitstypen: *Choleriker, Sanguiniker, Phlegmatiker* und *Melancholiker*. Heute spricht man vom *DISG-Modell*.

Der Dominante – der Choleriker – der Heißsporn

Der Choleriker

Dem Dominanten werden Führungseigenschaften zugeschrieben. Er ist voller Energie, hat einen scharfen Verstand, einen starken, ausdauernden Willen, geht keinen Schwierigkeiten aus dem Weg und ist ordnungsliebend. Er ist ein guter Organisator, als Führer eine Herrschernatur, daher für Teamarbeit weniger geeignet. Er hat den Ehrgeiz, sich an der Spitze zu sehen, verträgt keine Demütigungen und kann schwer verzeihen oder gar vergessen. Er ist sehr belastbar. Hat sich in ihm eine Spannung aufgebaut, so muss er sie sofort abreagieren. Er kann sich leidenschaftlich für eine Sache einsetzen.

Der Initiative – der Sanguiniker – himmelhoch jauchzend, zu Tode betrübt

Der Sanguiniker

Der Sanguiniker wird mit hoher Energie und Optimismus in Verbindung gebracht. Er hat eine heitere Lebensauffassung, hat Sinn für Äußeres wie Kleidung, Umgangsformen und Mode. Er ist für das Gute, Schöne und Wahre zu begeistern. Diese Begeisterung hält aber nicht lange an. Der Sanguiniker ist mitteilsam, heiter, hilfsbereit, unterhaltsam, schlagfertig und nicht nachtragend. Er steht gern ständig im »Rampenlicht«. Er verfügt über eine beeindruckende Leichtigkeit im Ausdruck und ist überaus wortgewandt. Allerdings neigt er in seiner Arbeitsweise dazu, zu viele verschiedene Dinge auf einmal in Angriff zu nehmen und sich dadurch oftmals zu verzetteln. Nach außen wirkt er daher oft oberflächlich und unkonzentriert. Sanguiniker sind lebhafte Menschen, die von einem Gefühlsextrem ins andere fallen können.

Der Stetige – der Phlegmatiker – in der Ruhe liegt die Kraft

Der Phlegmatiker

Der Stetige strahlt Passivität und Beständigkeit aus. Er ist ein gutmütiger Mensch, arbeitet tüchtig und stetig. Er ist nicht leicht zu beeindrucken. Sein Blick ist ohne Feuer und Energie. Seine guten Eigenschaften liegen in der Besonnenheit, der Ruhe und Ausdauer. Man kann ihn hart anfassen und von seiner Ausgeglichenheit lernen. Er liebt das Gewohnte und kann sich somit an Veränderungen nur schwer anpassen. Risiken versucht er zu vermeiden. Er ist ein Familienmensch und sehr auf Harmonie bedacht. Der Phlegmatiker behält in aufregenden Situationen in seiner unerschütterlichen Art die Nerven, ist aber auch nur schwer durch vordergründige Reize aus der Reserve zu locken.

Der Gewissenhafte – der Melancholiker – der Schwarzmaler

Der Melancholiker

Der Gewissenhafte wird mit der intellektuellen Tiefe eines Menschen und seiner Neigung zum Grübeln verbunden. Der Gewissenhafte ist eine reizbare, überempfindliche Natur und neigt zum Tüfteln. Er hat einen Hang zum Perfektionismus, ist pedantisch und erkennt nicht, dass »weniger oft mehr« ist. Er ist sehr ordnungsliebend und schätzt das genaue, detaillierte Arbeiten. Seine Grundstimmung ist eher pessimistisch, das Gemüt schwer zu erregen. Wenn er aber grollt, dann lange, weil er im Herzen mitempfindet, was er denkt. Er trägt durch seine Forschernatur häufig zum Wissen der Menschheit bei.

Haben Sie sich in einem der Temperamente wiedererkannt? Versuchen Sie doch Ihre Kollegen, Eltern, Geschwister, Freunde/Freundinnen einzuordnen! Sie werden sehen, dass sich manche Menschen einem dieser vier Typen leicht zuordnen lassen, andere wiederum nicht. Jeder von uns verfügt über ein anderes Sortiment. Jeder Mensch hat alle vier Temperamente in sich vereinigt, wobei oft eines stärker in den Vordergrund tritt oder sich Mischformen ergeben.

Mit ein wenig Übung schaffen Sie es, einen Menschen – etwa einen Kunden oder Mitarbeiter – einem bestimmten Persönlichkeitstypus zuzuordnen. Je nachdem, welcher Haupttypus bei einem Menschen vorherrscht, können Sie erkennen, was derjenige gefühlsmäßig erwartet. Sie haben die Möglichkeit, sich entsprechend auf die Person einzustellen. Durch welches Verhalten sind Sie in der Lage, unterschiedliche Persönlichkeitstypen in Entscheidungsprozessen zu überzeugen?

Wie Sie Dominante in Entscheidungsprozessen überzeugen

Argumente für Choleriker

- Der Dominante möchte das Beste, Größte und Neueste.
- Liefern Sie ihm handfeste, greifbare Fakten oder Vorschläge.
- Langweilen Sie ihn nicht mit Einzelheiten.
- Halten Sie für jede Aussage vier Argumente parat.
- Geben Sie ihm das Gefühl, mächtig zu sein.

Wie Sie Initiative in Entscheidungsprozessen überzeugen

Argumente für Sanguiniker

- Der Sanguiniker liebt das Individuelle, das Besondere und Neue.
- Schaffen Sie eine lockere Atmosphäre.
- Machen Sie Small-Talk, bieten Sie Kaffee an.
- Diskutieren Sie über die Vorzüge Ihres Produkts.
- Bloß keine Details, erzählen Sie, wie toll er damit bei seinen Kollegen ankommen wird.

Wie Sie Stetige in Entscheidungsprozessen überzeugen

Argumente für Phlegmatiker

- Er liebt das Gewohnte.
- Geben Sie ihm das Gefühl von Sicherheit.
- Geben Sie ihm das Gefühl, dass er mit dieser Entscheidung die absolut richtige Wahl trifft.
- Lassen Sie ihm Zeit.
- Wenn er einmal gekauft hat, ist er meist ein treuer Kunde.

Wie Sie Gewissenhafte in Entscheidungsprozessen überzeugen

Argumente für Melancholiker

- Der Gewissenhafte ist emotional kaum beeinflussbar.
- Liefern Sie detaillierte Fakten, Daten, Pläne, Anleitungen, Gebrauchsanweisungen.
- Liefern Sie Beweise (Grafiken, Schriftstücke).
- Stellen Sie Verschiedenes vor, mit allen Vorzügen und Nachteilen.
- Bevor er eine Entscheidung trifft, muss er noch mal eine Nacht darüber schlafen.

Es ist entscheidend, einigermaßen die Persönlichkeitsstruktur meines Gegenübers einordnen zu können, um die entsprechenden emotionalen Erwartungen zu erkennen und so positiv auf meinen Partner einzuwirken.

Körpersprache – Distanz, Haltung, Gestik, Mimik

Nach der internalen Psychologie – dem »Fruchtfleisch« der Orange, wie ich eingangs erläuterte – möchte ich nun zur externalen Psychologie – der Schale – und damit zur Körpersprache kommen.

Noch viele Menschen sind der Meinung, dass die elementarste Sprache das Wort ist. Für das Medium Brief oder heute E-Mail trifft das auch zu. Doch sobald eine direkte Interaktion von zwei oder mehr Personen stattfindet, ist die Körpersprache – auch als nonverbale Sprache bezeichnet – die entscheidende Sprache. Da die Körpersprache schwerer bewusst zu beherrschen ist als die verbale Sprache, sind die Botschaften der Körpersprache oft wahrer, echter und somit auch direkter und unverfälschter, weil sie immer mit Empfindungen verbunden sind. Der weltberühmte Psychiater Paul Watzlawick formulierte den treffenden Satz:

»Man kann nicht nicht kommunizieren.«

Der Körper lügt nicht

Die Körpersprache enthüllt unsere Bedürfnisse, teilt unsere Gefühle mit, zeigt etwas von unserem Charakter. Mit Worten lässt sich vieles vortäuschen, um den Körper jedoch zum Lügen zu bringen, müssen schon schauspielerische Glanzleistungen vollbracht werden.

Die Körpersprache benutzen wir zum größten Teil unbewusst. Sie begleitet uns schon unser ganzes Leben, daher kennen wir auch intuitiv die Bedeutung ihrer Signale. Die Körpersprache unterstreicht und betont meistens das gesprochene Wort und versucht dem Gegenüber bewusste oder unbewusste Botschaften zu übermitteln. So wie wir Botschaften senden, so können wir Botschaften auch empfangen.

Die nonverbale Kommunikation kann in vokale und nonvokale Perspektiven unterteilt werden. Die vokalen Perspektiven sind sozusagen die Begleitmusik des gesprochenen Wortes, die durch Veränderung der Stimme produziert wird. Die nonvokalen Perspektiven umfassen alle nonverbalen Signale, mit denen Informationen an andere weitergegeben werden, wie in der Pantomime oder beim Gestikulieren deutlich wird.

Nonverbale Signale (ohne Worte)	
vokal (Stimme)	nonvokal (ohne Stimme)
Tonlage	Körperhaltung
Lautstärke	Mimik
Tempo	Gestik
Artikulation	Kleidung
Modulation	
Pausen	

Abb. 2: Nonverbale Signale

Distanz

Basisemotionen

Mit Ausnahmen der Basisemotionen (Angst, Trauer, Freude, Überraschung, Scham, Verachtung, Hass und Ekel) nach Ekman (1973), die hinsichtlich ihrer Funktionen größtenteils das Resultat evolutionärer Entwicklungsbedingungen sind und über den gesamten Globus betrachtet keine körpersprachlichen Unterschiede aufweisen, müssen sehr wohl die kulturellen und umweltbedingten Unterschiede respektiert werden.

Raumverhalten

Schön zu beobachten ist dies in der so genannten *Proxemik* – dem spezifischen Raumverhalten –, mit der sich Prof. E. T. Hall (1954) beschäftigte und bedeutsame Ergebnisses zutage brachte. In der Tierwelt sind Distanzen schon lange bekannt. Hier spricht man allgemein vom Revierverhalten. So wie jedes Tier sein Revier braucht, um zu leben, so benötigt auch jeder Mensch sein »Revier« oder seine Distanz und reagiert mit einem Flucht- oder Angriffsimpuls, wenn diese verletzt werden.

Nun darf man sich dieses Revier oder die Distanz nicht als festgelegtes Gebiet vorstellen, in dem sich der Mensch bewegt und das er nie verlässt, sondern hierbei handelt es sich um verschieden große Räume, die den Menschen unbewusst umgeben und die er immer mit sich trägt. Diese Distanzen können erweitert oder verringert werden, je nachdem, ob mir ein Gesprächspartner sympathisch ist oder nicht. Distanzbewegungen sind Bewegungen, die entweder tatsächlich oder symbolisch die Distanz zwischen zwei Menschen verändern, sie verringern oder erweitern (je nach Sympathie). Damit wird die Revierbesetzung verändert.

Die Bedeutung und die Größe der Distanz sind abhängig von

- Geschlecht / Rolle (Frau, Mann),
- sozialer Schicht (Statusgleichheit, Hierarchieunterschiede, Dominanz),
- psychischen Eigenschaften (extravertiert/introvertiert, Denktypus / Gefühlstyp),
- Rasse und Nationalität.

4 Distanzzonen

Hall konnte nachweisen, dass Personen je nach der Art ihrer sozialen Beziehung unterschiedliche Distanzen zueinander einnehmen. Er unterscheidet hierzu vier Zonen:

Intimdistanz (bei engen Freunden oder Verwandten)	bis 45 cm
Gesprächsdistanz (bei Freunden oder engen Mitarbeitern)	zwischen 45 und 80 cm
Wahrnehmungsdistanz (bei Mitarbeitern und Bekannten)	zwischen 60 und 120 cm
Öffentliche Distanz (bei Fremden – abhängig von wahrgenommener Freundlichkeit)	etwa 150 cm

Abb. 3:
Die Distanzzonen

Persönlichkeitsunterschiede = Distanzunterschiede

An der Seite benötigt der Mensch nicht so viel Platz. Hier lässt er Artgenossen näher an sich heran. John L. Williams und William E. Leihbold haben bei einer Untersuchung festgestellt, dass verschiedene Persönlichkeitstypen unterschiedliche Distanzzonen bevorzugen. Introvertierte Menschen benötigen eine größere Distanz zu ihrem Gesprächspartner als Extravertierte.

Bewusstes Distanzverhalten

Gute Vertreter wenden die Distanzregeln bewusst oder unbewusst an. Wenn ihnen die Hausfrau öffnet, setzen sie nicht etwa »einen Fuß in die Tür« – das käme einem Eingriff in die Intimsphäre gleich –, sondern treten einen Schritt zurück. Sie deuten damit an: »Ich bin nicht aufdringlich. Ich versuche nicht, Sie einzuengen. Sie können jederzeit in eine weitere Distanzzone ausweichen, wenn Sie es wünschen.« Der Chef, der sich weit über den Schreibtisch seiner Angestellten beugt, zeigt damit deutlich: »Ich bin hier der Herr! Ich kann jederzeit die Art von Kontakt herstellen, die mir behagt!«

Kulturelle Distanzunterschiede

Es gibt bei den Distanzen auch kulturelle Unterschiede, die bei Kontakten mit Menschen aus anderen Ländern zu berücksichtigen sind. Nordeuropäer und Asiaten scheinen einen größeren persönlichen Raum zu beanspruchen als Südländer und Menschen aus dem mittleren Orient. Problematisch könnten Begegnungen zwischen den beherrschten Engländern und den temperamentvollen Puerto-Ricanern werden. Eine Studie hat ergeben, dass ein Engländer seinen Gesprächspartner in 60 Minuten im Durchschnitt nie berührt, ein Puerto-Ricaner dies hingegen in derselben Zeit bis zu 180-mal tut. Ein Zusammentreffen dieser beiden Kulturen kann somit erhebliche Probleme nach sich ziehen. Der kühle Brite könnte dem Puerto-Ricaner homophile Absichten unterstellen, und der Puerto-Ricaner könnte den Briten als interesselos beschreiben.

Ein Sozialpsychologe beobachtete die Häufigkeit, mit der sich Paare innerhalb einer Stunde in Cafés gegenseitig berührten:

Abb. 4: Kulturelle Distanzen

Ort/Land	**Berührungen**
San Juan (Puerto Rico)	180-mal
Paris (Frankreich)	110-mal
Gainsville (Florida)	2-mal
London (UK)	0-mal

Sehr kontaktreiche Kulturen sind Araber, Lateinamerikaner, Griechen, Türken und einige afrikanische Kulturen. Kontaktarme Kulturen sind Nordeuropäer, US-Amerikaner, Kanadier und Asiaten. Deshalb:

Beim Zusammentreffen mit Menschen aus einem anderen Kulturkreis richten Sie sich nach deren Gewohnheiten. Rücksichtsvolles Vorgehen kann Peinlichkeiten und Missverständnisse vermeiden.

Abb. 5: Körperhaltungen (Quelle: Argyle, Michael: *Körpersprache und Kommunikation*)

Haltung

Weltweit gibt es ungefähr 1000 feststehende menschliche Körperhaltungen. Damit Sie sensibler für Körperhaltungen werden, finden Sie hier eine Darstellung der Haltungsarten für die unterschiedlichsten Gemütsbewegungen eines Menschen.

Überzeugend: aufrechte Haltung

Wenn Sie überzeugen wollen, dann nehmen Sie eine aufrechte Haltung ein. Stellen Sie sich vor, Sie haben immer eine Krone auf dem Kopf. Wenn Sie nämlich eine fiktive Krone auf dem Kopf tragen, dann müssen Sie automatisch aufrecht stehen. Lassen Sie nicht die Schultern hängen, sondern ziehen Sie diese zurück und betonieren Sie sich vorläufig mal ein, das heißt, stehen Sie in Beckenbreite mit beiden Beinen fest am Boden. In dieser Haltung signalisieren Sie Ihrem Gegenüber Selbstsicherheit und Selbstvertrauen. Laufen Sie aber nicht durch die Gegend, als hätten Sie einen Stock verschluckt, denn das strahlt Steifheit, Unfähigkeit zur Spontaneität aus. Denken Sie nur an die Männer, die mit mühsam eingezogenem Bauch am Strand entlangpromenieren.

Gestik

Redegesten haben die Signalfunktion, das Gesagte zu verdeutlichen, zum Beispiel mehrere Punkte aufzuzählen, ein Gleichgewicht anzuzeigen, eine Bitte anzudeuten usw. Kraftvolle, lebendige Gesten entschlüsseln wir als Selbstsicherheit.

Wissenschaftliche Untersuchungen dokumentieren, dass depressive Menschen kaum Gesten einsetzen. Es genügt schon eine traurige Stimmung, und unsere Gestik vermindert sich zu einem großen Prozentsatz.

Hände oberhalb der Gürtellinie und nach oben offene Gesten demonstrieren Zuversicht, Kraft, Geben und Nehmen. Sind die Handflächen nach unten gerichtet, symbolisieren sie Kraft- oder Hoffnungslosigkeit. Ein Verschränken der Arme bedeutet nicht sofort Desinteresse, sondern man muss dem Kontext Beachtung schenken: Wenn die Aktivität eines Menschen nicht gefordert ist, dann kann er ohne weiteres die Arme verschränken und geistig trotzdem vollkommen anwesend sein.

Mimik

Im Gesicht sind zwanzig verschiedene Muskeln vorhanden. Siebzehn sind allein für den mimischen Ausdruck vorgesehen. Die Mimik zeigt uns unser Grundgefühl an. Zu den emotionalen Gesichtsausdrücken – die kulturunabhängig, universal sind – zählen unter anderem:

- Freude
- Lachen
- Ekel, Abscheu
- Schmerz
- Traurigkeit

All diese Gesichtsausdrücke spiegeln sich in unserem Gesicht wider.

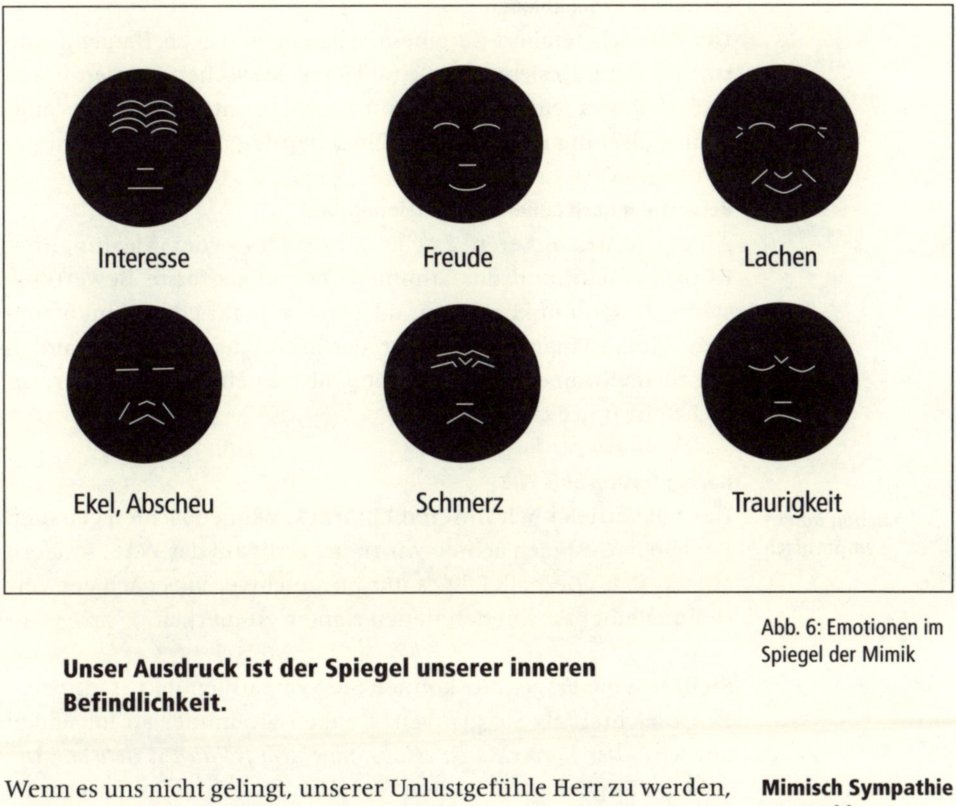

Abb. 6: Emotionen im Spiegel der Mimik

Unser Ausdruck ist der Spiegel unserer inneren Befindlichkeit.

Mimisch Sympathie ausstrahlen

Wenn es uns nicht gelingt, unserer Unlustgefühle Herr zu werden, haben wir es oft schwer, Lockerheit und Sympathie auszustrahlen. Der erste Eindruck ist nicht immer der richtige, aber der entscheidende. Umso wichtiger ist es, in den ersten drei Sekunden einer Begegnung eine besondere Aufmerksamkeit zu erwecken – bei Geschäftskontakten, bei Präsentationen oder beim Flirten. Wenn wir es nicht schaffen, einen positiven Eindruck zu hinterlassen, dann werden wir häufiger als unsympathisch und inkompetent abgestempelt. Das machen wir unbewusst, ungewollt. Wenn wir als unsympathisch abgestempelt werden, schaffen wir es kaum mehr, Sympathie aufzubauen, und einen weiteren Fehler dürfen wir uns schon gar nicht mehr erlauben. Gelingt es uns jedoch, Sympathie auszustrahlen, dann können wir uns ohne weiteres einen kleinen Ausrutscher leisten.

Aspekte des ersten Eindrucks

Der erste Eindruck setzt sich aus folgenden Grundstufen zusammen:

Einteilung in Schubladen

Der Mensch tendiert zu einem schablonenartigen Handeln und sortiert neue Gesichter in Schubladen. Menschen werden in ein grobes Raster eingeteilt: bekannt/unbekannt, interessant/langweilig, alt/jung usw. In dieser Phase wird noch nicht bewertet.

Bewertung nach äußerem Erscheinungsbild

Aufgrund des äußeren Erscheinungsbildes – der Kleidung, der Körpersprache und der Stimme – erfolgt die erste Bewertung: sympathisch und kompetent oder unsympathisch und inkompetent. Einem Finanzdienstleister, der im Anzug erscheint, werden wir mehr Kompetenz zuschreiben, als seinem Kollegen, der uns in T-Shirt und Jeans berät.

Konzentration aufs WIE

Lachen macht sympathisch

Danach vertiefen wir unseren Eindruck, wir beobachten genauer. Bei einem Gespräch achten wir zuerst nicht auf das WAS, sondern auf das WIE. Deshalb fällt es uns oft so schwer, uns nach der Vorstellung einer Person den neuen Namen zu merken.

Stellt sich die Frage: Wie können Sie Sympathiepunkte sammeln? Es ist leichter, als Sie glauben. Denken Sie immer an folgenden Spruch: *»Der Körper dankt es uns mit einem fröhlichen Gesicht.«* Die goldene Regel lautet: Lachen Sie! Aber ziehen Sie nicht nur die Mundwinkel nach oben, Ihre Augen müssen mitlachen. Verbannen Sie Ihre negativen Gedanken. Denken Sie an eine lustige oder angenehme Begebenheit.

Blickkontakt

Augenkontakt herstellen

Wer anderen ruhig in die Augen schaut, signalisiert Interesse und erweckt Vertrauen. Wer den Blick ständig abwendet, wirkt interesselos oder schüchtern. Schauen Sie Ihrem Gesprächspartner etwa drei Sekunden lang in die Augen, aber vermeiden Sie bohrende Blicke. Dauert der Blick länger als fünf Sekunden, wirkt er drohend und starr – dementsprechend wird sich Ihr Partner auch verhalten. Fühlt er sich bedroht, so wird sein Oberkörper zurückweichen, die Gesprächsdistanz vergrößert sich.

Unter Gesprächspartnern soll der Zuhörer nahezu andauernd den Redner ansehen, das signalisiert Interesse und erweckt Sympathie. Anders der Redner: Er wird seinen Blick immer wieder seitlich abwenden.

Bei einer Präsentation oder Rede vor einem größeren Auditorium erzeugt der direkte Blickkontakt bei den Zuhörern Aufmerksamkeit. Lassen Sie nicht Ihren Blick übers Publikum schweifen. Verwenden Sie besser die *M-und-W-Technik*. Suchen Sie sich im Publikum fünf Punkte (oder Personen) eines großen »M«, die Sie jeweils einen Gedanken lang, also ungefähr drei bis fünf Sekunden lang ansehen, dann folgt ein großes »W«. Mit dieser Technik schaffen Sie es, einen aktiven Augenkontakt zu halten und so die volle Aufmerksamkeit der Zuhörer zu gewinnen.

Fazit

Die Möglichkeiten der *PsychoLogik* auszuschöpfen heißt, das nicht sichtbare, verborgene Innenleben und die sichtbare äußere Schale bei uns selbst und unserem Gegenüber zu erkennen und in die von uns gewünschte Richtung zu beeinflussen.

Wichtig: Ausstrahlung

Hier gilt: Wesentlich für den Eindruck ist die eigene Ausstrahlung. Vermittle ich eine positive Stimmung? Wirke ich sympathisch? Mithilfe der beschriebenen Ankertechniken können Sie sich jederzeit in eine positive Stimmung versetzen und rücken damit Ihrem gewünschten Ziel einen entscheidenden Schritt näher.

Doch Sie haben nicht nur die Möglichkeit, sich selbst positiv zu beeinflussen. Auch Ihre Mitmenschen, Kunden oder Mitarbeiter können Sie mit der Methode des Rapports in eine positive Richtung führen.

Entscheidend für Ihren Erfolg im Umgang mit Ihren Mitmenschen ist das Erkennen der Persönlichkeitsstruktur Ihres Gegen-

Wichtig: Persönlichkeitsstruktur erkennen

übers. Beobachten Sie den Menschen sehr genau und versuchen Sie seine Grundzüge in die beschriebene Klassifizierung einzuordnen. Dies wird Ihnen helfen, die emotionalen Erwartungen des anderen zu erkennen und ihn so dort abzuholen, wo er steht, um dann positiv auf ihn einzuwirken.

Wichtig: Körpersprache beherrschen

Zur *PsychoLogik* gehört aber auch die Schale – das Sichtbare am Menschen. Jede Minute, ja jede Sekunde, in der wir mit unserem Gegenüber kommunizieren, senden wir durch die Körpersprache Botschaften aus. Und natürlich empfangen wir auch welche. Diese zu verstehen und gegebenenfalls zu beeinflussen, ist wesentlich für eine gelungene, zielgerichtete und positive Kommunikation.

LITERATUR

Argyle, Michael: *Körpersprache und Kommunikation*. Paderborn: Junfermann 1979

Gay, Friedbert / Seiwert, Lothar J.: *Das 1x1 der Persönlichkeit*. Offenbach: GABAL 2000

Guss, Kurt: *Psychologie – Ein humorvoller Einstieg*. Heidelberg: Hüthig 1997

Häcker, Hartmut / Stapf, Kurt H. (Hrsg.): *Dorsch psychologisches Wörterbuch*. 13. überarbeitete und erweiterte Auflage. Bern / Göttingen: Huber 1998

Hierhold, Emil: *Sicher präsentieren – wirksamer vortragen*. Wien / Frankfurt: Wirtschaftsverlag Ueberreuter 2000

O'Conner, Joseph / Seymour, John: *Neurolinguistisches Programmieren: Gelungene Kommunikation und persönliche Entfaltung*. Kirchzarten: VAK Verlag 1994

Scherer Hermann: *Von den Besten profitieren Bd. III*. Offenbach: GABAL 2003

Watzlawick, Paul u.a.: *Menschliche Kommunikation. Formen, Störungen, Paradoxien*. Bern / Göttingen: Huber 1969

Hermann Scherer
studierte Betriebswirtschaft mit den Schwerpunkten Marketing und Verkaufsförderung. Direkt nach dem Studium baute er mehrere Unternehmen auf, die sich schon nach kurzer Zeit unter den Top 100 des deutschen Handels platzierten.
Parallel dazu wurde er internationaler Berater, Trainer, Trainerausbilder und Manager of Instruction der weltweit größten Trainings- und Beratungsorganisation aus den USA. Er ist Gründer von *Unternehmen Erfolg®*, einem Beratungsunternehmen für Marktführer und solche, die es werden wollen. Seine Zusammenarbeit mit internationalen Top-Unternehmen und Institutionen haben ihm den Ruf des konsequent praxisorientierten Business-Experten eingebracht.
Der erfolgreiche Unternehmer zählt zu den führenden Rednern bei Kunden- und Mitarbeiterveranstaltungen, Kick-offs, Kongressen und Events. Er schreibt Bücher, hält Vorträge und berät unter anderem zu den Themen Unternehmenserfolg, Verkauf und außergewöhnliches Marketing.
Kontakt: info@unternehmen-erfolg.de

Hermann Scherer

So »verkaufen« Sie (sich selbst!) mit Erfolg

Zeitgemäße Selbstvermarktungskonzepte auf Basis aktueller Produkt- und Dienstleistungsverkaufsstrategien

Keine Frage: Der Preiswettbewerb wird in vielen Branchen immer härter. Firmen wie Aldi, Lidl, Saturn oder MediaMarkt liefern sich ein Kopf-an-Kopf-Rennen um die Gunst der so genannten »Smart-Shopper«, deren Zahl über alle sozialen Grenzen hinweg immer mehr zunimmt.

Immer mehr Produkte und Dienstleistungen verlieren an Wert

Trend: »Geiz ist geil«

Der »Wert« vieler Produkte und Dienstleistungen sinkt von Tag zu Tag. Kein Wunder: In Zeiten, in denen »Geiz geil« geworden ist und selbst Pelzmantelträger(innen) ohne Hemmungen bei Discountern einkaufen (nachweislich ist der Anteil der wohlhabenden Käufer bei den Discountern besonders hoch), erodiert das Bewusstsein für die Leistung, die ja durch einen Preis entgolten wird, zum Teil ins Bodenlose.

Zugleich (oder gerade deswegen?) gelingt es manchen Unternehmen, sich von dieser negativen Preisspirale zu entkoppeln und die Preise für die eigenen Produkte und Dienstleistungen – gegen den allgemeinen Trend – stabil zu halten oder Schritt für Schritt anzuheben.

Fragen Sie sich da auch gelegentlich: Wie machen die das?

Die Kunst liegt wohl in den allermeisten Fällen darin, den Kunden (wieder) den Wert der angebotenen Produkte oder Leistungen zu vermitteln.

Gegenbeispiele

Zahlreiche Beispiele aus dem Hochpreissektor der Konsum-, aber auch der Investitionsgüterindustrie belegen, dass sich »Werte« auch heute noch – oder wieder – vermitteln lassen! Sportwagen aus Zuffenhausen und Uhren aus Glashütte finden zu durchaus auskömmlichen Marktpreisen selbst in schwierigen Zeiten ihre Käufer.

Lassen sich diese positiven Beispiele auch auf den Arbeitsmarkt übertragen?

Auch die menschliche Arbeitskraft verliert an Wert

Angesichts der hohen aktuellen Arbeitslosenzahlen und dem immer weiter um sich greifenden Abbau von Personalstellen (selbst hoch qualifizierten) ist offensichtlich, dass auch die menschliche Arbeitskraft in vielen Bereichen an Wert verloren hat.

Im Zuge der Globalisierung werden ganze Unternehmenszentralen ins gehaltsgünstigere Ausland verlagert – werden Einzelstellen wegrationalisiert oder Funktionen zusammengelegt. Da stellt sich für den Einzelnen doch die Frage: Gibt es denn Möglichkeiten, die Strategien des erfolgreichen Produkt- oder Dienstleistungsmarketings und -verkaufs auf das Eigenmarketing zu übertragen, um sich auf diese Weise dieser Negativspirale zu entziehen?

Ich behaupte: Nahezu alle Werterhaltungs- und Wertvermittlungsstrategien, die Unternehmen erfolgreich einsetzen, können auch auf Personen übertragen werden. Soll heißen:

> **Wir alle können uns viel besser verkaufen, als wir das bisher tun!**

Konkret bedeutet das: Wir können tatsächlich etwas dafür tun, unseren Kunden (also unseren Vorgesetzten, Geschäftspartnern oder Auftraggebern) den Wert unserer Leistungen noch deutlicher ins Bewusstsein zu rücken. Dadurch gelingt es uns einerseits, einen guten »Preis« (Gehalt, Stundensatz oder Ähnliches) zu erzielen, und wir schaffen es andererseits, uns im Bewusstsein dieser Personen als so »unentbehrlich« zu verankern, dass wir bei positiven Personalentwicklungen nicht übergangen werden können – und bei negativen nicht zu den »Opfern« eventueller Krisen zählen.

Den eigenen Wert steigern

Gerade hierfür lassen sich moderne Produkt- und Dienstleistungsverkaufsstrategien ideal nutzen! Wie das geht? Zum Beispiel so ...

Machen Sie aus sich ein »Irresistible Offer«!

Leistungen richtig kommunizieren

In vielen Marktbereichen sind die Möglichkeiten der Produktverbesserung nahezu ausgeschöpft. Bei Trockenrasierern beispielsweise gibt es laut Stiftung Warentest keine Möglichkeit, die Rasierleistung weiter zu verbessern. Die Produkttests zeigen seit Jahren ein stagnierendes Niveau. So werden mit den hoch genauen Waagen beim Wiegen der geschnittenen Barthaare keine Unterschiede mehr festgestellt. Es können eben nicht mehr Barthaare abgeschnitten werden, als schon gewachsen sind. Alle Neuerungen der letzten Jahre betrafen deshalb bei diesem Produktsegment ausschließlich Neben- oder Zusatzleistungen. Trotzdem gelang und gelingt es einigen Herstellern, ihre Position am Markt auszubauen und die Preise zu stabilisieren. Vorwiegend mithilfe entsprechender Kommunikationskonzepte. Wie das genau funktionieren kann, lässt sich am einfachsten anhand eines Beispiels aus der Getränkebranche zeigen.

Die »Felsquellwasserstrategie«

Eine bekannte deutsche Brauerei wirbt schon seit einigen Jahren mit dem Slogan »Aus reinem Felsquellwasser gebraut«. Keine Frage: ein guter, ein eingängiger, ein wirksamer Werbeslogan. Immerhin konnte diese Brauerei – ohne dass dies logischerweise alleine auf den Werbeslogan zurückzuführen ist – in den letzten Jahren ganz erheblich Marktanteile hinzugewinnen. Nun die alles entscheidende Frage: Haben Sie sich schon einmal überlegt, aus was für Wasser andere Biere gebraut sind? Exakt. Auch andere Brauereien brauen mit Quellwasser, das aus felsigem Untergrund entspringt – also mit Felsquellwasser. Der springende Punkt: Keine andere Brauerei wirbt damit!

Sie müssen nicht besser sein, um besser zu wirken!

Ein unwiderstehliches Angebot machen

Qualität allein ist heute eine Grundvoraussetzung. Da Qualität jedoch keine objektiv messbare Größe ist, sondern ganz subjektiv im Kopf eines Kunden oder Interessenten entsteht, wird aus einem kommunizierten Qualitäts(schein)vorteil, über den andere unter Umständen auch verfügen, der entscheidende Verkaufsvorteil! Ein Me-too-Produkt mutiert auf diese Weise für viele Biertrinker zu einem Irresistible Offer – einem unwiderstehlichen Angebot.

Genau das könn(t)en viele Menschen auch mit sich selbst machen! Die Möglichkeiten, aus sich selbst ein solches »unwiderstehliches Angebot« für Vorgesetzte, Kunden oder Auftraggeber zu machen, sind außerordentlich vielfältig.

Eine Möglichkeit ist zum Beispiel, dem Verhaltensmuster der angeführten deutschen Brauerei zu folgen und wenig beachtete oder als Nebensächlichkeiten abgestempelte Leistungen und Stärken kommunikativ »in Wert zu setzen«.

Unverzichtbar: Mut zur Selbstdarstellung

Es gibt aber noch viele andere Möglichkeiten. Entscheidend ist, dass dem Gegenüber, also dem Vorgesetzten, Kunden oder Auftraggeber, indirekt oder direkt ein oder mehrere »Nutzen« in Aussicht gestellt werden (etwa: »ich entlaste Sie von unnötiger Detailarbeit« oder »ich erledige für Sie die aufwendigen Ausschreibungen«). Grundvoraussetzung, um diese Strategien für sich zu nutzen: Sie müssen sich trauen, über sich und Ihre Leistungen zu reden.

Bringen Sie Ihre Leistungen zur Geltung!

Noch immer gilt es bei vielen als »unfein«, sich selbst zu loben. Das Problem dabei: Was nicht dargestellt wird, geht in vielen Fällen unter! Wer meint, dass gute Leistung »für sich selbst spricht«, täuscht sich. Tatsache ist, dass es dringend notwendig ist, besondere Leistungen sichtbar zu machen.

Beispiel: Supermarkt

Stellen Sie sich vor, Sie stehen im Supermarkt vor einem Regal mit Schuhcremedosen. Im Angebot sind Schuhcremedosen von zwei verschiedenen Herstellern – zu einem annähernd gleichen Preis. Während allerdings auf der einen Schuhcremedosensorte deutlich sichtbar ein positives Testergebnis (»Gut«) der Stiftung Warentest aufgedruckt ist, fehlt auf der anderen Dosensorte ein entsprechender Hinweis. Für welche der beiden Schuhcremedosensorten würden Sie sich wohl entscheiden? Eben. Und zwar mit großer Wahrscheinlichkeit selbst dann, wenn das Vergleichsprodukt mit exakt dem gleichen Testergebnis bewertet wurde, der Hersteller das Testergebnis aber nicht aufdrucken ließ.

Was nützt es denn, gut zu sein, wenn niemand es weiß?

Den eigenen Beitrag deutlich machen

Wenn Sie etwas Besonderes geleistet haben, sollten Sie das Ihren Vorgesetzten, Kunden oder Auftraggebern unbedingt vermitteln. Und zwar nicht nur dann, wenn Ihnen eine Einzelleistung genau zuzuordnen ist, sondern vor allem auch dann, wenn Ihre Arbeit Teil eines Gruppenprojekts war. Machen Sie in solchen Fällen unbedingt deutlich, was Ihr konkreter Detailbeitrag war. Damit Ihnen diese Leistungsdarstellung von anderen nicht als »Angeberei« ausgelegt wird, sollten Sie übrigens genau überlegen, wie Sie Ihren Part beschreiben. »Das habe ich doch prima gemacht, oder?« wird ganz sicher nicht die erwünschte positive Wirkung erbringen. Wenn Sie dagegen zum Beispiel sagen: »Es freut mich, dass ich helfen konnte. Ich habe abends bis 23:00 Uhr noch einmal die gesamten Versandlisten durchgesehen und alle Fehldaten entfernt«, wird Sie kein Kollege oder anderer Dienstleister deswegen anfeinden, aber Ihre Vorgesetzten oder Auftraggeber können Ihre Leistung nicht länger übersehen.

Informationsverlust vorbeugen

Je mehr Kommunikationsstufen zwischen Ihnen und den konkret verantwortlichen Entscheidern überwunden werden müssen, umso deutlicher und klarer muss die Darstellung Ihrer Leistung ausfallen. Der Grund dafür ist ganz einfach: Mit jeder zu überwindenden Kommunikationsstufe gehen Informationen verloren, deshalb sinkt mit jeder zusätzlichen Stufe die Chance, dass Ihre Leistungsdarstellung weitervermittelt wird.

Besonders schwierig wird die eigene Leistungsdarstellung immer dann, wenn die positiven Auswirkungen Ihrer Arbeit nur von relativ kurzer Dauer sind oder der Aufwand, der »hinter« dieser Leistung steckt, sich nicht sofort erschließt.

Beispiel: Aufgrund Ihrer guten Fachausbildung gelingt es Ihnen innerhalb von Sekunden, einen schwierigen technischen Sachverhalt zu klären. Logisch, dass das für alle anderen Beteiligten »ganz einfach« zu sein scheint und niemand Ihre Leistung richtig zu würdigen weiß. Was also tun? Stellen Sie klar heraus, was für diese Leistung nötig war und welchen langfristigen Nutzen Ihr Gegenüber davon hat! Nehmen Sie sich ein Beispiel an Picasso:

Von Picasso lernen

Von Picasso wird erzählt, dass ihn einmal jemand nach dem Preis eines kurz zuvor fertig gestellten Bildes fragte. Picasso nannte einen extrem hohen Wert. Daraufhin wollte der Gesprächspartner wissen, wie lange Picasso denn zum Malen dieses Bildes benötigt habe. Picasso antwortete: »Acht Stunden.« »Da haben Sie ja einen fast schon unverschämt hohen Stundenlohn!«, entgegnete ihm da der Gesprächspartner. »Sie rechnen falsch, mein Freund«, sagte Picasso, »ich habe zwar in der Tat nur acht Stunden gebraucht, um dieses Bild zu malen, aber achtzig Jahre, um zu lernen, wie das geht.«

Verwandeln Sie sich vom »Leistungsanbieter« zum »Problemlöser«!

Werden wir nach einer Selbsteinschätzung unserer Stärken gefragt, antworten viele von uns mit Beschreibungen wie »ich bin fleißig ..., genau ..., kreativ ...«. Der Grund dafür ist einfach: Weil ein Großteil von uns sich als Anbieter relativ austauschbarer Leistungen versteht, versucht dieser Personenkreis über »persönliche« Stärken zu punkten. Sehr verständlich und nachvollziehbar – aber die erstaunliche Wahrheit lautet: Das will niemand wissen!

Vorgesetzte wie Kunden wollen Probleme gelöst bekommen – nichts anderes!

Was einen Vorgesetzten oder einen Auftraggeber tatsächlich interessiert, das ist, ob ein anstehendes »Problem« innerhalb einer bestimmten Zeit gelöst werden kann – oder nicht. Das mag sich möglicherweise eigenartig anhören, eine weitere Analogie aus dem Verkauf kann verdeutlichen, wie es gemeint ist:

Niemand will einen Schraubenzieher

Stellen Sie sich vor, Sie haben ein wunderschönes Bild zum Geburtstag geschenkt bekommen – und wollen es jetzt so schnell wie möglich über Ihrem Sofa hängen haben. Sie verfügen allerdings über keinerlei Werkzeug in Ihrer neuen Wohnung. Genau in diesem Moment bietet Ihnen jemand einen Schraubenzieher mit den Worten an: »Der ist aus hochfestem Spezialstahl hergestellt und mit einer neuartigen Kunststoff-Gummi-Mischung beschichtet. Damit drehen Sie Schrauben um rund ein Drittel schneller in die Wand als mit einem herkömmlichen Schraubenzieher.« Prima, nicht wahr? Doch tatsächlich ist das gar nicht das, was Sie jetzt wirklich hören wollen. Ihnen würde stattdessen folgender Satz viel besser gefallen: »Ich kümmere mich für Sie um dieses Bild. In einer Stunde hängt es genau an der Stelle über dem Sofa, an dem Sie es haben wollen.«

Der Unterschied: Im ersten Fall wird Ihnen ein Produkt angeboten (das zur Lösung Ihres Kernproblems beitragen könnte). Im zweiten Fall bietet Ihnen Ihr Gegenüber eine echte Problemlösung an.

Mal ganz ehrlich: Interessiert es Sie da noch, dass der zuerst angebotene Schraubenzieher aus hochfestem Spezialstahl hergestellt wurde? Nein. Bestimmt nicht. Sie wollen eine Problemlösung, kein noch so leistungsfähiges Produkt, keine noch so durchdachte Dienstleistung. Und ganz genauso geht es auch Ihrem Arbeitgeber, Kunden oder Auftraggeber! Der will auch keinen fleißigen, schnellen, ausdauernden oder kreativen Mitarbeiter oder Auftragnehmer – der will sein Problem gelöst bekommen!

Keine Eigenschaften kommunizieren – sondern Nutzen

Versuchen Sie nicht, Ihren Arbeitgeber, Kunden oder Auftraggeber mit einer Darstellung Ihrer positiven Eigenschaften im Stil einer Produktbeschreibung zu überzeugen. (»Ich bin gut im Adressdatenlesen und sortieren.«) – Stellen Sie stattdessen Ihr Problemlösungspotenzial heraus. (»Ich kann Ihnen alle Fehladressen innerhalb von 14 Tagen heraussuchen und die Funktionsfähigkeit der Datei für Sie wieder sicherstellen.«)

Und noch eins: Wenn Sie tatsächlich Wort halten können, kommunizieren Sie das auch unbedingt. (»Ich hatte Ihnen versprochen, die Kundenkartei innerhalb von zwei Wochen auf den neuesten Stand zu bringen – ich habe in acht Arbeitstagen alle Fehldaten aussortiert und die Funktionsfähigkeit überprüft, jetzt ist alles bereit für die geplante Aussendung!«)

(Ihr) »Preis« gibt Sicherheit

Bei Neueinstellungs- und Gehaltsverhandlungen stehen sich viele Menschen selbst »im Wege«. Mit Gedankengängen wie »sooo viel kann ich nicht verlangen« oder »andere arbeiten für deutlich weniger« setzen sie Grenzen, die beim Gesprächspartner unter Umständen eher negative denn positive Assoziationen wecken: »So wenig? Da kann doch etwas nicht stimmen?« Das können Sie sich nicht vorstellen?

Überdenken Sie doch nur einmal Ihr eigenes Einkaufsverhalten – zum Beispiel beim Erwerb von Konsumgütern. Wie häufig greifen Sie selbst auf (teurere) Markenartikel zurück, weil Sie da »sicher sein können, Qualität zu bekommen«?

Die Höhe eines Preises ist immer auch ein Gradmesser für die zu erwartende Qualität.

Qualität über den Preis kommunizieren

Die Höhe des Preises für ein Produkt oder eine Dienstleistung entscheidet nicht nur darüber, ab welcher Stückzahl der Bereich des Return on Investment erreicht wird – der Preis hat immer auch eine kommunikative, eine marketingstrategische Wirkung. Ein etwas höherer Preis verschafft dem Käufer zugleich höhere Einkaufssicherheit – weil die Preishöhe automatisch mit einer Qualitätsvermutung in Verbindung gesetzt wird.

Für Sie bedeutet das: Stellen Sie Ihren Wert gegenüber Ihren Vorgesetzten, Kunden oder Auftraggebern auch dadurch heraus, dass Sie eine adäquate Entlohnung verlangen. Das »Preisbergsyndrom« sorgt dafür, dass Ihre Partner automatisch dazu tendieren, Sie besser einzuschätzen, als wenn Sie weniger verlangen würden.

Kleine Einschränkung: Wer gutes Geld bezahlt, will dafür auch gute Leistung bekommen. Deshalb sollten Sie bei überdurchschnittlich hohen Vergütungen mehr als durchschnittliche Arbeit erbringen können. Und: Wenn Sie die Forderungsspirale völlig überziehen, steigt Ihr Gegenüber gedanklich »aus«. Es ist also etwas Fingerspitzengefühl notwendig.

Nicht übertreiben

Die Sprache macht's!

Wie gut (oder schlecht) Sie sich im Bewusstsein Ihrer Vorgesetzten, Partner, Kunden oder Auftraggeber verankern, hängt zu einem ganz großen Teil von Ihrer Sprache ab. Hier lohnt ein »Seitenblick« auf die Sprachregeln und -tipps des Verkaufs.

Folgendes sollten Sie auf jeden Fall vermeiden:

Bitte nicht zu bescheiden!

»Verkleinern« Sie Ihre Leistungen nicht selbst durch Äußerungen wie: »War doch eine Kleinigkeit«, »ist doch nicht der Rede wert«, »gerne geschehen, war doch gar kein Problem« usw.

Leistung nicht sprachlich verkleinern

Das wirkt zwar höflich und bescheiden, aber Ihre Arbeit bleibt auch genau so im Bewusstsein Ihres Gegenübers, wie Sie sie dargestellt haben – als Kleinigkeit, die »nicht der Rede wert ist« (Ihnen also auch jederzeit wieder abverlangt werden kann, ohne dass sich irgendjemand darüber Gedanken zu machen braucht!).

Besser ist es, wenn Sie einerseits betonen, dass und wie viel Arbeit nötig war, um den Wunsch Ihres Gegenübers zu erfüllen – zugleich jedoch herausstellen, wie gerne Sie das in diesem konkreten Fall getan haben. (»Dieses spannende Projekt war es wirklich wert, dass wir (alternativ: ich) dafür drei Tage lang die Adressen einzeln überprüft haben! Das haben wir (habe ich) gerne gemacht.«)

Wer ist man?

Entpersonalisieren Sie Ihre Sätze nicht durch Wörter wie »man« oder »jemand«. Auch wenn es den wenigsten bewusst ist: Kein Mensch mag das Wort »man«. »Man müsste ...«, »man sollte ... – das klingt einfach fürchterlich und wird vom Gesprächspartner als unbewusste Ausfluchtformulierung angesehen. Starke Persönlichkeiten (und das möchten Sie für Ihren Vorgesetzten, Kunden oder Auftraggeber ja sein) stellen klar, wer für was zuständig ist – oder auch nicht. (»Ich kümmere mich um die Datensätze – und Sie können sich das Arbeitsergebnis ja dann noch einmal kurz ansehen.«)

Treffen Sie eindeutige Aussagen!

Verwenden Sie möglichst keine Konditionalformulierungen wie »sollte« oder »müsste«. »Wir sollten« oder »Sie müssten« sind Wendungen, die unbestimmt bleiben und doch unterschwellig Zwang ausüben (ohne dadurch allerdings konkrete Wirkung erzielen zu können). Gute Verkäufer verzichten auf solche Formulierungen. Folgen Sie deren Beispiel und verzichten auch Sie darauf.

Aussagen nicht unnötig einschränken

Es gibt Menschen, die flechten in ihre Sätze unbewusst immer wieder Wörter wie »prinzipiell«, »wahrscheinlich«, »vielleicht« oder »möglicherweise« ein. Das ist nicht nur unnötig – es schwächt die Aussage des jeweiligen Satzes auch ab. Verkäufer achten deshalb sehr darauf, solche Wörter überhaupt nicht zu verwenden. Um gegenüber Vorgesetzten, Kunden oder Auftraggebern zu punkten, sollten Sie diesem Beispiel folgen und ebenfalls auf solche Wörter verzichten.

Vermeiden Sie die Wörter »aber« und »Problem«!

Das Wort »aber« ist eine Art Gedankenstopper – fällt es in einem Dialog, dann wird die Aufmerksamkeit des jeweiligen Gesprächspartners automatisch geweckt, sodass die inhaltliche Einschränkung, die diesem Wörtchen folgt, besonders ins Gewicht fällt.

»Aber« stoppt den Gedankengang Ihres Gesprächspartners!

Wenn Sie einen einschränkenden Satz nicht vermeiden können, verbinden Sie ihn wenigstens mit einem »jedoch«, einem »obwohl« oder noch besser mit einem »und« mit dem Rest des Satzes. Das mag sich für Sie selbst zuerst etwas eigenartig anhören, hat aber eine deutlich schwächere Stoppwirkung.

»Problem« ist immer ein Problem

Und noch ein Sprachtipp aus dem Verkauf: Verzichten Sie ganz auf das Wort »Problem«. Kein Mensch mag dieses Wort hören! Jeder will es gelöst bekommen – aber das Wort aussprechen, davor scheut jeder zurück. Verwenden Sie stattdessen die Wörter »Herausforderung« oder (noch besser, wenn es einigermaßen glaubhaft klingt) »Chance«. Mit diesen Ausdrücken kommt das Positive an einer Situation zum Ausdruck – die Möglichkeit, dass sich aus einem negativen Sachverhalt etwas Positives entwickeln kann.

Und wie lässt sich Sprache positiv nutzen?

Setzen Sie Erinnerungsanker!

Im Produkt- oder Dienstleistungsverkauf geht es vor allem darum, so genannte »positive Anker« zu setzen – also dem potenziellen Käufer Erinnerungshilfen zu vermitteln, die so stark sind, dass sie auch noch nach dem Verkaufsgespräch wirken. Ausschließlich mit normalen Sachargumenten lässt sich diese Wirkung kaum erreichen. Die Profis aus dem Verkauf setzen stattdessen auf sprachliche Hilfsmittel wie *Schlüsselwörter*, *Analogien* und *Metaphern*.

Keywords oder Schlüsselwörter

Positive sprachliche Mittel

Schlüsselwörter sind von Situation zu Situation unterschiedlich. Und zwar deshalb, weil Schlüsselwörter sich an den Kerngedanken des jeweiligen Gesprächspartners orientieren.

Beispiel: Hat Ihr Vorgesetzter, Kunde oder Auftraggeber ein Problem mit einem wenig leistungsfähigen Back-Office, könnte für Sie der Begriff »straffere Organisation« ein gutes Schlüsselwort sein. Setzen Sie dieses Wort mehrfach ein, wird Ihr Vorgesetzter, Kunde oder Auftraggeber die positive Gedankenassoziation, die bei ihm (oder ihr) bei Nennung dieses Begriffes ausgelöst wird, automatisch mit Ihnen in Verbindung bringen. Kurzum: Sie verschaffen sich dadurch entscheidende Stimmungsvorteile.

Analogien

Das Wort »Analogie« stammt von der Wortwurzel »analog« ab, die »einem anderen, Vergleichbaren entsprechend« bedeutet. Bei einer Analogie wird also etwas Unbekanntes am Beispiel von etwas Bekanntem erklärt. Ein Architekt, der die Elastizität eines hohen Gebäudes am sich biegenden Grashalm erklärt, setzt eine Analogie ein. Wenn Sie Ihrem Vorgesetzten, Kunden oder Auftraggeber einen Vorschlag unterbreiten und dabei sicherstellen wollen, dass dieser Vorschlag nachdrücklich in Erinnerung bleibt, sollten Sie sich unbedingt einer Analogie bedienen.

Metaphern

Als eine der wirksamsten »Merkhilfen« überhaupt gilt unter Verkaufsprofis die Metapher. Wenn Sie diese »bildliche Übertragung eines konkreten Begriffs auf einen abstrakten« (zum Beispiel: das »Haupt der Familie«) bei Gesprächen mit Ihren Vorgesetzten, Kunden oder Auftraggebern einsetzen, können Sie sehr sicher sein, dass das, was Sie gesagt haben (und damit auch Sie selbst), dauerhaft in Erinnerung bleibt.

Fragen

Fragen zeigen Interesse

»Wer fragt, der führt« lautet eine der wohl bekanntesten Merkregeln für angehende Profiverkäufer. Während im Privatleben häufiges Nachfragen manchmal mit Unsicherheit gleichgesetzt wird, wissen Profiverkäufer längst, dass gezielte Fragen beim Befragten zum Eindruck führen, dass der Fragende schon über sehr viel Vorwissen verfügt (sonst könnte er nicht so gezielt fragen). Außerdem kommt durch das gezielte Fragen auch das Interesse des Fragenden am Befragten sehr deutlich zum Ausdruck.

Stellen Sie Ihren Vorgesetzten, Kunden und Auftraggebern möglichst viele Fragen. Das zeigt Ihr Interesse an der Sache (und der Person) und ermöglicht Ihnen, Ihr bereits vorhandenes Fachwissen ganz beiläufig an den Mann (oder die Frau) zu bringen.

Für den Fall der Fälle: Verhandeln wie die Profis

Leben heißt verhandeln

Wohl kaum ein Tag in unserem Leben vergeht, an dem wir nicht gezwungen sind, mit anderen Menschen in Verhandlungen zu treten. Ob es nun darum geht, sich darüber zu verständigen, wer den Müll rausträgt, wie lange die Freunde der Kinder zu Gast sein dürfen, oder darum, zu klären, ob zu den Aufgaben der Urlaubsvertretung auch das Ablegen der Akten von Herrn Müller gehört … verhandelt wird nahezu immer und überall. Dabei gilt: Wer gut verhandelt, handelt sich was ein (im positiven Sinne!) und festigt im beruflichen Umfeld zudem seine Position und »Wertigkeit«. So liegt die Frage nahe:

Was lässt sich denn in Sachen Verhandlungstechnik von den Profis aus den Bereichen Vertrieb und Marketing lernen?

Sehr viel.

Formale Tipps für Ihre nächste Verhandlung

Zum einen wissen Verkaufsprofis sehr gut, was rein formal für den erfolgreichen Verlauf einer Verhandlung wichtig ist. Dazu zählen unter anderem folgende Punkte:

1. Wählen Sie einen günstigen Zeitpunkt für Verhandlungen (wenn dies möglich ist).
2. Gehen Sie stets gut vorbereitet in Verhandlungen (Sind sämtliche notwendigen Informationen besorgt?).
3. Sammeln Sie genügend Argumente und Nutzendarstellungen. (Tipp: Rund viermal so viele, wie Sie denken, dass eigentlich nötig wären!)
4. Sammeln Sie auch solche Argumente, die scheinbar »selbstverständlich« sind.
5. Bringen Sie schwierige Zusammenhänge so in »Form«, dass andere sie leicht nachvollziehen können (Schaubilder, Grafiken usw.).
6. Auch in der größten Hitze des Gefechts – bleiben Sie stets höflich, lassen Sie andere ausreden. (Was nützt es, wenn Sie den einflussreichen Abteilungsleiter dauerhaft verärgern?)

Strategietipps für Ihre nächste Verhandlung

Noch mehr können Sie von erfolgreichen Top-Verkäufern lernen, wenn Sie sich an deren wichtigste Verhandlungsstrategieregeln halten:

1. Sprechen Sie niemals »einfach so«, sondern begründen Sie jede Ihrer Aussagen. Wer seine Thesen begründet, bleibt glaubhaft. Noch besser: Stellen Sie zuerst die Begründung für etwas vor – und dann erst die eigentliche Sachaussage. (So wird es schwieriger, Ihnen zu widersprechen.)
2. Beschreiben Sie Sachverhalte – wo immer möglich – niemals mit unbestimmten Adjektiven (viel, groß, wenig ...), sondern bauen Sie auf die Macht von Zahlen und Fakten.
3. Konzentrieren Sie sich auf wenige Hauptaussagen, sonst können Ihnen Ihre Gesprächspartner nicht folgen. Ideal: eine Botschaft pro Gesprächsbeitrag.
4. Fragen Sie, fragen Sie, fragen Sie.
5. Kontrollieren Sie Ihre Sprache. Vermeiden Sie Unwörter wie »man« oder »prinzipiell«. Absolut tabu ist in Verhandlungen das Wort »aber«.
6. Verwenden Sie möglichst viele »Sie«-Sätze. So wird die Gesprächsführung nicht nur höflicher, sondern auch wsentlich konkreter und Ihr Gegenüber kann sich Ihren Aussagen viel schwerer entziehen.
7. Wenn Sie Aussagen treffen müssen, die Ihr Gegenüber als Vorwürfe empfinden könnte, formulieren Sie diese stets als »Ich«-Botschaften. (»Ich habe dabei das Gefühl, dass ...«).
8. Binden Sie Ihr Gegenüber immer direkt in das Gespräch ein.
9. Argumentieren Sie stets nutzenorientiert – überlegen Sie sich bei dem, was Sie sagen: »Welchen Nutzen hat mein Gegenüber davon?«
10. Wenn Sie von Ihrem Gesprächspartner etwas einfordern, bieten Sie ihm (oder ihr) immer mindestens zwei, eventuell auch drei Alternativen zur Auswahl an: erstens die Maximumlösung (die Sie selbst für relativ unrealistisch halten), zweitens die Mittellagenlösung (das, was Sie sich vorgestellt haben). In Einzelfällen kann es

sinnvoll sein, diesen beiden noch eine Minimallösung als Alternative zur Seite zu stellen, die (für alle Beteiligten) allerdings so wenig attraktiv sein muss, dass sie in der Tat nur zur Negativabgrenzung dient. Sie werden sehen, dass Ihre Gesprächspartner automatisch zur »Mittellagenlösung« tendieren werden.

Kommen Sie nicht zu schnell »auf den Punkt«!

Der wichtigste Verhandlungstipp überhaupt lautet:

Formulieren Sie Ihr persönliches Verhandlungsziel niemals vor Ihren Gesprächspartnern!

In Verhandlungen unerfahrene Menschen kommen immer sehr schnell auf Ihr jeweiliges Anliegen zu sprechen – und bringen ihre Forderungen oder Wünsche sehr schnell auf den Punkt. (»Ich möchte gerne 1000 Euro mehr pro Monat!«) Das ist sehr ungeschickt. Denn damit wird zum einen das obere Limit des Verhandlungsspielraums ohne äußeren Zwang festgesetzt (das im Regelfall ja niemals im Rahmen einer Kompromisslösung erreicht werden kann)! Zum anderen kennt der jeweilige Verhandlungspartner ab diesem Moment das Verhandlungsziel seines Gegenübers (ohne seines bis dahin dargestellt zu haben).

Damit ist eine Fortentwicklung des Gesprächs fast ausgeschlossen, haben Argumente und Nutzendarstellungen nur noch eine sehr eingeschränkte Wirkung, weil die hart formulierte Forderung einer Einstellungsveränderung dem Gesprächspartner gedanklich immer »im Weg« steht.

Verhandlungen offen führen

Besser ist es, so die Erfahrung von Top-Verkäufern, die Verhandlung offener und weniger konkret zu führen. In den allermeisten Fällen ist vonseiten des Gesprächspartners viel mehr »drin«, als Sie sich selbst vorstellen können.

Mein Tipp: Stellen Sie Ihrem Gegenüber in Verhandlungen doch einmal die Frage: »Und was schlagen Sie vor?« Ich garantiere Ihnen, dass Sie erstaunt sein werden, wie viel Sie damit in den meisten Verhandlungssituationen erreichen werden. Denn durch diese so unscheinbar wirkende Frage bringen Sie Ihr Gegenüber enorm in Zugzwang. Er (oder Sie) muss nun in die Vorlage gehen, weiß nicht genau, was Ihre Minimalziele sind, will logischerweise zwar nicht zu viele Zugeständnisse machen, Sie aber (normalerweise) auch nicht vor den Kopf stoßen.

Kurzum: Ihr Gegenüber steckt in einer Verhandlungssackgasse und muss Ihnen (normalerweise) etwas Attraktives anbieten. Das sollten Sie nutzen!

»Nein« sagen kann sich lohnen!

Menschen unseres Kulturkreises fällt es meist schwer, »Nein« zu sagen. Kein Wunder. Wir alle wurden von klein auf zum »Ja«-Sagen erzogen (»Räumst du mal bitte den Tisch ab?«; »Passt du mal bitte auf deinen kleinen Bruder auf?«).

Das nutzen manche Menschen schamlos aus. Mit der Konsequenz, dass besonders gutmütige Zeitgenossen, die Schwierigkeiten mit dem Neinsagen haben, mit unangenehmen Aufgaben und Problemen überhäuft werden und deshalb kaum noch Gelegenheit haben, an Ihrem »Standing« im Unternehmen zu arbeiten.

Wenn Sie rechtzeitig »Nein« sagen können, schonen Sie Ihre Energiereserven und machen die Probleme anderer nicht zu Ihren eigenen.

Gut verpackt ist halb gewonnen

»Kleider machen Leute«, sagt der Volksmund und hat damit in einem viel größeren Zusammenhang Recht, als allgemein angenommen wird. Wer sich selbst und seine Leistungen gut verkaufen will, muss darauf achten, dass die »Verpackung stimmt«.

Wenn Sie ein Parfüm wären ...

Stellen Sie sich bitte einmal vor, Sie seien ein besonders wohlriechendes Parfüm. Eigentlich wäre ja anzunehmen, dass Sie sich fast »von selbst«

verkaufen. Schließlich werden Parfüms meist zuerst einer ausgiebigen »Schnupperprobe« unterzogen, bevor sie gekauft werden. Doch weit gefehlt! Selbst bei einem auf den Geruchs- und den Geschmackssinn ausgerichteten Produkt wie einem Parfüm spielt die visuelle Präsentation eine entscheidende Rolle. Tatsächlich ist es so, dass für das Verpackungsdesign und die Werbung bei einem Parfüm wesentlich mehr ausgegeben wird als für die Produktentwicklung und Herstellung!

Deshalb mein Tipp: Achten Sie nicht nur auf Inhalte (»meine Leistung überzeugt, nicht meine korrekte Bügelfalte«), sondern auch auf die Form!

Achten Sie auf sich ...

- Tragen Sie zu Ihrer Branche und Ihrer Position (bitte nicht deutlich besser anziehen als Ihr Vorgesetzter, Kunde oder Auftraggeber) passende Businesskleidung.
- Berücksichtigen Sie auch die so genannten Accessoires (gepflegte Schuhe mit geraden Absätzen, passende Socken – bitte niemals weiße Sportsocken zur Herrenstoffhose, dezenten oder keinen Schmuck ...).
- Haare, Fingernägel und Zähne sollten immer topgepflegt sein.
- Achten Sie darauf, wie Ihr Arbeitsplatz und Ihre Arbeitsmaterialien auf andere wirken.

... und auf die Darstellung Ihrer Leistungen:

- Bringen Sie Ihre Arbeitsergebnisse in eine optisch ansprechende Form (Satz, Gestaltung, unzerkratzte Mappe usw.).
- Achten Sie darauf, dass wirklich alle relevanten Entscheider Ihre Arbeitsergebnisse zu Gesicht bekommen.
- Achten Sie auf Ihre Sprache und Körpersprache. (Werten Sie sich selbst sprachlich niemals ab, entschuldigen Sie sich für Fehler nicht zu oft, üben Sie eine selbstbewusste und aufrechte Haltung ein, nehmen Sie immer wieder Blickkontakt mit Ihren Gesprächspartnern auf ...)

- Arbeiten Sie an Ihren Präsentationen (vor allem an Technik, Stimme, Körperhaltung!).

Dazu noch eine eindrucksvolle Zahl: Die Auswertung zahlreicher Präsentationen hat ergeben, dass die Inhalte zum Gesamteindruck einer Präsentation gerade einmal 10 Prozent beitragen. Wesentlich stärker wirken sich Sprache, Körperhaltung, Optik und die Präsentationstechnik aus. Es lohnt sich also, daran zu arbeiten!

Fazit

Nicht nur Produkte und Dienstleistungen, auch wir Menschen stehen mittlerweile auf dem Arbeits- und Auftragsmarkt in einem immer härter werdenden Wettbewerb. Hier wie dort gilt mittlerweile: Eine Me-too-Position führt zwangsläufig zu einem kontinuierlich sinkenden »Wert«.

Aber es gibt Auswege aus dieser »Werteverfallsspirale«. Einzelne Premiumprodukte und -dienstleistungen machen das deutlich. Deshalb gilt: Wer die Techniken und Methoden der Vertriebsprofis erfolgreicher Markenprodukte und -dienstleistungen auf das eigene individuelle Arbeitsleben übertragen kann, hat auch in der heutigen Zeit hervorragende Chancen, seinen Wert für Vorgesetzte, Kunden oder Auftraggeber deutlich zu steigern.

Nutzen Sie diese Möglichkeit!

LITERATUR

Asgodom, Sabine / Scherer, Hermann: *Jetzt komm' ich!* Landsberg: mvg 2001

Münchhausen, Marco von / Scherer, Hermann: *Die kleinen Saboteure.* Frankfurt / New York: Campus 2003

Rackham, Neil: *Spin Selling.* New York: McGraw-Hill Publishing Comp. 1996

Rackham, Neil: *The Spin Selling Fieldbook.* New York: McGraw-Hill Publishing Comp. 1996

Scherer, Hermann: *Auftreten wie beim Rendezvous.* In: Focus 29/01, 16.07.2001, S. 174

Scherer, Hermann: *Erfolg im Vertrieb mit Future skills.* In: sales business 06/01, S. 83

Scherer, Hermann: *Erfolgreich verhandeln.* In: sales business 05/01, S. 83

Scherer, Hermann: *Ganz einfach verkaufen.* Offenbach: GABAL 2003

Scherer, Hermann: *Jeder Tag ist Schlussverkauf.* Offenbach: GABAL 2001

Scherer, Hermann: *Lust auf Profilierung.* In: Rosewich, Evelyn (Hrsg.): Mehr Lust auf Leistung. Offenbach: GABAL 2003

Scherer, Hermann: *Sie bekommen nicht, was Sie verdienen, sondern was Sie verhandeln.* Offenbach: GABAL 2002

Scherer, Hermann (Hrsg.): *Von den Besten profitieren.* Offenbach: GABAL 2001

Scherer, Hermann (Hrsg.): *Von den Besten profitieren Band II.* Offenbach: GABAL 2002

Scherer, Hermann (Hrsg.): *Von den Besten profitieren Band III.* Offenbach: GABAL 2003

Scherer, Hermann / Thienel, Sabine / Vieser, Susanne: *So sichern Sie Ihre Karriere.* In: Focus Money 35/01, 23.08. 01, S. 118–123

Scherer, Hermann / Thienel, Sabine: *Ich bin einfach gut.* In: Focus Money 32/01, 02.08.01, S. 122–125

Friedemann Schulz von Thun,
Prof. Dr. phil. habil., Jahrgang 1944, ist Professor am Fachbereich Psychologie der Universität Hamburg mit dem Schwerpunkt Kommunikation, Beratung und Training. Seine Bücher *Miteinander reden 1–3* erreichten eine Millionenauflage und haben sich, besonders im deutschsprachigen Raum, zu Standardwerken in Schule und Beruf entwickelt. Als Leiter des »Arbeitskreises Kommunikation und Klärungshilfe« bietet er mit seinem Team Fortbildungsreihen an mit der Idee der Parallelentwicklung von Professionalität und Menschlichkeit. Erprobte Curricula gibt es derzeit für Führungskräfte, für Berater und Trainer sowie für Multiplikatoren im sozialen Bereich.
Kontakt: www.schulz-von-thun.de

Karen Zoller,
Diplompsychologin, Jahrgang 1973, studierte Philosophie, Pädagogik und Psychologie in Hamburg. Sie arbeitet als Kommunikationstrainerin und ist Mitarbeiterin von Prof. Friedemann Schulz von Thun im Hamburger Arbeitskreis für Kommunikation und Klärungshilfe. Karen Zoller hat Lehraufträge am Fachbereich Psychologie der Universität Hamburg.
Kontakt: karen.zoller@hamburg.de

Friedemann Schulz von Thun
unter Mitarbeit von Karen Zoller

Kommunikation und soziale Kompetenz

Eine Quintessenz nach 30 Jahren als Trainer und Wissenschaftler

Die menschliche Herausforderung

Der Begriff der »sozialen Kompetenz« enthält eine Erkenntnis und eine Verheißung. Die Erkenntnis: Fachkompetenz reicht heute für den beruflichen Erfolg nicht mehr aus. In komplexen Kooperations-, Verhandlungs- und Wettbewerbszusammenhängen kommt es immer auch darauf an, mit den menschlichen und zwischenmenschlichen Verhältnissen zurechtzukommen. Führungskräfte zum Beispiel haben es heute nicht mehr mit Menschen zu tun, die gefügig »Ja und Amen« sagen, sondern mit eigensinnigen Individuen, die ihre Interessen und ihr Eigenprofil bewusst einbringen. Und bevor ein Team Synergie-Reife erlangt, muss es manche Blockade, manche Irritation, manchen Konflikt und manche Enttäuschung abgearbeitet und überwunden haben, mit der Garantie auf ewige Wiederkehr solcher Schwierigkeiten. Kurzum: Der Profi von heute steht immer auch und nicht zuletzt vor einer menschlichen Herausforderung.

Nun zu der Verheißung: Die Fähigkeit, mit anderen Menschen (und übrigens auch mit sich selbst) klarzukommen, müssen wir nicht schicksalsergeben einem vorhandenen oder nicht vorhandenen »Naturtalent« anheim geben, sondern diese Fähigkeit ist (auch und gerade) im Erwachsenenalter berufs- und lebensbegleitend zu erwerben.

Als wir zu Beginn der 70er-Jahre mit »Kommunikationstraining« für Lehrer, Ärzte, Eltern und Führungskräfte anfingen, waren wir diesbezüglich euphorisch, optimistisch und naiv. Wir gaben unseren Teilnehmern zu verstehen: »Hier habt ihr Gelegenheit, von den Besten zu lernen, und die Besten – das sind wir Trainer! Wir verraten euch und machen euch vor, wie ein ideales Verhalten aussieht. Dann üben wir das im Rollenspiel ein, und hinterher gibt es Video-Feedback!« Oft ging es hoch her in diesen Seminaren. Viele Teilnehmer hatten eine gesunde Skepsis gegenüber den selbst ernannten »Besten«, und manche bestritten, dass unser proklamiertes Idealverhalten (Ich-Botschaften, aktives Zuhören, Feedback nach den Regeln der Kunst usw.) wirklich ideal sei. »Wenn ich so mit meiner Tochter reden würde«, protestierte eine Mutter, »dann würde sie mich fragen: ›Sag mal Mama, was ist los mit dir? Hast du einen Kursus in Gesprächsführung besucht?‹« Tatsächlich, wir wollten den Menschen einen »kommunikativen Sonntagsanzug« von der allerbesten Qualität verpassen. Das war gut gemeint. In manchen Lehrbereichen funktioniert das auf diese Weise auch gut, zum Beispiel, wenn jemand lernen soll, einen Computer zu bedienen: (1) Erklären und zeigen, wie man es macht, dann (2) üben, dann (3) Feedback über Erfolge und Fehler, Ratschläge und Tipps.

Sozialkompetenz lässt sich nicht schematisch lernen

Wieso »funktioniert« es hier im menschlichen und zwischenmenschlichen Bereich nicht so richtig? Wir hatten ein paar Kleinigkeiten übersehen, auf die ich im Weiteren zu sprechen komme. Aber eine Erkenntnis ist aus dieser Zeit geblieben: Wenn es um die Entwicklung sozialer Kompetenzen geht, dann reichen tiefe Einsichten und kluge Ratschläge nicht aus. Hier muss auch geübt werden, um ein allzeit verfügbares Verhaltensrepertoire aufzubauen und um schwierigen Situationen gewachsen zu sein. Nun zu den »Kleinigkeiten«, die wir damals übersehen hatten:

Der wahrhafte Mensch

Spaltung zwischen innerer Wahrheit und äußerem Auftreten

Da war doch noch was? Da war doch noch jemand unter dem Sonntagsanzug?! Wir hatten den inneren Menschen übersehen und übergangen, der wir in Wahrheit sind und der mit optimierten Sprechblasen oft wenig zu schaffen hat. Wir mussten erkennen, dass wir die unsägliche Spaltung zwischen innerer Wahrheit und äußerem Auftreten mit den Mitteln der Schulung noch vorantrieben. Hatten wir sogar zum »Elend der Geschulten« beigetragen? Damit meine ich ein stolz zur Schau getragenes Sozialverhalten von geschmeidiger Eloquenz und Optimal-Rhetorik bei gleichzeitig unterentwickelter und verarmter menschlicher Substanz. Das mag punktuelle Blendeffekte erzielen und vorübergehend »erfolgreich« sein, aber es bedeutet ein Leben am Rande der Peinlichkeit, und es tut der Seele nicht gut. Auch die Partner unserer Teilnehmer, die Tochter zum Beispiel oder die Mitarbeiter, hatten den Wunsch, es mit einem wahrhaften (und wahrhaftigen) Menschen zu tun zu haben und nicht mit seiner antrainierten Schulungsfassade.

Authentizität als neues Ideal

So lernten wir ein neues Ideal kennen, mit weit reichenden Folgen für die Schulung in sozialer Kompetenz. Dieses Ideal hieß *Authentizität* und intendierte die Fähigkeit, sich selbst so zum Ausdruck zu bringen, wie es einem entsprach: in Übereinstimmung mit sich selbst zu sein. Aber was entspricht mir und wie bin ich in Übereinstimmung mit mir selbst? Was Anfang der 70er-Jahre als »Kommunikations- und Verhaltenstraining« angefangen hatte, verwandelte sich Ende dieses Jahrzehnts zum großen Teil in *Selbsterfahrung*. Das neue Motto lautete:

»Willst du ein guter Partner sein,
dann schau auch in dich selbst hinein!«

Meine Lehrerin Ruth Cohn hatte mir ins Stammbuch geschrieben: »Du hast viele wertvolle Instrumente, wie du Gruppen leitest und Trainings durchführst, aber das wichtigste Instrument bist du selbst: wie du auf andere reagierst, mit deinen Gefühlen umgehst usw. Und für alle, die mit anderen Menschen folgenreich umzugehen haben, kommt es darauf an, sich dieses wichtigsten Instrumentes bewusst zu sein: es gut zu kennen, es gut zu pflegen und weiter zu verfeinern.«

Selbsterfahrung nur im professionellen Kontext

In der Folgezeit haben wir die *Selbsterfahrung* in Führungsseminaren etwas übertrieben. Der zuvor vergessene »innere Mensch« war jetzt mit einem Male überbetont, der professionelle Kontext mit seinen sehr spezifischen Herausforderungen rückte zu sehr in den Hintergrund, und manche Führungskraft verwahrte sich zu Recht gegen den sanften Zwang zur Selbstentblößung.

Dass es auf die gelungene *Verbindung von Menschlichkeit und Professionalität* ankommt und dass *Authentizität* in der Kommunikation nur *ein* wichtiger Wert, aber nicht *der* Wert schlechthin ist: Das waren spätere Erkenntnisse – ich komme darauf zurück. Aber eine Erkenntnis aus dieser Zeit war für mich bahnbrechend und ist es noch heute: dass die Herausbildung sozialer Kompetenzen einen *Prozess der Selbstauseinandersetzung* zur Bedingung und zur Folge hat. Anders ausgedrückt: Menschenführung beginnt bei dem Menschen, ohne den ich dies nicht leisten kann – bei mir selbst. Und wenn jemand vor einer konkreten kommunikativen Herausforderung steht, zum Beispiel vor einem schwierigen Gespräch, dann beginnt die Beratung mit der *Selbstklärung* (einer der Schlüsselbegriffe unserer Kommunikationspsychologie).

Selbstklärung und Selbstreflexion

Selbstklärung und Selbstreflexion gehören heute zu den Qualifikationen, mit denen die menschliche Bewährung im Beruf (und übrigens auch im Privatleben) steht und fällt. Ein guter Coach, ein einfühlsamer Klärungshelfer kann mir dafür gute Dienste leisten. Aber was tun, wenn ein solcher gerade mal nicht (zeitnah und kostengünstig) zur Verfügung steht? Das ist immerhin der Normalfall! In den 90er-Jahren habe ich ein »Instrument« entwickelt, das für die Selbstklärung eine entscheidende Hilfe darstellt: das Modell vom *Inneren Team*.

Das *Innere Team*

Dieses Modell geht davon aus, dass in verzwickten Situationen und bei nennenswerten Herausforderungen aller Art nicht nur eine, nicht nur zwei, sondern mehrere »Seelen in meiner Brust« wohnen und um Geltung ringen. Diese innere Pluralität wird oft als quälende Not empfunden, ist aber normal und potenziell erfreulich, weil der »zerstrittene Haufen« bei guter Handhabung zu einem »inneren Team« werden kann, das unser Verhalten klarer, adäquater und kraftvoller macht, als wenn nur eine einzige innere Instanz das Sagen hätte. Ich sage »bei guter Handhabung«, denn das Modell hilft nicht nur, es verlangt uns auch etwas ab. Im nachfolgenden Kasten finden Sie eine Kurzeinführung in das Modell vom Inneren Team.

Das Innere Team

Dass wir innerlich nicht nur mit zweien, sondern mit vielen Stimmen auf ein Thema reagieren, ist der menschliche Normalfall. Dieser Chor von inneren Wortmeldern repräsentiert unterschiedliche Gefühle und Impulse in uns, die wahrgenommen werden wollen. Doch nicht nur das: Sie wollen auch in unserer Reaktion verwirklicht werden oder zumindest Berücksichtigung finden. Andernfalls können sie höchst ungemütlich werden. Ein Miteinander und Gegeneinander finden wir also nicht nur zwischenmenschlich, sondern auch innermenschlich.

Beispiel:
Der Abteilungsleiter Herr Ganzgenau verschafft sich einen Überblick über die Zielvereinbarungen aus den Mitarbeitergesprächen, die seine drei Gruppenleiter in den letzten Wochen geführt haben. Aus der Gruppe KK3 von Herrn Etwasspät jedoch fehlen die Unterlagen. Herr Ganzgenau ruft ihn zu sich und beschwert sich bei ihm: »Verdammt nochmal, Herr Etwasspät! Die Zielvereinbarungen aus den Mitarbeitergesprächen der Gruppe KK3 liegen mir immer noch nicht vor!« Wie mag Herrn Etwasspäts innere Reaktion sein, angesichts dieses Anraunzers? Wir können damit rechnen, dass sich mehrere Stimmen zu Wort melden, die sich zur Geltung bringen wollen und deshalb um die »Pole-Position« in seiner Reaktion auf Herrn Ganzgenau ringen.
Vielleicht wird sich neben einem Autoritätsallergiker (»Nach oben buckeln und nach unten treten, das könnte dem so passen!«) ein hellhöriger Grenzwächter (»Mit mir nicht in diesem Ton!«) melden. Und womöglich geben sich in zweiter Linie, etwas leiser als die beiden anderen, auch noch ein peinlich Berührter (»Knirsch, er hat Recht! Wieder auf den letzten Drücker!«) und ein Würdigungsbedürftiger (»Immer nur Gekrittel! Ich will auch mal gelobt werden!«) zu erkennen – vielleicht auch noch, im Hintergrund gut versteckt, ein kleiner Junge, dem das Herz in die Hose rutscht.
Angesichts eines solchen inneren Durcheinanders zu einer klaren Reaktion zu kommen, ist wahrlich keine leichte Aufgabe. Die Verführung ist groß, den beiden lautesten Stimmen den Vorrang zu geben, zumal diese emotional »oben auf« liegen. Wenn nun aber der Autoritätsallergiker und der

Abb. 1:
Das Innere Team

Grenzwächter allein das Reaktionszepter in die Hand nehmen, ist innerlich wie äußerlich hoher Wellengang vorprogrammiert, etwa so: »Dass mal eins klar ist, Herr Ganzgenau: So reden Sie nicht mit mir! Und wenn Sie glauben, Sie hätten einen Duckmäuser vor sich, dann haben Sie sich geschnitten, und zwar kräftig!« Dass Herr Ganzgenau über eine solche Reaktion seines Mitarbeiters empört sein wird, ist hoch wahrscheinlich. Ganz zu schweigen von den übrigen inneren Wortmeldern in der Brust von Herrn Etwasspät, die in ihren Bedürfnissen übergangen worden sind. Sie werden ihn innerlich heimsuchen, sobald der erste Zorn verraucht ist. Vielleicht melden sie sich in Form eines schlechten Gewissens oder Schamgefühls (»Da gibt es nichts herumzudeuteln – Herr Ganzgenau hat Recht und ich bin schlampig!«), vielleicht bereiten sie Herrn Etwasspät aber auch die sprichwörtlichen Magenschmerzen oder rauben ihm, als so genannte »Spätmelder«, abends im Bett den Schlaf. Unerhörte innere Mitglieder können zu unerhört wirksamen Mitteln greifen, sich Gehör zu verschaffen!

Innere Vielstimmigkeit als Normalzustand macht das Leben nicht unbedingt leicht; andererseits liegt darin aber auch eine Chance: nämlich die Verheißung, dass jedes innere Mitglied, gewachsen und geworden im Kontext der individuellen Lebensgeschichte, Träger eines Körnchens Weisheit ist. Und dass eine Reaktion, eine Entscheidung, zu der alle inneren Mitglieder beigetragen haben, letztlich besser, weiser und kraftvoller sein wird als eine Entscheidung, die nur der lautesten Stimme folgt. Wenn es gelingt, mit der inneren Pluralität kundig und unerschrocken umzugehen und aus dem bunten Durch- und Gegeneinander ein inneres Team zu bilden, dann kann aus der Not eine Tugend werden.

Führungskraft nach innen

So wie alle Führungskräfte haben Herr Ganzgenau und Herr Etwasspät im Grunde zwei Teams zu leiten: die Abteilung beziehungsweise Gruppe und das eigene innere Team. Teambildung ist nun außen wie innen vonnöten – aber wie kann eine solche innere Teambildung aussehen, wie kann ich *Führungskraft nach innen* entwickeln? Um aus einem »zerstrittenen Haufen« ein inneres Team bilden zu können, müssen wir erst einmal erkunden, wer alles dazugehört. Zu diesem Zweck geben wir den Kräften, die sich innerlich in Herrn Etwasspät zu dem Vorfall regen, eine Stimme und bitten sie, in Worte zu fassen, was sie auf dem Herzen haben. Jede innere Stimme wird als Mitglied des inneren Teams aufgezeichnet und ihre Botschaft (zum Beispiel: »Ich will auch mal gelobt werden!«) kommt in eine dazugehörige Sprechblase. Schließlich erhält jede Stimme einen Namen (zum Beispiel »der Würdigungsbedürftige«), welcher ihren Charakter wiedergeben soll. Manchmal ist auch ein Symbol hilfreich (zum Beispiel ein angeknackstes Herz). Das schrittweise Zutagefördern der einzelnen Stimmen gleicht einem kleinen Geburtsvorgang, und manchmal bedarf es dabei einer kundigen Hebamme in Form eines Coachs oder einer Klärungshelferin.

Die »innere Ratsversammlung«

Wenn wir alle inneren Mitglieder beisammenhaben, können wir sie als Ratgeber nutzen und eine kleine »innere Ratsversammlung« abhalten, im Beispiel von Herrn Etwasspät zu folgender Frage: »Wie reagiere ich nach diesem Anraunzer günstigerweise auf den Chef?« In der Reaktion sollten alle fünf Mitglieder (siehe Abbildung 1) Berücksichtigung finden. Eine solche integrierte Stellungnahme könnte folgendermaßen aussehen:

»Herr Ganzgenau, in der Sache stimme ich Ihnen zu, ich bin tatsächlich etwas spät dran. Ich versichere Ihnen, dass Sie die Unterlagen bis zum Ende der Woche vorliegen haben. Ich möchte aber anmerken, dass wir keinen genauen Termin für die Abgabe vereinbart hatten, und finde, dass Ihre Vehemenz in keinem guten Verhältnis zum Anlass steht. Ich würde mir wünschen, dass Sie neben der berechtigten Kritik hin und wieder auch anerkennen, was gut läuft.«

In dieser Reaktion sind alle Stimmen berücksichtigt: Der Autoritätsallergiker und der Grenzwächter weisen den Tonfall der Beschwerde zurück, während der peinlich Berührte den Zeitverzug zugibt und baldige Nachlieferung verspricht. Der Würdigungsbedürftige verleiht seinem Wunsch nach Anerkennung Ausdruck. Der kleine Junge schließlich nimmt eine Sonderrolle ein. Herr Etwasspät ist nicht gut beraten, ihn in diesem beruflichen Kontext mit an die Kontaktlinie zu lassen: Dieses innere Mitglied fühlt sich beschämt und schutzbedürftig und hat ein Bedürfnis nach Sicherheit. Durch die integrierte Stellungnahme der anderen Mitglieder wird innerlich wie äußerlich die Souveränität wieder hergestellt und dem Bedürfnis des kleinen Jungen damit ebenfalls entsprochen. Eine solche Reaktion, an deren »Erarbeitung« alle Mitglieder beteiligt waren, ist die beste Voraussetzung für eine klare innere Haltung und damit auch für eine klare Kommunikation nach außen.

An dieser Stelle nehmen wir den roten Faden wieder auf: Welche »Kleinigkeiten« hatten wir noch übersehen, als wir damals den Leuten das ideale Verhalten antrainieren wollten?

Die Menschen sind verschieden

Jeder braucht etwas anderes zu seiner Entwicklung

Und zwar auch in der Art, wie sie kommunizieren, den Kontakt und die Beziehungen zu anderen Menschen gestalten und welche Gefühle, Bedürfnisse, Empfindlichkeiten und Allergien sie dabei entwickeln. Was der eine zur Ergänzung seiner sozialen Kompetenz dringend braucht (zum Beispiel *Einfühlungsvermögen*), hat der andere vielleicht schon viel zu viel (mit der Folge *mangelnder Abgrenzungsfähigkeit*); was der eine dringend üben muss (zum Beispiel *aktives, nicht wertendes Zuhören*), sollte ein anderer vielleicht reduzieren zugunsten der Fähigkeit, selbst deutlich *Farbe zu bekennen*. Mit unseren Standardübungen für jedermann und jedefrau wurden wir diesen Unterschieden nicht gerecht, haben wir alle über den gleichen Kamm geschoren. Zum Beispiel brachten wir den Lehrern in den 70er-Jahren partnerschaftliches, wertschätzendes und einfühlsames Verhalten und eine insgesamt »nondirektive Pädagogik« bei. Für die alten Haudegen, die »autoritären Knochen«, die es hier und da auch gab, war dies ein gutes Erweiterungsprogramm. Für die Sanften und Liebevollen unter der neuen Lehrergeneration war diese Schulung fatal: Diese hätten dringend ein Training in kraftvoller Durchsetzungsfähigkeit gebraucht, um nicht unterzugehen.

Fazit: Die Entwicklung sozialer Kompetenz ist eine sehr individuelle und fast intime Angelegenheit: Sie setzt bei den Stärken an und erweitert behutsam den Raum der Möglichkeiten. Abermals mussten wir als Trainer einen Blick für den einzelnen Menschen gewinnen. Heute nimmt die Anleitung zur Selbsterforschung und zur kommunikativen Selbstdiagnose einen breiten Raum ein. Der *Trainer* wird immer kleiner, der *Entwicklungshelfer* immer größer. Beratung, Aufklärung, Training und Klärungshilfe rücken zusammen und finden unter dem Begriff des *Coachings* ein gemeinsames Dach.

Die Waagschale der Gegensätze

Mit der Zeit wurde uns auch klar, dass unser Kommunikations- und Verhaltensideal falsch war, von ideologischer Einseitigkeit geprägt. Sicher, die Würde der Menschen ist unantastbar, und *wertschätzendes* Verhalten von Vorgesetzten, Lehrern, Ärzten und Politikern gegenüber Mitarbeitern, Schülern, Patienten und Meinungsgegnern ist ein anzustrebender Wert, ein würdiges Ziel für Beratung und Training. Jedoch bleiben bei solchen unipolaren Zieldefinitionen zwei wichtige Gesichtspunkte außer Acht.

Zu viel des Guten vermeiden

Erstens, jede erstrebenswerte menschliche Qualität kann zur *Falle* werden, wenn sie einseitig und übertrieben gelebt wird. Des Guten zu viel kann jede Tugend zu einer Störquelle des Miteinanders werden lassen. Wertschätzung ist gut, aber eine unkritische, idealisierende, vielleicht gar anbiedernde Haltung wird dem Gegenüber nicht gerecht und der eigenen Person auch nicht. Wir sagen: »*Wertschätzung* verkommt zur *kraftlosen Nettigkeit*, sofern sie nicht gepaart ist mit …« – ja womit? Mit einer *Schwestertugend*, die geeignet ist, einen Gegenpol hinzuzufügen. Diesem dialektischen Gegenpol kommen wir am besten auf die Spur, wenn wir den (zu Recht) verteufelten Gegensatz der Wertschätzung (*Geringschätzung*) daraufhin untersuchen, ob in ihm nicht eine kostbare und erhaltenswerte Qualität steckt, die nur deswegen nicht zur konstruktiven Geltung kommt, weil sie entgleist ist. In der Tat stecken darin der Mut und die Fähigkeit, Kritik und Konfrontation zu wagen, dem Mitmenschen nicht alles durchgehen zu lassen und ihm entschiedene Grenzen zu setzen.

Schwestertugenden in Balance halten

Nun sehen wir: Im Menschlichen und Zwischenmenschlichen geht es um die Balance von Gegentugenden (hier: Wertschätzung und kritische Konfrontation). Im Wertehimmel der Kommunikationspsychologie sind viele solcher Paare anzutreffen. So verkommt *Authentizität* ohne *Takt und Diplomatie* zur *schonungslosen Offenheit*; aber auch umgekehrt werden Takt und Diplomatie ohne Authentizität zur *manipulativen Fassadenhaftigkeit*. Allgemein gesprochen:

Soziale Kompetenz zeigt sich im Bewusstsein der Dilemmata, die einer menschlichen Herausforderung innewohnen, und in der gelungenen Balance der entsprechenden Schwestertugenden.

Das Wertequadrat von Helwig (1967) war für mich Mitte der 80er-Jahre eine Erlösung von manchem Kopfzerbrechen: Geht es um Ehrlichkeit oder um Höflichkeit im Miteinander? Geht es um Pflichtgefühl oder um Selbstverwirklichung? Um Bindung oder um Freiheit? Später habe ich es für die Entwicklung sozialer Kompetenzen nutzbar gemacht, sodass jede(r) seine individuellen Entwicklungsrichtungen bestimmen kann. Im folgenden Kasten eine Kurzeinführung in dieses Modell:

Das Werte- und Entwicklungsquadrat

Im menschlichen Zusammenleben können *Werte* (Qualitäten, Tugenden) nur dann eine konstruktive Wirkung entfalten, wenn sie in ausgehaltener Spannung zu einem *Gegenwert* gelebt und verwirklicht werden. Es bedarf jeweils einer komplementären Schwestertugend, welche ergänzend zu einem Wert hinzutritt. In diesem positiven Ergänzungsverhältnis sind dann beide Tugenden geeignet, einer Überbetonung der jeweils komplementären Tugend entgegenzuwirken.

In unserem Beispiel wählt Herr Ganzgenau klare Worte in seiner Kritik an Herrn Etwasspät. Er ist damit als Person in seiner aktuellen Stimmung und Gemütsverfassung (ungehalten, genervt, erregt) identifizierbar. Die sich hier abzeichnende »Authentizität« ist wertvoll und ein wichtiger Bestandteil im wahrhaftigen zwischenmenschlichen Kontakt. Was aber, wenn sie in Reinform auf die Bühne tritt? Zu viel des Guten, allzu große Offenheit ohne Maß und Takt, lässt die Authentizität zu einem Unwert (zum Beispiel zu einer naiven Unverblümtheit) verkommen. Gibt Herr Ganzgenau in Reinform seiner Wut Ausdruck, läuft er Gefahr, seinen Mitarbeiter ordentlich vor den Kopf zu stoßen, etwa so: »Sie dickfellige Schlunze, nie kann ich mich auf Sie verlassen. Am liebsten würde ich Ihnen auf der Stelle kündigen!« Eine solch ungefilterte Kostprobe seiner momentanen Stimmung hätte höchstwahrscheinlich verheerende Folgen. Die Authentizität braucht an dieser Stelle also eine ergänzende Schwestertugend, um nicht zur übertreibenden Entwertung zu missraten.

Welcher Wert könnte hier hinzutreten, sodass Ehrlichkeit und Echtheit in Herrn Ganzgenaus Äußerung dennoch erhalten blieben? Das müsste der konträre Gegensatz zu jener *naiven Unverblümtheit* sein, die als unsensibel und taktlos empfunden wird. Diplomatie und Taktgefühl könnten solche Ergänzungen darstellen. Ihnen gemeinsam ist die Qualität des Wirkungsbewusstseins, also eines Bewusstseins davon, was die eigene Äußerung zu bewirken oder auch anzurichten imstande ist. Aber auch das *Wirkungsbewusstsein* seinerseits ist auf die Ergänzung durch eine Schwestertugend, die Authentizität, angewiesen:

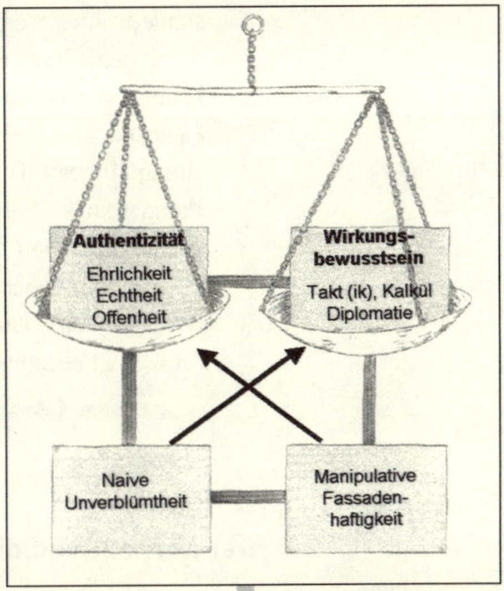

Abb. 2: Das Werte- und Entwicklungsquadrat
Quelle: Schulz v. Thun u. a., 2000

Ohne Wahrhaftigkeit und Ehrlichkeit drohen Diplomatie und Kalkül zur manipulativen Fassadenhaftigkeit zu verkommen.

Tragen wir die beiden in Balance zu haltenden Schwestertugenden oben links und rechts in die Kästchen ein und die jeweiligen Übertreibungen darunter, erhalten wir ein Wertequadrat. Bei diesem Quadrat entstehen vier Arten von Beziehungen, durch die das Verhältnis der Begriffe zueinander charakterisiert ist:

1. Zwischen den beiden oberen Werten besteht ein *positives Ergänzungsverhältnis* (Authentizität und Wirkungsbewusstsein).

2. Zwischen den beiden unteren Unwerten besteht das Verhältnis der *Überkompensation* (naive Unverblümtheit und manipulative Fassadenhaftigkeit).

3. Die Diagonalen bezeichnen *Gegensätze* zwischen dem Wert und dem Unwert (zum Beispiel Authentizität und manipulative Fassadenhaftigkeit).

4. Die senkrechten Linien bezeichnen jeweils die *entwertende Übertreibung* (Authentizität und naive Unverblümtheit).

Leitend bei diesem Modell ist der Ergänzungsgedanke. So geht es nicht darum, eine überoptimal ausgeprägte Eigenschaft »auszumerzen«, sondern ihr die ergänzende Schwestertugend an die Seite zu stellen, damit beide Tugenden zu einer optimalen Wirkungsentfaltung gedeihen können. Verfügt Herr Ganzgenau beispielsweise in hohem Maße über die Fähigkeit zur Abgrenzung (Wert 1), läuft er Gefahr, sich geringschätzig streng (Unwert 1) zu verhalten. Nun ist das Ziel nicht die Unterdrückung seines Abgrenzungsbedürfnisses, sondern die Entwicklung von Verständnis (Wert 2) und Akzeptanz als eine fördernde Haltung seinen Mitarbeitern gegenüber. Da er sich auf ein gutes Maß an Abgrenzung verlassen kann, läuft er nicht Gefahr, in eine konfliktscheue Weichheit (Unwert 2) abzugleiten.

Der Kontext und die »Wahrheit der Situation«

Eine weitere Kleinigkeit hatten wir übersehen, als wir unseren »kommunikativen Sonntagsanzug« an den Mann und an die Frau brachten: dass ein ideales Verhalten nicht unabhängig vom Kontext gedacht (und trainiert) werden kann, sondern im Gegenteil diesem zu entsprechen hat, um ihm gerecht zu werden. Abermals eine Erkenntnis von großer Tragweite, abermals eine Erkenntnis, die mehr Fragen aufwirft, als sie zunächst beantwortet. Was ist ein Kontext, was macht ihn aus? Mit welcher Brille können wir ihn wahrnehmen, mit welchen Kategorien beschreiben?

Der Situation angemessen kommunizieren

Eine Vorstandssitzung ist etwas anderes als eine Selbsterfahrungsgruppe – beide Kontexte verlangen mir sehr unterschiedliche Haltungen und Verhaltensweisen ab, damit ich zum Gelingen des Ganzen beitragen kann. Ob ich mich über die von Herrn Etwasspät noch fehlenden Zielvereinbarungen ärgere oder mein Kind beim Naschen von Marmelade erwische – das sind sehr unterschiedliche Kontexte und Situationen, die mir abermals unterschiedliches Verhalten abverlangen, wenn ich adäquat reagieren will. Aber woran erkenne ich, wie ein Kontext strukturiert ist und welches Verhalten geeignet ist, ihm zu entsprechen oder ihn zu verfehlen? Geschulte Kontextanalyse und (ebenfalls geschultes) intuitives Situationsgespür müssen zusammenkommen, um der »Wahrheit der Situation« inne zu werden: ein neues Lernziel!

Wenn der Vorsitzende Richter des Schöffengerichtes, das über den ehemaligen Staatsratsvorsitzenden der DDR zu Gericht sitzt, diesen in einer Verhandlungspause um ein Autogramm bittet, dann kommt uns dies unangemessen vor, als ein Verstoß gegen die Verteilung der Rollen in diesem Kontext. Dennoch ist es so geschehen, und wir alle sind ständig in Gefahr, einen situativen Kontext nicht voll zu erfassen und mit unserem Verhalten »daneben« zu liegen.

Ich selbst bin in meinem Leben oft peinlich gestolpert, weil ich in kniffeligen Kontexten kein adäquates Situationsbewusstsein hatte. Darum habe ich mir ein kleines Modell konstruiert, mit dessen Hilfe ich die »Wahrheit der Situation«, ein Begriff von Karin van der Laan, besser erfassen kann:

Das Situationsmodell

Eine Hauptaufgabe von Führungskräften liegt in der *situationslogischen und systemgerechten Handhabung* von Gesprächen, Besprechungen und Zusammenkünften. Hierfür kann die Besonderheit der Situation, auch die *Wahrheit der Situation*, von entscheidender Bedeutung sein: Wer kommt zusammen, aus welchem Anlass, zu welchem Thema und mit welchem Ziel? Das Ziel des Situationsmodells ist, dieser Bedeutung Rechnung zu tragen und die sie konstituierenden Komponenten erkennbar werden zu lassen. Das Modell enthält vier Komponenten: einen Eingangs- und einen Ausgangskanal sowie einen Doppelbauch in der Mitte.

An dieser Stelle verlassen wir das Beispiel von Herrn Etwasspät und Herrn Ganzgenau, da das Situationsmodell sich auf andere Gegebenheiten bezieht: nicht auf Kurzbegegnungen, sondern auf geplante Meetings mit verschiedenen Beteiligten.

Nehmen wir hier als Beispiel die Dienstleistungsfirma »Wandelmut AG«, die im Transportbereich tätig ist. Sie will ihre Kundenbetreuung umstrukturieren; der Vorstand lädt die Mitarbeiter der mittleren und oberen Führungsetage zu einem Strategieplanungstreffen ein. Welche Komponenten können hier eine Rolle spielen?

1. Der *Eingangskanal* (siehe Abb. 3) steht für die Vorgeschichte und die Anlässe, die zur Situation geführt haben: Soll die Kundenbetreuung auf neue Füße gestellt werden, weil entsprechende Befragungen zur Kundenzufriedenheit eine Negativbilanz ergeben haben und diese sich bereits in den Jahresabschlüssen des Unternehmens bemerkbar macht? Oder geht vielleicht ein besonderer »Innovationsgeist« in der Vorstandsetage umher, der mit einem ausgefeilten Neuerungskonzept eine Marktlücke wittert? Zentral sind deshalb folgende Fragen: Wer hat auf dieses Meeting aufgrund welcher Vorfälle/Analysen gedrungen? Wer hat dazu eingeladen? Welche Vorgespräche hat wer mit wem bereits geführt? Die ganze Vorgeschichte ist Teil der »Wahrheit der Situation«.

2. Der *Oberbauch* steht für die thematische Struktur: Worum geht es? In unserem Beispiel geht es um ein Planungstreffen zur Umstrukturierung. Was steht diesbezüglich auf der Tagesordnung? Beispielsweise 1. Standortbestimmung, 2. Bilanzierung: Was läuft gut/weniger gut?, 3. Zukunftswerkstatt »Kundenbetreuung 2004«, 4. Projektgruppen festlegen, 5. Maßnahmen erarbeiten usw.

3. Der *Unterbauch* fragt nach der zwischenmenschlichen Struktur der Situation: Wer ist hier mit welchem Interesse und in welcher Funktion zusammengekommen? Sind die »Richtigen« beisammen? Hier geht es um die *situationsbezogene Rolle* der Beteiligten. In unserem Beispiel beruft der Vorstand ein Treffen mit Mitarbeitern der mittleren und oberen Führungsetage ein, es treffen also

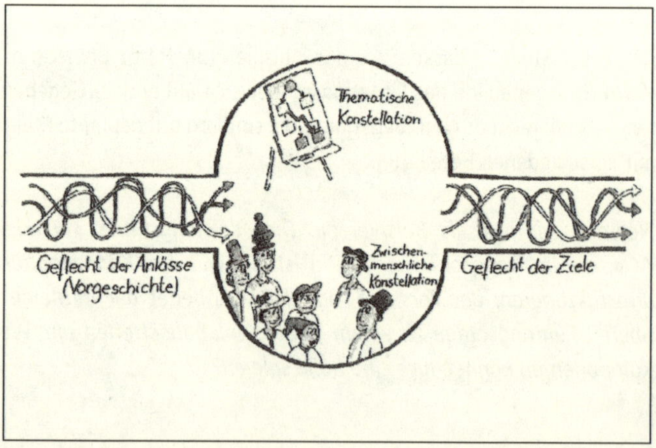

Abb. 3: Das Situationsmodell mit vier Komponenten
Quelle: Schulz v. Thun, 1998

unterschiedliche Hierarchieebenen aufeinander. Als zentrale Frage ergibt sich: Wie sind die Rollen der Anwesenden situativ definiert? Haben bei diesem Treffen alle die Rolle von Beratern in einem Veränderungsprozess, oder sind einige lediglich Befehlsempfänger von Vorstandsentscheidungen? Gibt es besonders qualifizierte Sachverständige? Vielleicht fällt die Beantwortung dieser Frage auch von Tagesordnungspunkt zu Tagesordnungspunkt unterschiedlich aus?

4. Der *Ausgangskanal* steht für die Ziele des Treffens: Sollen bereits Beschlüsse gefasst, Arbeitsgruppen gebildet und Verantwortlichkeiten verteilt werden? Oder geht es erst einmal nur um eine Prozeduralentscheidung, das weitere Vorgehen betreffend, zum Beispiel: »Wer trifft sich wann mit welchen Aufgaben wieder?«

Die schon oben genannte »Wahrheit der Situation« ergibt sich aus der Dynamik dieser vier Komponenten. Wohl den an der Situation Beteiligten, wenn sie ein gemeinsames Situationsverständnis über Anlass, Thema, Rollen und Ziele herzustellen imstande sind. Zu Sicherstellung einer solchen gemeinsamen Situationsdefinition kann die folgende veröffentlichte *Leitfrage zur Wahrheit der Situation* dem Leiter beziehungsweise Moderator des Meetings verhelfen:

- *Wie kommt es* (Vorgeschichte), und
- *welchen Sinn hat es* (Zielsetzung), dass
- *ausgerechnet ich* (Rolle)
- *ausgerechnet mit Ihnen* (Zusammensetzung)
- *ausgerechnet dieses Thema* (wie hat es sich ergeben?) *bearbeiten möchte*?

Wichtig: gemeinsame Klärung der Situation

Wenn jemand der Anwesenden die Situation anders definiert, hat die Klärung dieser Uneinigkeit unbedingt Vorrang vor der thematischen Arbeit. Diese würde ansonsten durch unausgesprochene Spannung gefährdet.

Das Ideal der Stimmigkeit

»Dein Verhalten sei kontext- und situationsgerecht!« – so der Appell aus dem letzten Abschnitt! Aber ich bin auch selbst ein Teil der Situation, mit allem, was in mir steckt, wofür ich stehe und mich einsetze. So ist es an der Zeit, den Appell aus dem ersten Abschnitt in Erinnerung zu rufen: »Dein Verhalten sei in Übereinstimmung mit dir selbst!«

Wesensgemäßes und situationsgerechtes Verhalten

Beide Gedanken ergeben zusammengeführt das spannende und nicht selten spannungsgeladene Ideal der Stimmigkeit: wesensgemäß und situationsgerecht, sowohl in Übereinstimmung mit mir selbst als auch mit dem Charakter der Situation (siehe Abb. 4).

Dieses Konzept der Stimmigkeit als doppelte Übereinstimmung gibt uns eine zweifache Suchrichtung und enthält eine endgültige Absage an jedes vorgestanzte Kommunikationsideal, an jedes Rezept und an jede Verhaltensschablone. Das adäquate Verhalten gilt es auf der Grundlage der doppelten Erkundung herauszufinden. Genau so »funktionieren« Kommunikationsberatung und Coaching: Erkundung des äußeren und inneren Kontextes (Situations- und Systemanalyse, sodann Reflexion der inneren Wortmelder im Modell des Inneren Teams), anschließend Beratung und Training im dialogischen Miteinander, oft auch vertiefende Bearbeitung innerer Konflikte oder anderer Gegebenheiten, die den Rat Suchenden hindern, seine Ressourcen kraftvoll zu nutzen und seinen Einsichten gemäß zu handeln.

Abb. 4: Kommunikation in doppelter Stimmigkeit
Quelle: Schulz v. Thun, 1998

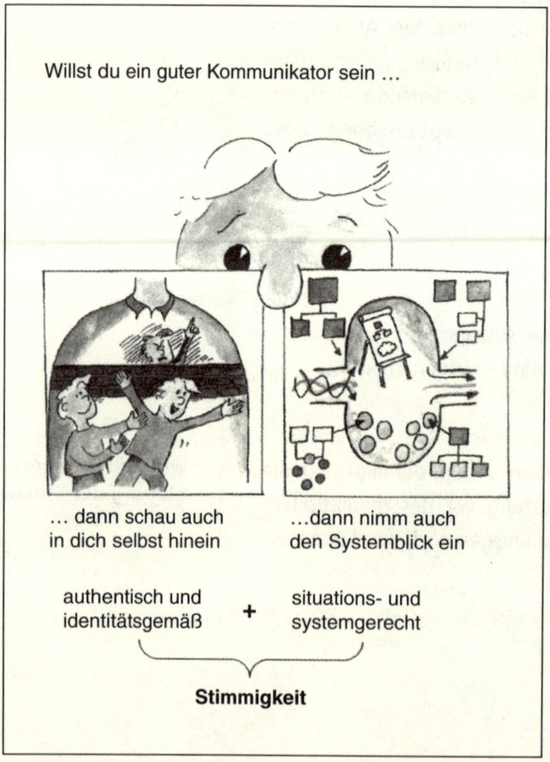

Das Stimmigkeitsgebot enthält einen Kompass für adäquate Kommunikation (Wie reagiere ich in einem gegebenen Augenblick sowohl wesensgemäß und situationsgerecht?) sowie einen Entwicklungsauftrag: Denn wenn ich ein Verhalten als für mich stimmig erkannt habe, bedeutet dies nicht, dass ich es auch (bereits) verwirklichen könnte.

Beispiel: der »nette« Lehrer

Angenommen, ein Lehrer steht vor einer pubertierenden Schulklasse, die über Tische und Bänke (und über die Würde des Lehrers) springt. Die Herausforderung besteht für ihn darin, dem Treiben kraftvoll Einhalt zu gebieten und seine Autorität zur Geltung zu bringen. Dies ist sowohl eine Forderung der Lage als auch seiner inneren Stimme des verantwortungsvollen Pädagogen und des Schützers seiner Selbstachtung. Jedoch mag seine innere Bühne von den »Veteranen« der antiautoritären Phase bevölkert sein: Ein »Liberaler«, ein »Netter« und ein »Zaghafter«, der das Herumbrüllen verabscheut, halten die Kontaktlinie besetzt. Hier ist erst noch Entwicklungsarbeit nötig: die Neuaufstellung der inneren Mannschaft und der Aufbau eines entsprechenden Verhaltensrepertoires. Dabei ist zu bedenken, dass der »Alt-Liberale« bei dieser persönlichen Entwicklung nicht in Acht und Bann geschlagen werden soll. Dies widerspräche sowohl dem Grundgedanken des Inneren Teams als auch der Philosophie des Wertequadrates (Autorität und Partnerschaftlichkeit!). Dieser Alt-Liberale soll nur den »Alleinvertretungsanspruch« in der Persönlichkeit des Lehrers aufgeben.

Zum Thema Stimmigkeit ist der Leserin, dem Leser, eine weitere »kleine Komplikation« nicht zu ersparen, weil diese unserem zwischenmenschlichen Leben unweigerlich aufgeprägt ist: Jede Kommunikation hat vier Aspekte, vier Seiten einer Botschaft, vier Saiten, die wir anschlagen und mit denen wir die Ober- und Untertöne erzeugen. Dieser Umstand fordert uns eine Stimmigkeit in vierfacher Hinsicht ab. Wir unterscheiden in unserem Modell des Kommunikationsquadrates (auch als 4-Ohren-Modell bekannt) die *Sachebene* (Sachinhalt), die *persönliche Ebene* (Selbstkundgabe), die *zwischenmenschliche Ebene* (Beziehungshinweis) und die *Einflussebene* (Appell). – Im folgenden Kasten wieder eine Kurzeinführung in das Modell:

Das Kommunikationsquadrat

Wenn Menschen miteinander in Kontakt treten, sind sie gleichzeitig Sender und Empfänger ihrer gegenseitigen Äußerungen. Der Sender, der sich mitteilen möchte, drückt sein Anliegen sprachlich aus; der Empfänger seinerseits hat die Aufgabe, diese Äußerung zu entschlüsseln. Gelingt dies hinlänglich, hat eine Verständigung stattgefunden.

Was aber, wenn das »seelische Empfangsorgan« des Empfängers der Äußerung einen ganz anderen Klang gibt als vom Sender beabsichtigt? Was, wenn der Sender Einladungen für das Verständnis seiner Äußerungen ausspricht, deren er sich gar nicht bewusst ist? Anders als bei der Post, wo beim Empfänger genau das ankommt, was der Sender verschickt hat, kann eine Botschaft auf ihrem Weg vom Sender zum Empfänger manch (ungewollte) Wandlung erfahren. Welcher Art, welcher seelischen Qualität können diese Wandlungen sein?

Zwischenmenschliche Kommunikation ist ein ebenso komplizierter wie spannender Vorgang, ein vielfaches, simultanes Geschehen. Jede meiner Äußerungen enthält, ob ich will oder nicht, vier seelisch bedeutsame Seiten gleichzeitig:

4 Seiten einer Nachricht

- eine *Sachseite* (worüber ich *informiere*)
- eine *Selbstkundgabeseite* (was ich von mir *persönlich* zeige und zu erkennen gebe)
- eine *Beziehungsseite* (was ich von *dir* halte und wie ich zu dir stehe)
- eine *Appellseite* (was ich bei dir *bewirken* möchte)

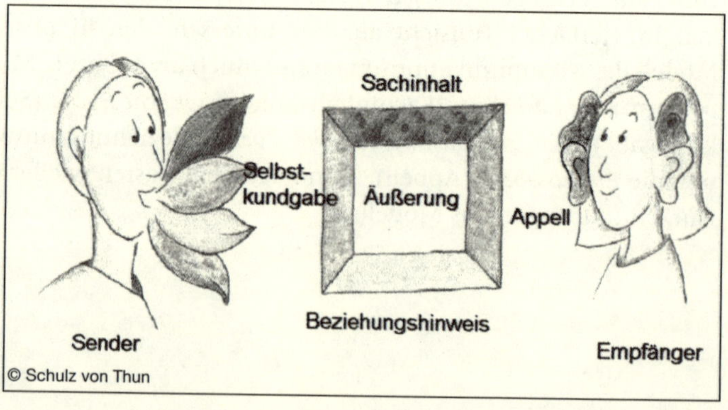

Abb. 5: 4 Schnäbel und 4 Ohren

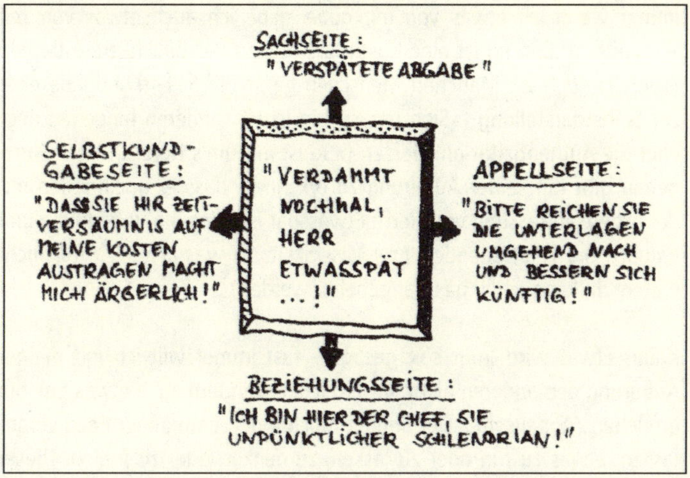

Abb. 6: Die Nachricht unter der Lupe

Kehren wir zu unserem ersten Beispiel zurück und legen die Äußerung von Herrn Ganzgenau einmal unter die Lupe des Kommunikationsquadrates: Welche unterschiedlichen Botschaften könnten darin stecken?

Der Sachinhalt

Der *Sachinhalt* einer Äußerung ist meist direkt (explizit) ausgesprochen und lässt sich bezüglich seines Wahrheitsgehaltes überprüfen. In unserem Beispiel informiert Herr Ganzgenau seinen Gruppenleiter Herrn Etwasspät darüber, dass die Übergabe wichtiger Unterlagen noch aussteht. Der angesprochene Umstand ist von den beiden Beteiligten überprüfbar. Er kann entweder bestätigt oder widerlegt werden. Im professionellen Kontext soll häufig die Sachlichkeit die Hauptrolle spielen. Gerade die Sachklärung ist jedoch besonders störanfällig, wenn den drei folgenden Seiten der Äußerung (insbesondere der Beziehungsseite) nicht ausreichend Rechnung getragen wird.

Die Beziehungsseite

Während der Sachinhalt meist explizit geäußert wird, ist die *Beziehungsseite* dagegen oft nur implizit spürbar. Aber: Ob ich will oder nicht, ich gebe in jeder Äußerung auch etwas darüber zu erkennen, was ich von meinem Gesprächspartner halte und wie ich zu ihm stehe. In jeder Äußerung steckt auch ein *Beziehungshinweis*. Bedeutsam sind hier der Tonfall, in dem etwas gesagt wird, die Art der Formulierung sowie die begleitende Körpersprache. In unserem Beispiel geht es um die Frage, wer hier wem etwas zu sagen hat. Auf der Beziehungsseite könnte Herrn Ganzgenaus Botschaft lauten: »Ich bin hier der Chef, Sie unpünktlicher Schluri!«

Die Selbstkundgabe

Immer wenn ich etwas *von* mir gebe, gebe ich auch etwas von *mir* – in jeder Äußerung ist eine Kostprobe meiner Persönlichkeit enthalten *(Selbstkundgabe)*. Manchen Menschen gerät die Selbstkundgabe eher zur Selbstdarstellung (»Sieh her, so bin ich!«), anderen hingegen liegt eher die Authentizität am Herzen (»So ist mir um's Herz!«). Herr Ganzgenau gibt mit seiner Äußerung zu erkennen, dass er unzufrieden mit der Arbeitsauffassung von Herrn Etwasspät ist: »Ich bin ungeduldig und empört, bin Leidtragender Ihrer Lässigkeit. So was lasse ich mir nicht bieten, da kann ich ganz unangenehm werden!«

Die Appellseite

Kaum etwas wird »nur so« gesagt – fast immer will ich mit meiner Äußerung den anderen nicht nur erreichen, sondern auch etwas bei ihm erreichen *(Appellseite)*. Der Sender möchte den Empfänger dazu veranlassen, etwas zu tun oder zu lassen, zu denken oder zu fühlen. Dieser Versuch der Einflussnahme kann offen oder verdeckt erfolgen. Mit seiner Äußerung »Die Zielvereinbarungen aus den Mitarbeitergesprächen der Gruppe KK3 liegen mir immer noch nicht vor!« sendet Herr Ganzgenau beispielsweise den folgenden Appell an seinen Mitarbeiter: »Bitte reichen Sie die Unterlagen umgehend nach und bessern Sie sich künftig!«

4 Schnäbel und 4 Ohren

Kommunikation findet also, bildlich gesprochen, immer mit vier »Schnäbeln« gleichzeitig statt. Als kommunikationsfähiger Sender muss ich sie alle beherrschen, eine einseitige Spezialisierung stiftet Kommunikationsstörungen. So nützt es zum Beispiel wenig, sachlich Recht zu haben, wenn man gleichzeitig auf der Beziehungsseite Unheil anrichtet. Doch die zwischenmenschliche Kommunikation beinhaltet neben dem Sendevorgang auch noch den Empfangsvorgang. So wie wir als Sender mit vier Schnäbeln sprechen, so hören wir als Empfänger mit vier Ohren gleichzeitig. Diese Gleichzeitigkeit, die sich implizit und explizit, verbal und nonverbal realisiert, stellt für den Kommunikator eine große Herausforderung dar, weil er die Simultaneität bewältigen muss und auf jeder der vier Ebenen etwas schief gehen kann. Wir können uns zwischenmenschliches In-Kontakt-Treten vorstellen wie ein Fußballspiel, das gleichzeitig auf vier verschiedenen Spielfeldern stattfindet. Das bedeutet jedoch nicht, dass ich sowohl als Sender wie auch als Empfänger für alle vier Spielfelder (also alle vier Botschaften) automatisch gleich sensibel bin. Bei vielen Menschen ist, unabhängig von den Erfordernissen der Situation, ein Schnabel oder ein Ohr auf Kosten der anderen besonders gut ausgebildet. Die einseitige Spezialisierung kann, bei ungünstiger »Passung« von Sender und Empfänger, zwischenmenschliche Kommunikation zu einem Drahtseilakt werden lassen. Verfügt Herr Etwasspät beispielsweise nicht nur über eine Autoritätsallergie, sondern auch noch über ein besonders empfindliches Beziehungsohr, ist eine Störung der Kommunikation mit seinem Chef Herrn Ganzgenau hoch wahrscheinlich, etwa so: »Wenn's so drängt, dann holen Sie sich Ihren Kram gefälligst selbst!«

Das Kommunikationsquadrat als Diagnoseinstrument

Der Leser möge sich selbst unter die Lupe nehmen, mit welchem Schnabel er bevorzugt spricht beziehungsweise mit welchem Ohr er bevorzugt hört und auf welchem der vier Spielfelder er seinen Entwicklungsbedarf sieht. Unserer Erfahrung nach ist dies von Person zu Person sehr verschieden. Manch einer mit einem überentwickelten »Beziehungsohr« nimmt jede Äußerung seines Gegenübers höchstpersönlich und sieht in seinen Mitmenschen in erster Linie Richter und Ankläger. Ein »Appellohr-Spezialist« hingegen mag sich von lauter Auftraggebern umgeben fühlen. Wer ein stark ausgeprägtes »Selbstkundgabeohr« besitzt und primär diagnostisch hört (Was ist mit dir?), läuft Gefahr, sachliche Informationen und Appelle seines Gegenübers schlicht zu »überhören«. Wer hingegen nur sachliche Mitteilungen aufnimmt und alles Persönliche ausblendet, der wird schnell an die Verständnisgrenzen des anderen stoßen. Je einseitiger die Spezialisierung, desto eher drohen Kommunikationsstörungen. Um die eigene Kommunikationsfähigkeit zu optimieren, bedarf es der Entwicklung einer »quadratischen Sensibilität« mit dem Ziel eines Heimspiels auf allen vier Spielfeldern.

Das Kommunikationsquadrat bietet die Möglichkeit, durch Selbstanwendung ein solches Sendungsbewusstsein für die eigene Kommunikation zu entwickeln. Es ist vor allem ein Meta-Kommunikationsmodell, mit dessen Hilfe Äußerungen unter die kommunikationspsychologische Lupe gelegt und analysiert werden können. Wer in der Lage ist, jede der vier Ebenen bewusst zu erleben und auszudrücken, kann sie im Bedarfsfalle wechseln (zum Beispiel explizit auf die Appellebene gehen) und den zwischenmenschlichen Kontakt auf diesem Wege entstören und vertiefen.

Metakommunikatorisches Verständnis von Beziehungs- und Teamentwicklung

Kommunikationsprobleme liegen im Wesen des Menschen

Was für den einen stimmig ist, kann für den anderen entsetzlich sein – und umgekehrt! Menschen, die miteinander zu schaffen haben, machen einander zu schaffen. Störungen, Irritationen und Befremden sind keine peinlichen Betriebsunfälle einer zwischenmenschlichen Kooperation, die bei etwas gutem Willen der Beteiligten im Normalfall harmonisch und höflich ablaufen sollte.

> **Wann immer Menschen halbwegs ehrlich und aufrecht sind, müssen wir damit rechnen, dass bei ihrer Begegnung auch »Welten aufeinander prallen«.**

Wie zwei bestimmte Menschen A und B miteinander auskommen können, das steht in keinem klugen Lehrbuch: Das müssen sie mit der Zeit herausfinden. Umso mehr gilt dies für Führung und Zusammenarbeit im Team. Für ein produktives Miteinander gibt es kein vorgestanztes Ideal, sondern das will herausgefunden werden und entwickelt sich als gemeinsame Errungenschaft.

Feedback und Metakommunikation (= das Gespräch darüber, wie wir miteinander klarkommen können) sind zugleich eine Haltung und eine Methode, um diesem Entwicklungsauftrag zu entsprechen.

Allerdings will dies auch gekonnt sein – andernfalls kann dabei mehr schief gehen als Segensreiches herauskommen. Das Kommunikationsquadrat, das auch und vor allem ein Meta-Kommunikationsquadrat ist, bietet hierfür eine gute Propädeutik.

Und deshalb, liebe Leserin, lieber Leser …

Wenn Sie »von den Besten profitieren« wollen, dann gibt es eine schlechte und eine gute Nachricht:

Modelle brauchen Auseinandersetzung

Die schlechte: Zur Entwicklung guter Kommunikation und sozialer Kompetenzen gibt es keine gebratenen Tauben, die in den

Mund fliegen, keine geistigen Fertigwaren, die von Spezialisten entwickelt worden sind und »eingekauft« werden können. Die beschriebenen Modelle helfen uns, fordern uns aber auch heraus, nämlich mit ihnen in eine Arbeitsbeziehung zu treten, in der ich als Mensch gefragt bin und mich auf einen Prozess der Selbstauseinandersetzung einlasse, anfangs unter guter Anleitung, später mit zunehmender Souveränität.

Die gute Nachricht: Die Mühe lohnt sich! Sich in seiner eigenen Haut wohl zu fühlen und über Kompetenzen zu verfügen, die persönlich fundiert und nicht bloß antrainiert sind: Eine solche Verbindung von Professionalität und Menschlichkeit ist beglückend für einen selbst wie auch für andere und ein kostbares Gut auf Erden.

LITERATUR

Schulz von Thun, Friedemann: *Miteinander reden 1: Störungen und Klärungen.* Reinbek: Rowohlt Taschenbuch Verlag 1981

Schulz von Thun, Friedemann: *Miteinander reden 2: Stile, Werte und Persönlichkeitsentwicklung.* Reinbek: Rowohlt Taschenbuch Verlag 1989

Schulz von Thun, Friedemann: *Miteinander reden 3: Das »Innere Team« und situationsgerechte Kommunikation.* Reinbek: Rowohlt Taschenbuch Verlag 1998

Schulz von Thun, Friedemann / Ruppel, Johannes / Stratmann, Roswitha: *Miteinander reden für Führungskräfte.* Reinbek: Rowohlt Taschenbuch Verlag 2000

Prof. Dr. Walter Simon,
Leiter der Business Training University, Bad Nauheim, gehört zu den bekannten deutschen Wirtschaftstrainern und -beratern. Er ist Gründungsmitglied im *Q-Pool 100 – Die Offizielle Qualitätsgemeinschaft internationaler Wirtschaftstrainer und -berater e.V.* sowie Vorsitzender des *Verbandes für die Zertifizierung von Qualitätsmanagementsystemen und Qualitätsstandards e.V.*
Walter Simon gilt als Experte für Personal- und Unternehmensführung und hat zu diesen Themen zahlreiche Seminare und Projekte durchgeführt. Er ist Autor von über 150 Artikeln und mehreren Büchern zu gesellschafts- und personalpolitischen Themen. Zu seinen Kunden gehören Mittel- und Großunternehmen, Bundes- und Länderministerien, Krankenhäuser, Verbände, Stadtverwaltungen, Forschungseinrichtungen, Politiker des In- und Auslandes.
Kontakt: ipw-dr.simon@t-online.de
www.ipw-btu.com

Walter Simon

Ziel-Management

Ziele definieren, planen und realisieren

Was unterscheidet Leitbilder, Visionen, Strategien und Ziele?

Der Begriff *Ziele* wird häufig sehr allgemein gebraucht, ohne genau zu differenzieren, ob es sich eher um ein lang- oder ein kurzfristiges Ziel handelt, also eher um eine Strategie oder eine taktische Maßnahme. Die Folge ist, dass oft Äpfel mit Birnen verglichen werden.

Die Zielhierarchie

Ziele basieren zumeist auf übergeordneten Prinzipien und Werten oder ihnen liegt eine Vision und eine sich daraus ergebende Strategie zugrunde. Diese Hierarchie muss man kennen, um Ziele richtig zu formulieren, abzuleiten oder zuzuordnen.

Leitbilder

Die Grundbotschaft

Ein Leitbild drückt kurz, präzise und verständlich aus, welche wesentlichen Werte für einen Menschen oder eine Organisation wichtig oder verbindlich sind und wohin sich diese orientieren. Es ist eine Art Grundbotschaft mit Aussagen über die Art und Weise, wie man zum Beispiel in einem Unternehmen mit Mitarbeitern, Kunden, Lieferanten, gegebenenfalls Mitbewerbern und der Öffentlichkeit umgeht. Mitarbeiter erhalten durch Leitbilder eine grobe Orientierung im Dickicht der Unübersichtlichkeit. Im Idealfall haben Leitbilder sogar emotionalisierende Wirkung, um das Denken und Verhalten von Menschen zu stimulieren, vor allem im Sinne strategischer Groborientierung.

Leitbilder enthalten Soll-Vorstellungen über die erstrebenswerte Lebensgestaltung oder Ausrichtung von Menschen wie von Unternehmen (zum Beispiel: »Wir streben die Marktführerschaft an«). Zu diesem Zweck werden realisierbare, aber noch nicht vorhandene Zustände als Fernziele beschrieben.

Auch Sie sollten sich darüber klar werden, welche Werte Ihnen wichtig sind und warum. Wenn Ihnen Ihre persönlichen Werte bewusst sind, können Sie

- bewusste Ziele formulieren und
- unbewusste Reflexe vermeiden,
- zielbewusste Entscheidungen treffen, um
- bewusst zu handeln.

Visionen

Zielvorstellung ohne Maßnahmenplanung

Eine Vision ist eine Zielvorstellung. Sie ist aber noch mit Unklarheiten behaftet, wie der Weg, die Strategie und die Taktik genau aussehen sollen. Dennoch hat sie langfristigen Ziel- und Richtungscharakter, vorausgesetzt, sie wird nicht nur gedacht, sondern auch aktiv kommuniziert. Menschen und Unternehmen, die erfolgreich bleiben wollen, brauchen anschauliche Visionen.

Das meinte auch der ehemalige Bundespräsident Roman Herzog. In seiner Grundsatzrede *Aufbruch in das 21. Jahrhundert* sagte er:

> *»Wir brauchen wieder Visionen … Sie können unglaubliche Kräfte mobilisieren … Durch Deutschland muss ein Ruck gehen.«*

Dass eine Idee zur materiellen Kraft werden kann, zeigt die Menschheitsgeschichte. Revolutionen waren immer von Visionen im positiven und leider auch im negativen Sinne begleitet, die den Revolutionären als Energiebrunnen dienten.

Zunehmende Konkretisierung

Der Unterschied zwischen dem Leitbild, der Vision und dem Ziel liegt in der Konkretheit der jeweiligen Absicht. Von der Vision über die Strategie bis hin zum operativen Ziel wird die Absicht Schritt für Schritt konkreter. Die der Vision folgende Stufe ist die Strategie, dann kommen die sich daraus ergebenden Ziele und danach folgen die Maßnahmen. Erst wenn die Ziele qualifiziert, quantifiziert und terminiert, also soll-/istfähig sind, haben Menschen oder Unternehmen Wegweiser für ihr Handeln und damit den notwendigen roten Faden.

Abb. 1: Vom Leitbild zur Maßnahme

Strategie

Der Strategiebegriff in der Heerführung

Die Literatur bietet eine Vielzahl von Definitionen, sodass die Gefahr droht, sich in begrifflicher Beliebigkeit zu verlieren. Sprachlich gesehen stammt der Begriff »Strategie« aus dem Griechischen. Er geht auf die beiden Worte »stratos« (= Heer) und »agein« (= führen) zurück und meint demnach die »Kunst der Heerführung« oder die »Feldherrenkunst«.

Im 19. Jahrhundert hat der preußische General Carl von Clausewitz den Begriff übernommen und im militärwissenschaftlichen Zusammenhang als »Gebrauch des Gefechts zum Zwecke des Krieges« definiert:

> *»Taktik ist die Kunst, Truppen in der Schlacht richtig einzusetzen. Strategie ist die Kunst, Schlachten richtig einzusetzen, um Kriege zu gewinnen.«*

Der Strategiebegriff in der Spieltheorie

1947 übertrugen John von Neumann und Oskar von Morgenstern den Strategiebegriff auf die von ihnen entwickelte *Spieltheorie* und definierten Strategie als *»Folge von Einzelschritten, die auf ein bestimmtes Ziel hin ausgerichtet ist«*. Sie ist insofern eine besondere Form des Plans. In ihr werden die jeweiligen Schritte beziehungsweise Maßnahmen für jede spezielle Situation festgelegt. Für Reaktionen aus dem Umfeld gibt es demnach eine »geplante« Antwort.

Sollten Sie sich schon vorher überlegt haben, wie Sie in einer bestimmten Situation reagieren, dann haben Sie Ihren Plan um eine Strategie angereichert. Sie müssen in einer solchen Situation nicht jedes Mal neu überlegen, wie Sie sich verhalten sollen, denn Ihre Entscheidungen haben Sie schon vorher festgelegt, zumindest in den Grundzügen. Mit solchen strategischen Grundorientierungen sind Sie denjenigen gegenüber im Vorteil, die konzeptlos entscheiden. Natürlich können ein guter Plan und die beste Strategie nicht alle Ereignisse im Voraus berücksichtigen, die eintreten könnten, aber sie ziehen sie in Betracht und bereiten jene Waffen vor, die man im Augenblick der Überraschung benötigt.

Ziele

Viele Menschen wollen etwas Bestimmtes tun, nur kommen sie nie dazu. Sie *wollen, möchten, müssten, könnten ...*, nur setzen sie nie etwas in die Tat um. Manche wollen jeden Morgen aufs Neue, wenn sie auf der Waage stehen, endlich ihr Übergewicht bekämpfen. Sie schaffen das genauso wenig wie Millionen anderer Menschen, die in der Silvesternacht gute Vorsätze fassen, sie aber nie umsetzen. An einem Tag im Jahr werden Ziele gesetzt, um sie an den anderen 364 Tagen wieder zu vergessen. Das muss nicht sein, wenn es Ihnen gelingt, aus guten Vorsätzen realistische Ziele zu machen.

Vorsätze sind keine Ziele

Absichten und gute Vorsätze werden meistens nicht umgesetzt, weil es nicht gelingt, aus ihnen ein konkretes und handlungswirksames Ziel zu formulieren. Vorsätze, Wünsche und Absichten dürfen Sie nicht mit Zielen verwechseln. Zwischen einem Wunsch, einer Absicht und einem konkreten Ziel besteht ein Unterschied. Hierzu drei Beispiele:

Wunsch

Ein Wunsch: Ein Arzt, der einen todgeweihten Krebspatienten behandelt, hat den Wunsch, dass sein Patient am Leben bleiben möge, obwohl er weiß, dass dieser nur noch wenige Wochen leben wird.

Absichtserklärung

Eine Absichtserklärung: Der gute Vorsatz des Herrn Meier für das kommende Jahr lautet: »Ich werde im neuen Jahr mehr für meine Gesundheit tun.« Frage: Was will er wann wie machen, und was will er erreichen?

Ziel

Eine Zielformulierung: Frau Müller sagt: »Ich werde im kommenden Jahr durch täglichen Sport und eine 1000-kcal-Diätkost meinen Blutdruck auf 90 zu 120 bringen.« Hier sind die Maßnahmen und der Endzustand exakt beschrieben.

Vages Wunschdenken, verschwommene Hoffnungen und laufend erneuerte Absichtserklärungen führen Sie dem angestrebten Endzustand nicht näher. Erfolgreiches Arbeiten beginnt mit dem bewussten Setzen von Zielen. Erfolgsmenschen erkennt man an ihren klaren und bewussten Zielen.

Ziele sind der Maßstab, an dem erreichte Erfolge ebenso gemessen werden können wie Misserfolge.

Ziele bedeuten Selbstbestimmung

Auch Sie sollten Ihre Vorsätze und Wünsche in Ziele umwandeln und diese als Antreiber für Ihr Handeln nutzen. Arbeiten Sie aktiv zielorientiert statt reaktiv von anderen angestoßen! Mit Zielen sind Sie Subjekt und nicht länger Objekt, sind Sie Schöpfer Ihrer selbst. Wenn Sie sich auf ein Ziel festgelegt haben, dann wissen Sie, warum Sie gerade in diese Richtung gehen, und lassen sich nicht mehr so leicht vom eingeschlagenen Weg abbringen. Wenn das Ziel klar ist, können Sie Wichtiges von Unwichtigem unterscheiden. Sie können agieren und müssen nicht nur reagieren. Sie bestimmen den Weg. Ein Ziel zu haben bedeutet Selbstbestimmung statt Fremdbestimmung.

Wie formulieren und prüfen Sie Ziele?

Zielbedingungen

Ihre Absichten werden erst dann zu einem Ziel, wenn Sie eindeutig bestimmen, was Sie bis wann in welcher Menge oder Güte erreichen wollen. Sie müssen Ihre Absicht

- qualitativ (Was soll erreicht werden?)
- quantitativ (Wie viel soll erreicht werden?)
- zeitlich (Bis wann soll es erreicht sein?)
- begründbar (Warum soll es erreicht werden?)

beschreiben, erst dann haben Sie ein operationales Ziel und eine Vorstellung vom angestrebten Zustand.

Ein Ziel ist die exakte Beschreibung eines in Zukunft angestrebten Zustandes.

Die Zielanalyse

Wenn Sie eine Ihrer Absichten auswählen, um daraus ein konkretes und präzises Ziel zu machen, müssen Sie Ihr Ziel zunächst analysieren. Sie müssen prüfen, ob Ihr Ziel realistisch ist und Sie

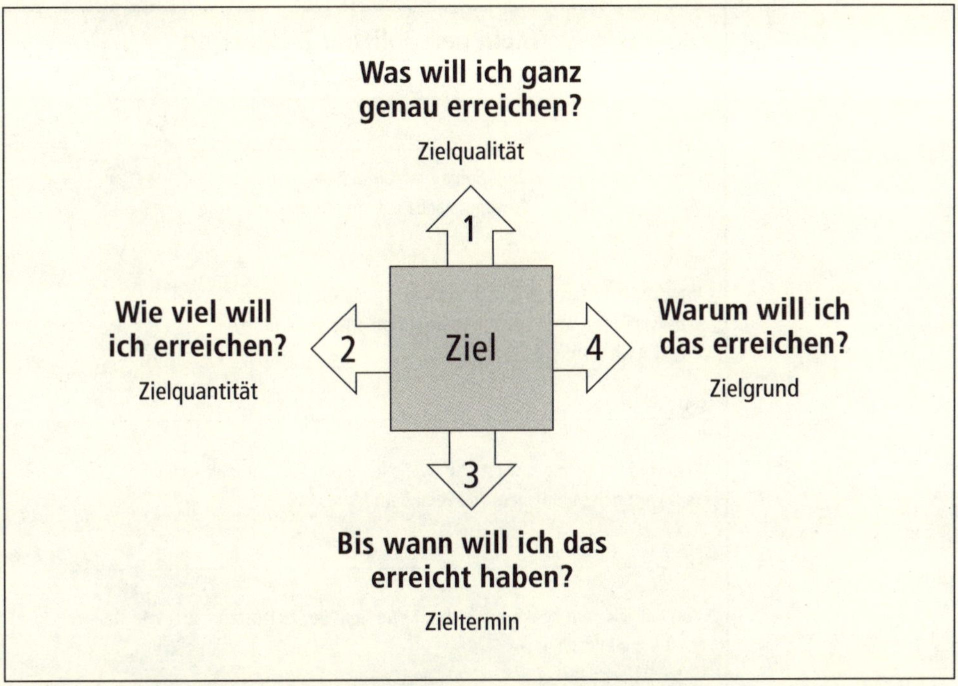

Abb. 2: Anforderungen an eine Zielformulierung

über die nötigen materiellen und ideellen Mittel verfügen, es zu realisieren. Das machen Sie mit der Zielanalyse. Sie besteht aus diesen drei Schritten:

3 Schritte der Zielanalyse

- *Analyse der Stärken und Schwächen*
  (Subjekt- beziehungsweise Persönlichkeitsanalyse):
  Welche meiner positiven / negativen Eigenschaften sind meinem Ziel förderlich / hinderlich? Wie kann ich sie nutzen / vermeiden?
- *Analyse der Chancen und Risiken*
  (Objekt- beziehungsweise Gegenstandsanalyse):
  Welche Chancen, welchen Nutzen bietet mir mein Ziel, wenn ich es erreicht habe? Welche Risiken birgt dieses Ziel in sich? Welche Nachteile könnten mir entstehen?
- *Analyse des Umfeldes und der Situation*
  (Umfeld- beziehungsweise Situationsanalyse):
  Welche Personen, Informationen oder Umstände sind meinem Ziel förderlich / hinderlich? Wie kann ich diese nutzen / ausschalten?

Mein persönlicher Zielvertrag

Ich

____

bin es mir wert, diese Ziele zu erreichen:
Darum schließe ich mit mir diesen Vertrag.

Welche Absichten will ich schon länger in die Tat umsetzen?
Was will ich für mich persönlich erreichen oder verbessern?
Wie will ich werden?

✎ ______________________________

Was wird für mich gesichert sein, wenn ich meine Absicht realisiert habe?
Was wird sich mit meinem Ziel verändern?

✎ ______________________________

Was will ich ganz konkret erreichen? Wie sieht der Zielzustand aus? Wie stelle ich ihn mir bildlich vor?

✎ ______________________________

Wie viel will ich exakt erreichen? Was ist/sind die Sollgröße/n?

✎ ______________________________

Was brauche ich, um mein Ziel zu erreichen? Welche Personen, Informationen und Gegenstände könnten mir nützlich sein?

✎ ______________________________

In welcher Reihenfolge will ich mein Ziel erreichen?
Bis wann will ich mein Ziel erreicht haben?

✎ ______________________________

Abb. 3: Mein persönlicher Zielvertrag

Sollten Sie Ihr Ziel nicht erreichen, kann es unter anderem daran liegen, dass Sie Ihre Kraft, Ihre Willensstärke, Ihr wirtschaftliches Leistungsvermögen, Ihre geistigen Voraussetzungen oder Ihr soziales Umfeld falsch eingeschätzt haben. Ihre Zielanalyse hatte also Fehler. Wenn Sie sicher sind, die Lage, Ihre Kräfte und den Zeitpunkt richtig einzuschätzen, dann machen Sie anschließend Ihre exakte Zielformulierung. Schließen Sie mit sich einen Zielvertrag. Bitte benutzen Sie dazu das Formular »Persönlicher Zielvertrag« (siehe linke Seite).

Fragen zu Ihrer Selbstkontrolle

Nachdem Sie sich über Ihr Ziel klar geworden sind, beantworten Sie bitte die folgenden Fragen, um festzustellen, ob Sie Ihr Ziel exakt formuliert haben:

6 Fragen an Ihr Ziel

a) *Ist Ihr Ziel konkret?*
Beispiel: »Im Beruf weiterkommen« ist eine Absicht, aber kein konkretes Ziel. Konkret wird diese Absicht erst, wenn Sie sich beispielsweise vornehmen, Gruppenleiter zu werden.

b) *Ist Ihr Ziel präzise?*
Haben Sie Sollwerte angegeben, die Sie erreichen wollen? Wenn das so genau nicht möglich ist, geben Sie Ober- und Untergrenzen an. Statt »so viel wie möglich« heißt es dann zum Beispiel »mindestens ..., höchstens ...«. Vermeiden Sie Umschreibungen wie »beträchtlich«, »genügend« oder »angemessen«, sondern formulieren Sie so, dass Sie die Zielerreichung möglichst ohne Interpretationsstreit kontrollieren können. Ziele geben die Richtung an, Sollwerte präzisieren die Ziele, indem sie angeben, wann ein Ziel erreicht ist. Ohne exakte Zielgrößen ist jedes Arbeitsergebnis richtig.

c) *Haben Sie Ihr Ziel terminiert?*
Auch hier können Sie mit gewissen Bandbreiten arbeiten. Statt einer Formulierung wie »sobald wie möglich« schreiben Sie »frühestens am ..., spätestens am ...«. Je

länger es dauert, ein Ziel zu erreichen, umso notwendiger sind terminierte Zwischenziele.

d) *Ist Ihr Ziel realistisch und widerspruchsfrei?*
Sind, von der heutigen Situation ausgehend, alle Voraussetzungen gegeben, Ihr Ziel durch praktisches Tun zu erreichen? Im Zusammenhang damit müssen Sie sich auch fragen, ob es widerspruchsfrei ist. Sie können nicht zugleich Tennismeister und Vorstandsvorsitzender eines Unternehmens werden wollen. Niemand kann zur selben Zeit zwei verschiedene Richtungen beschreiten. Hier wäre ein Zielkonflikt vorprogrammiert. Sie wissen doch, der Starke, der seine Kräfte zersplittert, erreicht weniger als der Schwache, der seine Kraft auf ein Ziel hin konzentriert.

Wenn Sie an *einem* Ziel arbeiten, sind Sie in Übereinstimmung mit sich selbst.

Sie sollten auch prüfen, inwieweit Sie dieses Ziel unabhängig von anderen erreichen können. Wenn die Erreichbarkeit vom Wohlwollen anderer abhängt, ist es besser, andere Ziele anzuvisieren, nämlich solche, die Sie aus eigener Kraft schaffen.

e) *Ist Ihr Ziel für Sie persönlich erstrebenswert?*
Motiviert Sie Ihr Ziel? Bringt es Ihnen einen Nutzen? Wichtig ist, dass Sie den Nutzen innerlich sehen. Außerdem sollten Sie Ihr Ziel affirmieren (lat. *firmus* = »fest«, »stark«, »kräftig«), das heißt positiv verstärken. Den Nutzen solcher Affirmationen kennt man aus der Führungspsychologie. Wird ein als gut empfundenes Verhalten sofort positiv verstärkt, zum Beispiel durch ein anerkennendes Wort, dann wiederholt der so Angesprochene in der Regel sein Verhalten, denn der Mensch hat ein angeborenes Bedürfnis, Lustempfindungen zu wiederholen.

f) *Ist Ihr Ziel positiv und konstruktiv formuliert?*
Achten Sie darauf, dass Sie sich nicht das Abgewöhnen schlechter Gewohnheiten zum Ziel setzen, zum Beispiel: »Ich will nicht mehr so gereizt auf meine Mitmenschen reagieren.« Formulieren Sie stattdessen das positive Gegenteil, etwa so: »Ich werde jeden meiner Kollegen jeden Morgen sehr freundlich begrüßen.« Formulierungen mit negativem Vorzeichen erinnern Sie stets an das Negative. So bestätigen Sie sich immer wieder, dass Sie dieses oder jenes schlecht machen.

g) *Haben Sie Ihr Ziel schriftlich fixiert?*
Sie sollten Ihr Ziel aufschreiben. Das ist wichtig, denn Sie kennen das Sprichwort »aus den Augen, aus dem Sinn«. Indem Sie es aufschreiben, bekommt Ihr Ziel programmatischen Charakter. Außerdem haben Sie jetzt eine optische Erinnerungshilfe.

h) *Ist Ihre Zielerfüllung kontrollierbar?*
Ist die spätere Zielerfüllung kontrollierbar durch den Vergleich von Soll und Ist? Wenn Sie das Ergebnis nicht messen, zählen oder wiegen können, müsste mindestens eine neutrale Person beurteilen können, ob Sie Ihr Ziel erreicht haben.

Nachdem Sie mit sich selbst einen Zielvertrag oder eine persönliche Erfolgsversicherung abgeschlossen haben, verfügen Sie jetzt über klare Vorstellungen, was Sie wollen. Ihr Ziel ist präzise formuliert. Ihre Pflicht ist es nun, die Prämien für diese Erfolgsversicherung in Form praktischer Taten zu bezahlen.

Der Weg zum Erfolg führt nur über das eigene Tun.

Ziele wirken wie Magneten

Es gibt viele Menschen, die nur davon reden, was sie tun möchten, könnten, würden usw., die sogar planen, etwas zu tun, oft sehr lange und gründlich, nur setzen sie es kaum je in die Tat um. Sie haben jetzt einen Wegweiser für Ihr Handeln. Seien Sie von der Realisierbarkeit Ihres Ziels überzeugt. Richten Sie Ihre Gedanken auf dieses Ziel aus. Ziele wirken wie Magneten. Diese

Magneten ziehen Sie vorwärts. Weil Sie Ziele haben, richten sich auch Ihre unterbewussten Kräfte darauf aus. Was Sie sich realistisch vorstellen können, ist in der Regel auch zu erreichen. Das Unterbewusstsein programmiert das Tun.

Überlegen Sie, was Sie im Leben alles ohne Ziele erreicht haben! Was könnten Sie noch alles erreichen mit klaren, gewollten und bewussten Zielen? Niemand kann Sie von Ihren Zielen abhalten, nur Sie selbst.

Die richtige Reihenfolge Ihrer Ziele

Vom Richtziel zum Feinziel

Angenommen, Ihr guter Vorsatz lautet, etwas für Ihre Weiterbildung zu tun, dann sollten Sie genau beschreiben, was Sie darunter verstehen. Hierbei handelt es sich um ein *Richtziel*, aus dem Sie ein *Grobziel* herausfiltern müssen. Dieses könnte zum Beispiel darin bestehen, dass Sie sich mit EDV beschäftigen wollen. Aus diesem Grobziel müssen Sie nun ein *Feinziel* herausarbeiten, denn die EDV ist ein breites und tiefes Thema. Nehmen wir an, Sie wollen DTP lernen. Jetzt wird die Richtung klar, und Sie müssen nur noch das DTP-Programm und den Zeitrahmen bestimmen. Dann haben Sie Ihr eigentliches Ziel formuliert. Die Zuordnung dieser drei Stufen sieht so aus:

- Richtziel: Sich weiterbilden wollen
- Grobziel: Sich mit der EDV beschäftigen wollen
- Feinziel: Das DTP-Programm QuarkXpress bis zum … lernen wollen

Der Aufbau von Zielen

Die Begriffe Richt-, Grob- und Feinziel zeigen, dass Ziele auf mehreren Stufen existieren. Für Ziele auf hoher Stufe werden auch diese und ähnliche Begriffe verwendet: Generalziel, Finalziel, Hauptziel, Oberziel, Fernziel, Maximalziel. Für Ziele auf niedrigerer Stufe gibt es Begriffe wie: Nahziel, Etappenziel, Zwischenziel, Nebenziel, Teilziel, Minimalziel und Ähnliches. Der jeweilige Begriff ergibt sich aus dem Charakter des Ziels. Es gibt *Zielebenen*, die *zeitlich* bedingt sind (Lebens-, Jahres-, Monats-, Wochen- und Tagesziele), andere, die *hierarchischer* Natur sind (Ober- und Unterziel) oder einfach *sachlichen* Charakter haben (Grobziel, Feinziel).

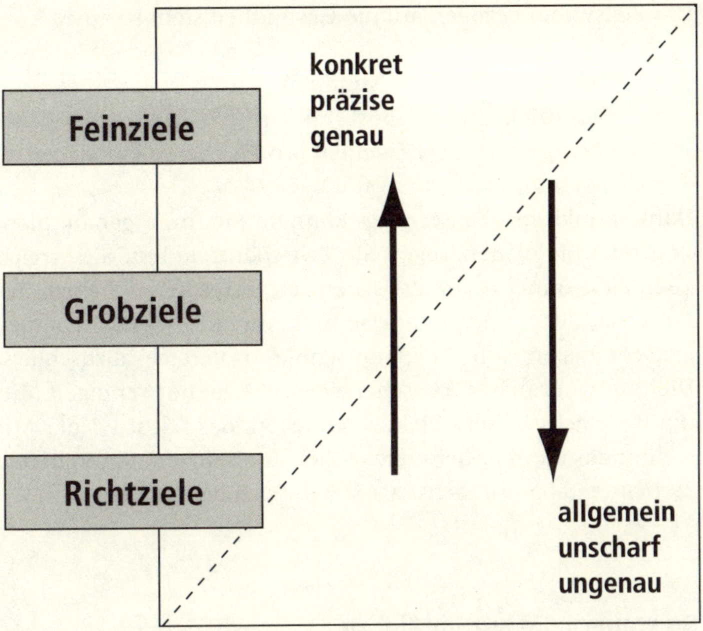

Abb. 4:
Die Zielebenen

Richtziele

Richtziele sind im engen Sinne keine Ziele, da sie nicht eindeutig sind. Man kann sie mit Leitbildern und Werten vergleichen. Sie sind eher eine Art roter Faden für Ihr allgemeines Handeln und eignen sich als Orientierungshilfe für weitere, konkretere Ziele. Wenn beispielsweise ein Unternehmen »hohe Qualität produzieren« und »seine Kunden zufrieden stellen« will, dann ist das ein Leitbild oder Richtziel. Ebenso, wenn jemand etwas für seine Gesundheit tun will.

Grobziele

Grobziele haben einen mittleren Grad an Eindeutigkeit und Präzision. Mit ihnen wird ein Richtziel konkretisiert. Bezogen auf das Richtziel Gesundheit, könnte das Grobziel darin bestehen, Sport zu treiben.

Feinziele

Feinziele sind eindeutig und präzise. Damit sind sie hinsichtlich ihrer Erfüllung kontrollierbar. Sie sind operational, denn sie geben konkret an, welche Handlungen Sie Ihrem Ziel näher bringen. Ein ebenfalls auf die Gesundheit bezogenes Feinziel könnte so lauten: Zweimal wöchentlich 10 km in maximal 60 Minuten joggen.

Das Zielsystem bezogen auf die Gesundheit sieht so aus:

Richtziel:	Gesundheit
Grobziel:	Sport treiben
Feinziel:	Zweimal pro Woche 10 km joggen

Dank konkreter Zielsetzung können Sie nun genau planen. Während Sie planen, legen Sie Zwischenziele fest. Sie erreichen kein Ziel, ohne zuvor Zwischenziele erreicht zu haben. Jeder Hauptschüler muss mindestens neun Klassen(zwischen)ziele erreicht haben, um die Hauptschule erfolgreich abzuschließen. Die untergeordneten Zwischenziele sind die notwendigen Mittel, um das nächsthöhere Ziel zu erreichen, das selbst wieder Mittel ist, um das darüber befindliche Ziel zu erreichen. Sie sollten jede Zwischenetappe zunächst als Ziel für sich betrachten.

So steuern Sie auf Ihr Ziel zu

Die Fähigkeit, Handlungen gedanklich vorwegzunehmen, unterscheidet uns Menschen vom Tier, das instinktiv handelt. Eine Biene beschämt mit dem Bau ihrer schönen und präzise geformten Wachszellen manchen Maurer. Was aber den schlechtesten Maurer gegenüber der besten Biene auszeichnet, ist, dass er seine »Zellen« vorher im Kopf baut, bevor er sie aus Stein und Zement formt. Die Biene dagegen geht scheinbar planlos vor. Der Maurer schafft ein Produkt, das schon vor der Fertigstellung in seinem Bewusstsein vorhanden ist. Ziele existieren nur dort, wo menschliches Bewusstsein zukünftige Zustände gedanklich vorwegnehmen und menschliches Handeln wünschenswerte Zustände herbeiführen kann.

Spontan oder bewusst?

Doch obwohl wir unsere Handlungsweisen durchdenken und planen, erledigen wir vieles instinktgesteuert. Es steckt in uns noch immer ein Teil des spontanen Reaktionsmechanismus unserer tierischen Urahnen. Anders ausgedrückt: Viele unserer Handlungen kommen aus dem Stamm- und Kleinhirn, ohne das Großhirn einzubeziehen. Spontane Reaktionen sind die schnellste und einfachste Art, auf Situationen zu reagieren. Mit Verstand zu reagieren erfordert mehr Zeitaufwand und Nachdenken. Das wird als Anstrengung empfunden, spontanes Reagieren funktioniert dagegen fast von selbst.

Spontaneität soll hier nicht abgewertet werden, denn in ihr drückt sich unter anderem eine fassadenfreie Persönlichkeit aus. Wenn Sie aber ein Ziel verfolgen, dann müssen Sie planvoll vorgehen.

Dieser Text ist eine Einladung an Sie, durch bewusstes und systematisches Handeln

- ein Problem zu lösen,
- eine Chance zu schaffen oder zu nutzen,
- mit Bewusstsein neue Wege zu beschreiten,

also ein Ziel zu erreichen.

Sich im (Regel-)Kreis auf das Ziel zudrehen

Wenn Sie Ihre Arbeit in elementare Tätigkeiten zergliedern, werden Sie Grundfunktionen finden, die nahezu jeder Mensch wahrnimmt, ganz gleich, was für eine Tätigkeit er ausübt und in welcher Position dies geschieht. Menschen

- denken,
- informieren sich,
- planen,
- wägen ab und entscheiden,
- realisieren und
- kontrollieren.

Es gibt Menschen, die dies systematisch tun, andere dagegen tun es eher unbewusst.

Schon nach dem Aufstehen entscheiden Sie, was Sie frühstücken wollen, planen den Tag, prüfen Ihr Wohlbefinden, informieren sich laufend über die Zeit, um rechtzeitig am Arbeitsplatz zu sein. Dort prüfen Sie zunächst, was anliegt (Situationsanalyse), setzen sich Ziele oder vereinbaren welche mit anderen, planen die wich-

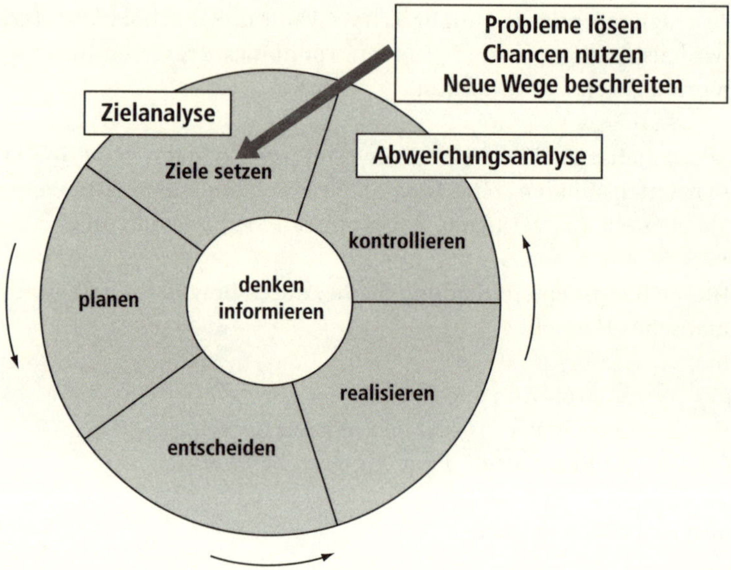

Abb. 5: Der Zielerreichungskreis

tigsten Abläufe, treffen Entscheidungen, kontrollieren, ob dieses oder jenes richtig läuft, und fragen sich am Abend selbstkritisch, wie der Tag war.

Diese Grundfunktionen menschlichen Handelns lassen sich in einem Kreismodell darstellen. Dieses Kreismodell, wir nennen es fortan den *Zielerreichungskreis*, können Sie sich auch als Steuerrad vorstellen.

Sie sind Ihr eigener Steuermann und halten Ihre Zukunft in den Händen.

Nun zu den einzelnen Funktionen des Zielerreichungskreises.

Die Etappen des Zielerreichungskreises

Handlungsanreize

Eine Situation macht Ihr Handeln zweckmäßig oder gar notwendig, entweder um ein Problem zu lösen oder um von vornherein zu vermeiden, dass ein Problem entsteht. Handeln ist auch notwendig, wenn Sie eine Chance nutzen oder gekonnt herbeiführen wollen. Schon einfaches Sondieren und Orientieren weist auf chancenreiche Möglichkeiten hin. Chancen sollten Sie also suchen, nur so finden Sie welche.

Situationsanalyse

Mit der Situationsanalyse klären Sie, ob eine Situation änderbar ist oder nicht und falls ja, ob die Änderung wünschenswert ist. Sie hinterfragen auf dieser Stufe kritisch, welche Stärken und Schwächen Ihre Zielerreichung fördern oder hemmen (Subjekt- beziehungsweise Persönlichkeitsanalyse). Sie prüfen weiter, welche Chancen und Risiken mit der Zielerreichung verbunden sind (Objekt- beziehungsweise Gegenstandsanalyse). Gegebenenfalls fragen Sie sich auch, welche Personen, Informationen, Sachverhalte und sonstigen Umstände Ihre Zielerreichung positiv oder negativ beeinflussen könnten (Umfeldanalyse).

Da keine Situation im weiteren Verlauf gleich bleibt, sollten Sie sich nach der Situationsanalyse fragen, wie sich die Lage von sich aus, unabhängig von Ihrer Zielsetzung, Planung und Realisierung ändern würde. Sie stellen also eine Prognose, zumindest eine Teilprognose auf.

Denken

Das Denken befähigt Sie zu sinnvollen und bewussten Handlungen. Es ermöglicht Ihnen, das »bunte« Material Ihrer Sinneserfahrungen zu sortieren und es in einen gedanklichen Zusammenhang zu bringen. Dazu bedienen Sie sich der Abstraktion und Verallgemeinerung.

Informieren, Kommunizieren

Um Ihre Ziele zu planen, zu erreichen und zu kontrollieren, müssen Sie sich informieren, das heißt »in Form(ation)« bringen. Wenn Sie abnehmen wollen, informieren Sie sich über diverse Diäten und kontrollieren täglich Ihr Gewicht. Sie müssen aber auch andere informieren, damit diese von Ihrem Vorhaben wissen und Sie nicht mit süßen Schleckereien auf eine falsche Fährte locken. Sie sollten auch deshalb andere über Ihr Ziel informieren, damit diese Ihnen als Kontrollinstanz dienen können. Wenn Sie sich zum Beispiel das Rauchen abgewöhnen wollen, sollten Sie dies den Personen Ihres Umfeldes mitteilen, um keine Rückzugsmöglichkeiten mehr zu haben. Das Gefühl, sich zu »blamieren«, fordert Sie immer wieder heraus.

Denken und Informieren stehen in der Mitte des Zielerreichungskreises, da sie eine Zentralfunktion haben. Ohne zu denken und sich zu informieren ist es nicht möglich, Ziele zu setzen, diese zu planen, dazu Entscheidungen zu treffen, Maßnahmen durchzuführen und diese zu kontrollieren.

Ziel(e) setzen

Wenn Sie sich ein Ziel setzen, heißt das, Sie beschreiben einen in der Zukunft angestrebten Zustand. Ein Ziel ist also der gedanklich vorweggenommene Endpunkt einer Entwicklung.

Wenn Sie ein Ziel formulieren, dann kommt dies einem schöpferischem Akt gleich, denn Sie nutzen Ihre Freiheit, zwischen mehreren Möglichkeiten zu wählen.

Planen

Ziele bilden die Grundlage Ihrer Planung. Was wollen Sie planen, wenn Sie kein Ziel haben? Zufällige Erfolge sind gut, aber selten. Geplante Erfolge sind häufiger und beeinflussbar. Ohne Ziel können Sie nichts planen; ohne Planung können Sie nichts entscheiden; ohne Entscheidung können Sie nichts realisieren und ohne Realisation nichts kontrollieren.

Planen bedeutet, bewusst, geordnet und systematisch über seine Ziele nachzudenken. Wenn Sie planen, simulieren Sie gedanklich das, was Sie realisieren wollen. Der Plan als Einheit von Abbild und Absicht ist Ausdruck der Zusammengehörigkeit des theoretischen und des praktischen Bewusstseins des Menschen.

Die Frage: »Wie erreiche ich das Ziel?« ist nicht Bestandteil der Zieldefinition, sondern Inhalt der Maßnahmenplanung. Sie planen die Schritte hin zu Ihrem Ziel. Es sind die Wege, die notwendigen Mittel und die Zeiträume zu planen, die zum Ziel führen. Jeder Augenblick, den Sie auf die Planung verwenden, spart mehrere Augenblicke in der Phase der praktischen Handlung ein. Denken Sie an den Einkauf. Eine kluge Hausfrau schreibt sich einen Einkaufszettel. Mit dieser Checkliste erspart sie sich einen Marathonlauf im Supermarkt und wird nicht zu unbedachten Käufen verführt. Einen guten Plan können Sie mit einer Leiter vergleichen. Sie müssen, wenn Sie mit einer Leiter auf einen Baum steigen, nicht dauernd nach tragfähigen Ästen suchen, sondern steigen mit geringerem Kraftaufwand Stufe für Stufe nach oben. Angenommen, Sie wollen abnehmen, dann sollten Sie diese Absicht in einen täglichen Speiseplan umwandeln, aus dem hervorgeht, was Sie wann in welcher Menge essen wollen. Von der Prognose unterscheidet sich der Plan durch seinen Entscheidungscharakter: Er sagt die zukünftigen Aktionen nicht voraus, sondern legt sie fest.

Arten von Plänen

Pläne lassen sich nach vielen Kriterien unterscheiden, zum Beispiel nach Objektbereichen. Es gibt Urlaubspläne, Finanzpläne, Diätpläne, Therapiepläne, Lehrpläne und viele andere mehr. Pläne werden hinsichtlich des Zeitraums unterschieden. So spricht man von kurz-, mittel- und langfristigen Plänen. Nach dem Detaillierungsgrad lassen sie sich in Grob- und Feinplanung unterteilen. Hinsichtlich der Art der zu treffenden Entscheidungen spricht man auch von der Mittel- und Wegeplanung.

Wenn Sie mit mehrphasigen Plänen arbeiten, zum Beispiel bei der Studienplanung, dann zeichnen sich diese dadurch aus, dass bei ihnen Ziele zu Mitteln werden und umgekehrt, denn die Phasen entstehen, indem erreichte Zwischenziele in der nächsten Phase als Mittel für die weitere Zielverwirklichung eingesetzt werden. So gesehen ist eine Zwischenprüfung das notwendige »Mittel« für das weitere Studium.

Ihre Pläne sind weder wahr noch falsch. Sie sind adäquat oder inadäquat. Ihre Pläne sind adäquat, wenn alle Voraussetzungen gegeben sind, das Ziel zu erreichen.

Ein Plan ist optimal, wenn Sie mit einem Minimum an Mitteln ein angestrebtes Resultat erzielen oder umgekehrt ein maximales Ergebnis mit gegebenen Mitteln erreichen.

Entscheiden

Die Entscheidung ist das vermittelnde Glied zwischen Ihrem Plan und Ihrem Handeln. Sie findet ihren Ausdruck in einem Entschluss, einer Weisung oder einer Vorgabe. Eine Entscheidung ist immer eine Wahl zwischen mehreren Möglichkeiten. Gäbe es keine Alternativen, müssten Sie auch nichts entscheiden. Als es in Deutschland nur ein Fernsehprogramm gab, brauchten die Zuschauer keine Entscheidung zu treffen. Heute haben Sie als Zuschauer zwischen vielen Programmen die Qual der Wahl. Entscheiden heißt, sich gedanklich von anderen Möglichkeiten zu trennen. Die Entscheidung für Ihre Frau oder Ihren Mann, für Ihren Beruf oder Ihren Arbeitgeber war eine *Ent-Scheidung* gegen Tausende andere Frauen, Männer, Berufe und Arbeitgeber, von denen Sie im Moment Ihrer Entscheidung »geschieden« wurden. Um das Risiko einer Fehlentscheidung zu minimieren, sollten Sie sich mit vielen Informationen »in Form« bringen. Information ist die Reduktion von Ungewissheit.

Realisieren Die Aktion ist letztendlich wichtiger als die Planung. Das Handeln gilt mehr als das Denken. Konkrete Ergebnisse sind abstrakten Modellen vorzuziehen. Darum muss nach der Zielsetzung, der Planung und der Entscheidung nun etwas in Form konkreter Handlungen erfolgen, sonst bleibt der Erfolg aus. »Do it, try it, fix it«, lautet eine amerikanische Erfolgsregel. Erfolg ist die Folge Ihrer vielen Maßnahmen hin zu Ihrem Ziel.

> *»Es ist nicht genug zu wissen,*
> *man muss es auch anwenden;*
> *es ist nicht genug zu wollen,*
> *man muss es auch tun.«*
> Johann Wolfgang von Goethe

Seien Sie sich der Gefahren bewusst, die in den Reizen des Alltags liegen. Viele vergessen spätestens im Alltag wieder ihre guten Vorsätze, sie werden *ge-* und *bearbeitet*, statt *an sich* und *für sich* zu *arbeiten*. Weil sie vor Fahrtbeginn den Kurs nicht klar festlegen, werden sie von den Zufällen des Lebens hierhin und dorthin getrieben, in der Hoffnung, irgendwann auf das Glück zu stoßen, statt es systematisch zu suchen.

Kontrollieren Da Sie nicht sicher sein können, ob alles nach Plan verläuft, sind Kontrollen notwendig. Sie dienen der Kurssicherung durch gekonntes Steuern. Zu diesem Zweck prüfen Sie die Übereinstimmung von Soll und Ist. Gibt es Abweichungen, dann sind diese zu analysieren. Man nennt dies die Abweichungsanalyse. Da Kontrolle bei selbst gesetzten Zielen immer Eigenkontrolle ist, erfordert sie Ehrlichkeit gegen sich selbst. Wichtig ist, rechtzeitig zu kontrollieren und nicht erst am 31. Dezember des Jahres.

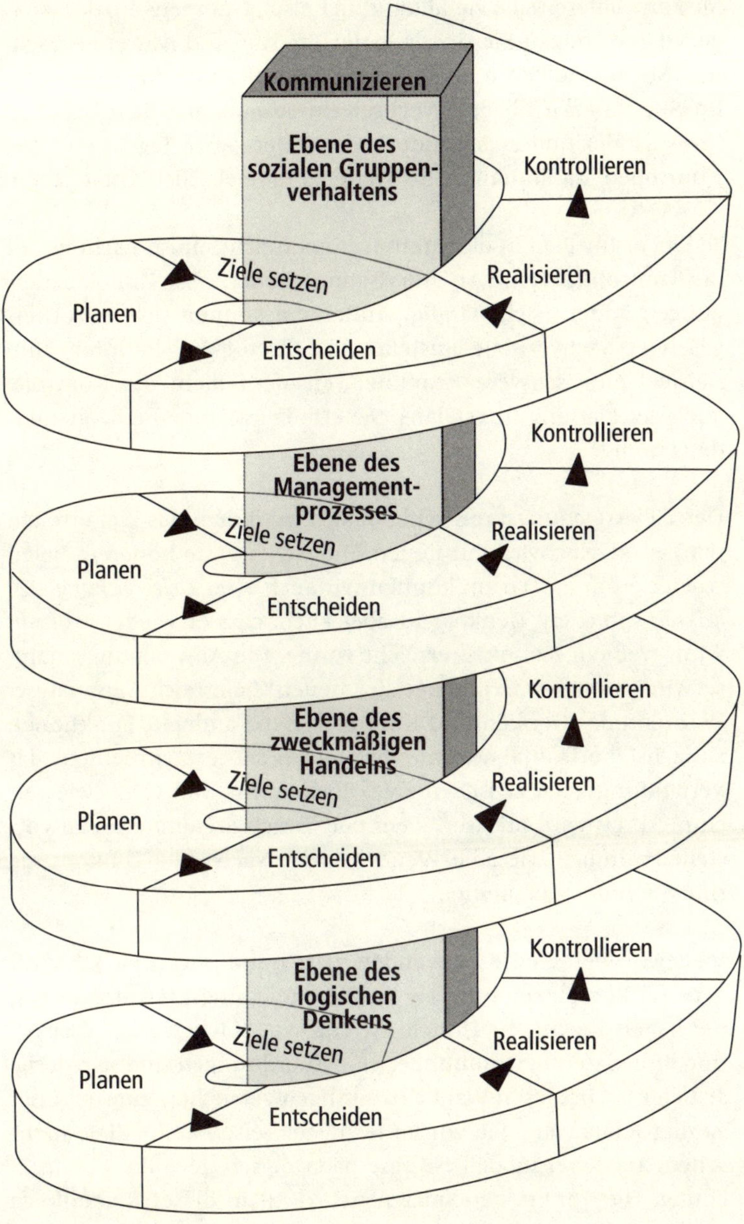

Abb. 6: Der Ziel-erreichungs-Regelkreis

Sie kontrollieren sich vielfältig, zum Beispiel morgens auf der Waage. Abends fragen Sie sich, wie der Tag war und was er gebracht hat. Sie kontrollieren auch andere, zum Beispiel die Kassiererin im Supermarkt, ob das Wechselgeld stimmt, die Schularbeiten Ihrer Kinder und vieles andere mehr. Der ganze Tag ist voll von Kontrollen, die Ihnen für Ihr weiteres Handeln Sicherheit geben.

Je länger Ihr Plan in die Zukunft hineinreicht, umso wichtiger ist die Kontrolle als eine Art anpassendes Steuern. Die Umfeldbedingungen ändern sich ständig. Außerdem können sich unvorhergesehene Sachverhalte einstellen, die Ihren Plan gefährden, zum Beispiel eine schwere Krankheit. Insofern dient die Kontrolle auch der Planung Ihres Plans. Sie ermöglicht Ihnen eine gleitende Planung.

Zielerreichungskreis

Der Zielerreichungskreis schließt sich, nachdem das Ziel erreicht wurde, oder er wird mit neuen, möglicherweise höheren Zielen wieder eröffnet. Darum können wir auch vom *Zielerreichungs-Regelkreis* sprechen. Denkbar ist aber auch, dass er wieder eröffnet wird, weil ein Ziel nicht erreicht wurde. Die Abweichungsanalyse wird dann zur Grundlage der neuen Zielerreichungsanalyse. Während das Denken und Informieren die anderen Funktionen zunächst horizontal verknüpfen, bilden sie jetzt außerdem das Verbindungsglied zwischen zwei Ebenen. Ihr Bild vom Zielerreichungskreis wird präziser, wenn Sie es sich dreidimensional vorstellen, ähnlich wie eine Wendeltreppe. Nach jeder Umkreisung sind Sie höher gekommen.

Jedes Modell vereinfacht

Vielleicht werden Sie einwenden, dass Handlungen vielschichtiger und komplexer sind, als im Zielerreichungskreis dargestellt. Sie haben Recht! Ihr Umfeld ist voll von solchen Regelkreisen, und ihre klaren Bestimmungen und Zuordnungen sind schwierig. Je tiefer Sie in diesen Wald einzudringen versuchen, umso größer ist die Gefahr, dass Sie vor lauter Regelkreisen keine Ziele mehr sehen. Das Kreismodell ist eine pädagogisch gewollte Vereinfachung. Die Funktionen spielen sich nicht in dieser Reihenfolge eine nach der anderen ab, sondern sind vielfältig miteinander verwoben, so wie die Spiralfedern einer zusammengepressten Matratze. In jeder Funktion steckt wiederum ein eigener Regelkreis, denn die Wahl für ein Ziel setzt Planung, Entscheidung und

Kontrolle voraus. Ein Plan ist ein System von Festlegungen, die auf Entscheidungen beruhen. Fürs Erste genügt es jedoch, sich das Grundmodell als Steuerrad vorzustellen und es im Moment jeder wichtigen Handlung gedanklich zu aktivieren.

Warum hat die Natur Ihren Kopf rund geformt?
Damit sich Ihre Gedanken im Zielerreichungs-Regelkreis drehen!

LITERATUR

Simon, Walter: *Ziele managen*. Offenbach: GABAL 2000
Simon, Walter: *30 Minuten für eine bessere Zielerreichung*. Offenbach: GABAL 2003

Roland Spinola

studierte in München Ingenieurswissenschaften. Er arbeitete als beratender Ingenieur, Computerspezialist, Vertriebsleiter und Manager im Bereich Aus- und Weiterbildung, darunter sechs Jahre im internationalen Schulungszentrum von IBM in Brüssel als Manager Executive Development. Im Rahmen dieser Aufgabe entwickelte er sein besonderes Interesse für die Zusammenhänge zwischen Gehirnfunktion und menschlicher Kreativität. 1982 lernte er Ned Herrmann und sein Modell der bevorzugten Denkstile kennen und erwarb nach einer Ausbildung bei diesem die Lizenz für das *Herrmann Dominanz Instrument (H.D.I.)*. Er war bis Mitte 2001 Geschäftsführender Gesellschafter des von ihm gegründeten *Herrmann Instituts Deutschland* in Fulda. Dieses wird jetzt unter neuer Leitung in Weilheim/OBB weitergeführt. Roland Spinola arbeitet als selbstständiger Trainer und Berater. Schwerpunkte seiner Seminare und Vorträge sind – neben der Zertifizierung und Beratung rund um das *H.D.I.* – die Themen Kreativität, Kooperation und Synergie im Team sowie »Intercultural Differences«. Außerdem beschäftigt er sich mit den teilweise dramatischen Veränderungen in der Welt und versucht, in Vorträgen und Seminaren deren Frühwarnzeichen aufzuzeigen und neue Verhaltenskonzepte vorzustellen.

Kontakt: Roland.Spinola@hid.de
www.rolandspinola.de

Roland Spinola

Mit Schwung in die Zukunft

Wegweiser und Leitplanken, die uns helfen können, zukunftstauglicher zu werden

»In dieser schnelllebigen Zeit ...« oder: »... die immer mehr steigende Informationsflut ...« oder »... die wachsende Orientierungslosigkeit ...« – hören Sie diese oder ähnliche Schlagwörter auch immer häufiger? Sind das nur modische Begriffe – griffig, aber inhaltsleer?

Der Standpunkt des Betrachters

Kennen Sie die Geschichte der sechs blinden Weisen, die einen Elefanten beschreiben sollen? Jeder kommt zu einem anderen Ergebnis, je nachdem, welchen Teil des Elefanten er »begriffen« hat – im wahrsten Sinne des Wortes.
Der erste Blinde fühlt die raue Haut und sagt, ein Elefant sei wie eine Wand. Der zweite Weise ertastet den Rüssel des Elefanten und meint, dass ein Elefant wie ein langer Arm aussehen müsse. Der dritte Weise ertastet das Ohr und glaubt, ein Elefant sei wie ein großer Fächer. Der vierte Weise, der die Beine ertastet, sagt, ein Elefant ähnele den Säulen eines Palastes. Der fünfte Weise ertastet den Schwanz und beschreibt den Elefanten als ein dickes, langes Seil, und der sechste schließlich fühlt den Stoßzahn und sagt, beim Elefanten handle es sich um einen Speer. Jeder hat auf seine Art Recht, aber keiner kann den Elefanten vollständig begreifen.

So wird die Geschichte – mit vielen Varianten – erzählt, und immer gehen wir wie selbstverständlich davon aus, dass der Erzähler natürlich sehr genau weiß, was ein Elefant »wirklich« ist!

Sind wir alle blind?

Könnte es sein, dass es gar keinen Elefanten gibt und der Erzähler ebenfalls blind ist und nicht weiß, wovon er spricht? Und könnte es sein, dass es uns mit der Wahrnehmung dessen, was um uns herum geschieht, ähnlich geht?

Was heute mit der Menschheit global passiert, ist so komplex, vernetzt und dynamisch, dass es eine eindeutige Interpretation kaum mehr geben kann. Diese ist aber als Grundlage für zukünftiges Handeln nötig, wenn wir nicht im Chaos enden wollen.

Wir verstehen den Zusammenhang der Welt nicht mehr, und zwar im Wesentlichen aus folgenden Gründen:

- Wir haben Informationsdefizite: zu viel, zu wenig oder die falschen Informationen. Einerseits werden wir überschwemmt mit Daten und Fakten, andererseits wird uns vieles vorenthalten oder bewusst verzerrt oder verfälscht dargestellt.
- Es gibt keinen erkennbaren Wertekonsens zwischen den handelnden Personen.
- Wir haben unterschiedliche Arten der Informationsverarbeitung (Denkstile, Prioritäten, Einflüsse des Unbewussten, Motivstruktur usw.).

Wie können wir in einer Welt sinnvoll handeln, die wir nicht verstehen? Welche Einstellungen könnten uns dabei helfen? Drei Maximen, unter denen sich vieles weiter differenziert, scheinen mir dabei besonders wichtig zu sein:

3 Maximen zum Umgang mit Komplexität

- Authentizität – das Besinnen (und Beharren!) auf der unverwechselbaren Einmaligkeit des eigenen Ichs.
- Lebendige Werte – ständig überprüfte und möglicherweise neu definierte moralische und ethische Leitideen.
- Verantwortung – die Einsicht, dass jeder seinen Beitrag leisten sollte und dabei seine Grenzen und Möglichkeiten genauso im Auge behält wie die Interessen anderer Menschen.

»Die Kunst, den richtigen Weg zu wählen, besteht aus zwei Ideen: Erstens, sich aus der eigenen Mitte heraus zu bewegen und

authentisch zu sein, und zweitens, Übereinstimmung und Zusammenarbeit mit anderen zu suchen, weil wir niemals in einem Vakuum agieren.«
Justine Toms, Mitbegründerin des kalifornischen Senders *New Dimension Radio*

Wegweiser und Leitplanken

Ich habe im Laufe der Jahre eine Reihe von Ideen gesammelt, die mir in vielen Situationen entweder als Wegweiser oder als Leitplanke helfen, die Welt zu verstehen, um damit zukunftstauglicher zu werden. Ein *Wegweiser* lässt mir die Wahl und zeigt mir Möglichkeiten auf; die *Leitplanke* zwingt mich, in eine Richtung zu gehen, wenn ich nicht im Graben landen will.

Ich möchte Ihnen diese Ideen vorstellen. Nicht alles wird für Sie gleich sinnvoll sein – einiges mag Ihnen irrelevant erscheinen, anderes wiederum sehr hilfreich, und diese Überlegung bringt uns schon zur ersten Überschrift.

Das Buffet-Verhalten

Erinnern Sie sich an das letzte üppige Frühstücksbuffet in einem Hotel: Auch wenn es noch so verlockend aussah und der Hunger groß war – Sie werden ausgewählt haben, was Sie sich auf den Teller luden. Wählen Sie aus den Informationen über die Zukunft ebenso sorgfältig das aus, was Sie mögen, was Ihrem »Hunger« und Ihren »Verdauungsmöglichkeiten« entspricht. In vielen Fällen haben wir nicht das Fachwissen oder die Vorkenntnisse, um eine Information zu verstehen. Oder es kann sein, dass wir dem »Koch« nicht vertrauen, wir bereits mit anderem überfüttert sind oder die Art der Zubereitung (»Fisch nur gekocht!«) uns nicht behagt? Angesichts des Riesenbuffets Internet kann diese Selbstbescheidung uns oft vor »information overload« bewahren.

Wenden Sie dieses Vorgehen auf auch dieses Buch an – und auf den Beitrag, den Sie gerade lesen.

Das Ja-aber-Syndrom

Widerstehen Sie dem Drang, auf das, was Sie hören, innerlich mit »Ja, aber ...« zu reagieren. Wir sind in unserer von Konkurrenz geprägten Gesellschaft darauf programmiert, Freude am sofortigen Einwand zu empfinden. Aber Menschen warten darauf, dass wir ihnen zuhören, ohne all die vielen Einwände, die dazu führen, dass wir an vielen Innovationsmöglichkeiten blind vorüberlaufen.

Empathisch und emphatisch zuhören

Lernen Sie zuzuhören, empathisch und emphatisch: Einerseits versetzen Sie sich in die Lage des Redners und versuchen, seine Gefühle und Motive zu verstehen, und andererseits sind Sie »ganz bei der Sache« und versuchen, die Botschaft mit allen ihren Nuancen aufzunehmen. Werten Sie zunächst nicht und widerstehen Sie der Versuchung, die Äußerungen gleich in Ihr eigenes Konzept einzuordnen.

Es ist erstaunlich, was man alles lernen kann, wenn man sich innerlich sagt: »Warum nicht?« und den eigenen Profilierungsdrang nicht zu Wort kommen lässt.

Es ist interessant zu beobachten, wie Ihre Umgebung reagiert, wenn Sie so vorgehen: Die meisten Menschen sind innerlich auf einen »Ja-aber«-Gegenangriff vorbereitet und gehen mental schon mal in Habt-Acht-Stellung. Wenn dann die verbale Attacke ausbleibt, sind sie verblüfft und wissen im ersten Augenblick nicht, wie sie sich verhalten sollen. Das ist bisher leider eine seltene Erfahrung, wovon Sie sich in den meisten Talkshows überzeugen können. Es würde unserer politischen Diskussionskultur gut tun, wenn man jede »Ja-aber«-Entgegnung entschärfen könnte.

Die Schwarz-Weiß-Logik

Seit Aristoteles vor über 2000 Jahren die Gesetze der formalen Logik begründet hat, geht die westliche Welt davon aus, die Wahrheit im Wesentlichen als etwas Zweiwertiges anzusehen: Eine Aussage ist entweder wahr oder nicht wahr, aber niemals beides zusammen. Diese philosophische Position des Positivismus dominiert das Denken des Westens. Logisch gesehen gibt es also nichts, was einerseits wahr ist, anderseits gleichzeitig nicht wahr. Die Wissenschaft sieht demnach die Welt schwarz und weiß, Grautöne ignoriert sie.

Die Digitalisierung der Welt

Verstärkt wird diese Einstellung noch durch die immer stärkere Digitalisierung unserer Welt, in der, vom Computer bis zur religiösen Sekte, null oder eins, richtig oder falsch, »du bist für uns« oder »du bist gegen uns« die beherrschenden Alternativen sind.

Die Wirklichkeit, mit der wir Menschen es meistens zu tun haben, ist aber anders geartet. Weniges ist nur schwarz oder nur weiß – es gibt immer Grautöne, graduelle Unterschiede. Das erzeugt Unsicherheit und bringt uns oft in Situationen, in denen eine bequeme, eindeutige Antwort nicht möglich ist. Hüten wir uns vor den »schrecklichen Vereinfachern«!

In der Geschichte vom Sandhaufen kommt dieses Dilemma sehr schön zum Ausdruck (zitiert nach Daniel Schwamm):

Zenon, der große griechische Philosoph, tritt vor seine Schüler und weist auf etwas vor ihm auf dem Tisch. »Was ist das?«, fragt er.
»Ein Haufen Sand«, bekommt er als Antwort zurück.
»Richtig, das ist ein Haufen Sand«, sagt Zenon lächelnd, nimmt ein paar Sandkörner vom Haufen weg und streut dafür Salzkörner hinein. Dann fragt er erneut: »Was ist das?«
Die Schüler sind verblüfft. »Es ist immer noch ein Haufen Sand.«
Zenon entnimmt dem Haufen Sand weitere Sandkörner und ersetzt sie durch Salzkörner. »Was ist das?«, fragt er ein drittes Mal.
Unsicherheit spiegelt sich in den Gesichtern der Schüler. »Ein Haufen Sand«, sagt ein Teil von ihnen. »Ein Haufen Salz«, sagt ein anderer.
Zenon wiederholt die Prozedur des Austauschs von Sand durch Salz, sodass vom ursprünglichen Sandhaufen nur noch wenige Körner übrig sind. »Was ist das?«
»Ein Haufen Salz«, behaupten nun seine Schüler.
»Richtig, das ist ein Haufen Salz. Aber wann«, fragt Zenon triumphierend, »hat der Haufen Sand aufgehört, ein Haufen Sand zu sein, und wurde zu einem Haufen Salz?«
Darauf wusste keiner seiner Schüler eine eindeutige Antwort.

»Fuzzy Logik«

Die Zenon-Parabel zeigt uns, dass die Welt sehr wohl Grautöne kennt. Mehr noch, der Großteil allen Seins ist grau, denn nur Sonderfälle sind ausschließlich das eine, ohne auch – und sei es noch so gering – ein bisschen das andere zu sein. So sieht die Welt in Wahrheit aus: Männer sind männlich und ein wenig weiblich, Pazifisten sind friedfertig und ein wenig kriegerisch. Aus dieser Einsicht entstand »Fuzzy Logik«, die uns außer totaler Akzeptanz und totaler Ablehnung andere Möglichkeiten finden lässt. So entsteht eine multivalente Logik, die eher dem analogen Prinzip gleicht und uns erlaubt, komplexe Zusammenhänge wesentlich differenzierter zu beschreiben. Ich glaube, es wäre wichtig, dass wir die dadurch gegebenen Möglichkeiten der Bewertung auch in der Alltagsdiskussion stärker beachten. Wenn Sie nicht zustimmen: zu wie viel Prozent? Allem oder nur einem Teil? Welchem? Wenn wir Extreme vermeiden, gelingt es auch eher, in einer Diskussion Konfrontationen zu vermeiden – wir differenzieren stärker und werden damit der Vielfältigkeit der meisten Situationen eher gerecht.

Matcher und Mismatcher

Legen Sie einem Menschen folgende Gleichungen vor:

2 x 8 = 16
13 + 7 = 21
18 : 6 = 3

und fragen: »Was fällt dir auf?« Viele werden auf den Fehler in der zweiten Gleichung hinweisen – das sind die *Mismatcher*.

Fragen Sie dagegen: »Was fällt dir Positives auf?«, so sprechen Sie die Matcher-Qualität in Ihrem Gegenüber an; Antworten könnten dann sein: »66 Prozent sind richtig« oder: »Wenn wir das Gleichheitszeichen in der zweiten Gleichung durch das Zeichen < ersetzen, ist alles richtig«.

Matcher suchen Ähnlichkeiten

Menschen wenden oft eine von zwei Vorgehensweisen an, wenn sie mit Neuem konfrontiert werden: Die Matcher suchen sich das heraus, was ihrer Erfahrung, ihrem Weltbild und Glaubenssystem entspricht, und machen davon den Grad ihrer Zustimmung oder Ablehnung abhängig. Sie benutzen diese Einteilung oft auch als Sprungbrett für die Weiterentwicklung von Ideen.

Mismatcher suchen Abweichungen

Die Mismatcher finden die Schwachstellen, Denkfehler, Brüche in der Logik heraus und können dies zur Grundlage von Verbesserungs- und Erweiterungsmöglichkeiten machen. Natürlich ist auch das wieder nicht schwarz-weiß, aber jeder von uns hat doch eine starke Neigung in die eine oder andere Richtung.

Ich bin zum Beispiel ein stärkerer Matcher – und deshalb weniger geeignet zum Korrekturlesen: Ich übersehe Fehler und Unklarheiten, bin aber ganz gut beim Auffinden von Verbindungen und Vernetzungen. »Was fällt dir dazu noch ein?« ist für mich eine sinnvollere Frage als die Bitte, Fehler aufzuspüren.

Matcher sind notwendig, um Bestehendes zu erweitern, sodass Neues, Innovatives entsteht. Mismatcher werden dann gebraucht, wenn zu viel Einigkeit herrscht und unter Umständen Alternativen nicht erforscht werden.

NLP (Neurolinguistisches Programmieren) kennt diese Einstellung als *Beziehungs-Metaprogramm*. Es ist eines der Systeme, die wir benutzen, wenn wir etwas verstehen. Einige Menschen brauchen Ähnlichkeiten, um etwas zu verstehen. Für sie bedeutet Verstehen: Was haben bestimmte Dinge, Ereignisse gemeinsam? Diese Menschen vergleichen das, was sie hören, mit dem, was sie schon kennen, sie vergleichen Daten untereinander.

Für andere bedeutet Verstehen, Unterschiede erkennen zu können. Die Verteilung in der Bevölkerung sieht etwa so aus:

- 10 Prozent sehen nur Gleichheit.
- 55 Prozent wollen zuerst wissen, worin die Gleichheiten bestehen, und dann, worin die Unterschiede.
- 25 Prozent sehen zuerst die Unterschiede und dann die Gleichheiten.
- 10 Prozent sehen nur Unterschiede und können daher nur schwer Muster und Strukturen erkennen.

Matcher und Mismatcher sind also die Extreme im oben genannten Sinne.

(Ich verwende diese beiden Begriffe etwas anders als NLP – eher unter dem Aspekt: Sieht jemand bevorzugt Details, Sequenzen, ist er exakt, oder sieht er das Gesamte, hat er Überblick, und was ist seine bevorzugte Form, Kritik anzubringen?)

Die »Closed-Mind«-Falle

Trennen Sie Botschaft und Sender. Die Tatsache, dass jemand eine Weltanschauung, politische Meinung oder Religion vertritt, die Sie nicht teilen, sollte Sie nicht taub machen für Inhalt und Qualität der Botschaften, die von diesem Menschen ausgehen.

Milton Rokeach hat in seinem Buch *The Open and the Closed Mind* beschrieben, wie Zuhörer auf die Aussagen eines Sprechers reagieren können:

Sprecher und Botschaft

1. Ich akzeptiere den Sprecher und seine Botschaft.
2. Ich akzeptiere den Sprecher und lehne seine Botschaft ab.
3. Ich lehne den Sprecher ab und akzeptiere seine Botschaft.
4. Ich lehne den Sprecher und seine Botschaft ab.

Personen mit einem »open mind« können alle vier Einstellungen einnehmen, während »Closed-Mind«-Personen nur gemäß 1. und 4. reagieren.

Lenin zum Beispiel reagierte nur gemäß 1. Er konnte also auch Freunden nicht vertrauen, wenn sie Ansichten vertraten, die er ablehnte, und wenn er einer Person misstraute, so lehnte er auch Botschaften ab, mit denen er eigentlich übereinstimmte.

Solche Menschen sind meist voller Angst und fühlen sich verfolgt. Menschen, die sich ihrer selbst sicher sind, kennen und schätzen ihre eigenen Glaubenssysteme, zum Beispiel in religiösen oder politischen Fragen, sind aber offen für andere Ansichten, gleichgültig, von wem sie kommen.

Die Konsumwerbung benutzt häufig die Unsicherheit von Menschen, die sich eher an die erste Einstellung halten: »Ich finde diese Person sympathisch; deshalb glaube ich die Botschaft, die sie im Werbespot vermittelt.« Dabei ist natürlich nicht einzusehen, warum ein früher für sein gekonntes Fußballspiel bekannter Mann besonders glaubhaft ist, wenn es um die Beurteilung eines Handy-Services oder den Geschmack eines Bieres geht!

Die Etikettierungs-Perfidie

Ähnlich wie bei der »Closed-Mind«-Falle wird eine Ansicht oder Information dadurch eingefärbt, dass sie mit einem Etikett versehen wird, zum Beispiel: »Das ist unwissenschaftlich.« So etwas kann positiv wie negativ erfolgen: Die Einordnung in eine übergeordnete Kategorie genügt, eine Wertung zu suggerieren, die mit dem Etikett verbunden ist.

Suchen nach der richtigen Schachtel

Ich weise in Vorträgen über Paradigmenwechsel oft auf die Schwächen der reinen Marktwirtschaft hin und auf die Unmöglichkeit ständigen Wachstums, wie es in unseren Geldsystemen zwingend vorgesehen ist. Die Überlegungen sind für viele Zuhörer so neu und oft ungewöhnlich, dass sie schnell nach einem Etikett suchen oder nach einer Art Schachtel mit Aufschrift, in die sie das unter Umständen Bedrohliche ablegen können. »Ist das nicht Kommunismus?«, werde ich manchmal gefragt. Würde ich »Ja, natürlich« sagen, so könnte man das Gehörte beruhigt ablegen: Kennen wir, haben wir schon erledigt – das Auseinandersetzen mit neuen Ideen bleibt dann aus.

Der Gedenkstein-Irrtum

Ich zeige meinen Zuhörern manchmal ein Bild mit zwei Gedenksteinen. Auf dem vorderen steht der Satz: »1939–1945 – Diesen Stein haben die Bewohner des Dorfes errichtet in Erinnerung an die gefallenen Väter und

Söhne des Zweiten Weltkrieges.« Der hintere, ältere Stein ist teilweise verwittert; was wir noch lesen können ist: »1914–1918 – Diesen Stein haben die Bewohner des Dorfes errichtet in Erinnerung an die gefallenen Väter und Söhne des …« – der Rest ist nicht mehr sichtbar.
Auf die Frage: »Was steht noch auf dem hinteren Stein?« antworten nahezu alle: »… des Ersten Weltkrieges.« Aber das kann natürlich nicht stimmen – denn als der Stein nach dem Krieg 1914 bis 1918 errichtet wurde, gab es noch keinen »Ersten Weltkrieg« – damals nannte man ihn den »Großen Krieg«.

Keine vorschnellen Schlüsse für die Zukunft aus der Vergangenheit ziehen

Im Nachhinein scheint vieles selbstverständlich, was vorher durchaus offen und nicht vorhersehbar war. Das sollte man beachten, wenn man die Zukunft aus der Vergangenheit ableiten will.

Mich erinnert die Geschichte noch an ein anderes Phänomen, das ich manchmal beobachte: Jemand erzählt mir etwas und setzt im Verlaufe der Erzählung ein Wissen bei mir voraus, das ich tatsächlich nicht habe, Zusammenhänge, die ich nicht kenne, oder Personen, von denen ich keine Ahnung habe.

Wir sollten öfter nachfragen, ob wir das, was uns an Wissen als selbstverständliche Grundlage zur Verfügung steht, um Zukünfte zu entwickeln, beim jeweils anderen auch voraussetzen dürfen.

Die Ethik-Leitplanke

Die Fülle der Informationen, Aufforderungen und Suggestionen, die auf uns einstürmen, ist so groß und komplex, dass wir oft eine innere Richtschnur, eine Art Leitplanke brauchen, um uns sinnvoll und authentisch zu entscheiden. Diese persönliche Ethik kann religiös begründet sein oder aus einer anderen Philosophie herrühren – sie bewahrt uns vor Beliebigkeit, die im Chaos enden kann: Wir finden uns sonst in unseren eigenen Entscheidungen nicht mehr zurecht.

Nehmen Sie ein einfaches Beispiel: Sie haben sich vorgenommen, niemals zu lügen. Das mag das Leben manchmal etwas anstrengend machen – aber es ermöglicht rasche Entscheidungen, weil eine große Anzahl von Abwägungen und Entscheidungsalternativen entfällt.

Die Intuitionshilfe

Nicht alles ist berechenbar – glücklicherweise! In vielen Fällen genügt es nicht, sich mit gründlicher Analyse auf Entscheidungen vorzubereiten. Vieles lässt sich nicht berechnen und vielleicht nicht einmal ausreichend begründen. In diesen Fällen ist es gut, wenn man gelernt hat, seiner Intuition zu vertrauen, oder wenn man Zugang zur Intuition anderer Menschen hat. Der Unternehmensleiter, der sich für eines aus mehreren Projekten entscheiden muss, die sich alle ähnlich »rechnen«, muss der Intuition vertrauen.

Was ist Intuition?

Intuition ist nicht ein »Gefühl«, sondern (laut Duden) das *»unmittelbare, nicht auf Reflexion beruhende Erkennen, Erfassen eines Sachverhaltes oder eines komplizierten Vorgangs«*, also ein durchaus intellektueller Akt, der Zugriff auf ein Wissen, das nicht begründet werden muss.

Das ist trainierbar, wenn die entsprechende Denkpräferenz als Anlage vorhanden ist. Viele Menschen besitzen dieses Vertrauen in die eigene Intuition und oft wird für Unternehmensleiter und strategische Planer »Intuitionskompetenz« als unverzichtbar gefordert. Unsere Erziehungssysteme tun wenig, um diese Fähigkeiten zu entwickeln – wir müssen uns schon selbst darum bemühen.

Der Kultur-Filter

Bedenken Sie bei der Beurteilung neuer und neuartiger Informationen, dass Sie einen Kultur-Filter haben, der Ihnen kaum ständig bewusst sein dürfte. Zum Beispiel sind Sexualität oder die Unabdingbarkeit des Todes allen Menschen gemeinsam, aber wie wir damit umgehen als Individuum oder Gemeinschaft, ist von Kultur zu Kultur sehr unterschiedlich.

Bei der Schilderung von geschäftlichen Verhandlungen mit Ostasiaten hört man immer wieder die Klage, man wisse bei diesen Menschen nicht recht, woran man sei. Abends wurde noch allem zugestimmt und als am nächsten Morgen unterschrieben werden sollte, galt das gestrige »Ja« nichts mehr. Was dabei vergessen wird: Das »Ja« bedeutete nicht Zustimmung, sondern nur: »Ich habe gehört und verstanden, was Sie gesagt haben.«

Sprachliche »falsche Freunde«

Dazu kommen die »falschen Freunde« in der Sprache: Ein scheinbar ähnliches Wort kann in einer anderen Sprache eine völlig andere Bedeutung haben. Nehmen Sie das deutsche Wort »brav«, worunter wir etwa »artig, gehorsam« verstehen. Im Spanischen ist die »Costa Brava« aber alles andere als brav, nämlich »wild«. Im Italienischen heißt »bravo« »tüchtig« und ein »brave soldier« im Englischen schließlich ist »tapfer«.

Das Negativ-Sieb

»Nur eine schlechte Nachricht ist eine gute Nachricht«: Das scheint die Maxime unserer Fernsehnachrichten zu sein. Achtzig Prozent Katastrophen, Unfälle oder Abartiges, Politiker, die sich gegenseitig beschimpfen, Stars und Sternchen mit ihren Trivialgeschichten und berühmte Sportler, die beim Seitensprung erwischt wurden.

Das Bild, das wir sehen, ist meistens gefiltert. Daran sollten Sie denken, wenn Sie aus den Ihnen so angebotenen Informationen Schlüsse ziehen.

Der Lautstärke-Trick

Laut heißt nicht richtig

Bei der Konkurrenz innerhalb der Informationsflut versuchen viele, sich durch Lautstärke Gehör zu verschaffen – und das resultiert oft in Übertreibung. Wer lauter schreit, hat deswegen nicht mehr Recht! Das wirklich Wichtige und Interessante kommt möglicherweise leise und ohne großen optischen Aufwand zu Ihnen.

Ich habe im Training häufig die Aufgabe, gerade diejenigen zu ermutigen, ihren Beitrag zu leisten, die eher leise und zurückhaltend sind. Dabei ist das oft nicht Scheu, sondern eher Ab-Scheu davor, sich mit »Gewalt« gegen die Vorlauten durchsetzen zu müssen.

Das Fisch-im-Wasser-Phänomen

»Ich weiß nicht, wer das Wasser als Erster entdeckt hat – aber ich weiß, es war kein Fisch.« Warum? Ein Fisch ist umgeben von Wasser – und hat nie etwas anderes kennen gelernt, sodass er nur dieses »Paradigma« kennt.

Was ist ein Paradigma?

Was ist ein Paradigma? Es ist die grundlegende Art der Wahrnehmung, des Denkens und Handelns, zusammen mit einer bestimmten Sicht der Realität. Ein Paradigma ist selten ausdrücklich definiert – und wenn wir mittendrin stecken, haben wir Schwierigkeiten, zu sehen oder gar zu erkennen, dass es nur eine von vielen Betrachtungsweisen darstellt.

Joel Barker schlägt diese Definition vor:

»Ein Satz von Regeln und Richtlinien, die
1. *Grenzen beschreiben und*
2. *uns sagen, was wir tun müssen, um innerhalb dieser Grenzen erfolgreich zu sein.«*

Innovationen von außen

Diese Formulierung zeigt auch, warum es so schwierig ist, aus einem Paradigma, das einen umgibt wie Wasser den Fisch, auszubrechen. Denn dieser Ausbruch gefährdet ja unter Umständen den Erfolg. Das erklärt, weshalb Innovationen häufig von Fachfremden kommen, »Dilettanten« im besten Sinne des Wortes, die noch nicht einem herrschenden Paradigma verpflichtet sind.

Beispiel: Uhrenindustrie

Ein besonders drastisches Beispiel ist der Niedergang der Schweizer Uhrenindustrie in den 70er-Jahren. Der Anteil am Weltmarkt betrug im Jahr 1968 65 Prozent, erwirtschaftet mit 62 000 Mitarbeitern. Im Jahr 1981 betrug der Schweizer Marktanteil noch 10 Prozent, und die Anzahl der Mitarbeiter war auf 12 000 geschrumpft. Was war geschehen? Die Quarzuhr war erfunden worden und hatte die mechanischen Uhrwerke fast verdrängt! Texas Instruments, Seiko und ähnliche Firmen hatten damit die Weltmärkte erobert.

Und wer hat die Quarzuhr erfunden? Die Schweizer! Sie wurde in Neuchâtel entwickelt, und die »Unflexibilität der Schweizer Uhrmacher« (FORTUNE-Magazin) verhinderte, dass sie selbst die Erfindung als etwas bahnbrechend Neues erkannten: Sie schwammen im Wasser des Uhrenparadigmas ihrer Zeit: Unruhe, Feder, zwei Zeiger – das sind die Merkmale einer Uhr.

Aus eigener Erfahrung weiß ich, wie IBM den Siegeszug des Personalcomputers verschlafen hat, weil das Unternehmen im Paradigma des Großcomputers gefangen war.

Die »Synergie aus Vielfalt«-Chance

Andersartigkeit erzeugt oft Ängste, aber nur aus der Vielfalt unterschiedlicher Denk- und Verhaltensweisen, verschiedener Meinungen, Ideologien und Schlussfolgerungen ergibt sich die Chance zur Synergie und damit zu kreativen, wirklich neuen Ansätzen.

Chancen aus der Vielfalt

In den letzten Jahren hat der Begriff »Diversity« in der Personalentwicklung eine große Bedeutung erlangt. Unter diesem Oberbegriff ging es zunächst um die gleichberechtigte Einbeziehung von Minoritäten, zum Beispiel »African Americans«, »Native Americans«. Mit der »politisch korrekten« Sprache fing es an. Man sagte nicht mehr »Neger« oder »Indianer«, ähnlich, wie man in Deutschland nicht mehr »Zigeuner« sagen darf. Über Chancengleichheit kam man schließlich dazu, die Vielfalt als Quelle von Synergie zu begreifen. Parallel dazu entwickelte sich die Emanzipation von Frauen zu einer Bewegung, die den Namen »Es lebe der Unterschied« haben könnte. Nachdem die Gleichberechtigung große Fortschritte gemacht hat, muss sie nicht mehr kontrovers diskutiert werden. Wir können uns mit den unterschiedlichen Denk- und Verhaltensweisen von Männern und Frauen beschäftigen. Vera F. Birkenbihl hat hierzu einen Videovortrag herausgebracht, dessen Bücherliste über 80 Titel umfasst. Die Themen gehen weit über die Trivialitäten der Pop-Literatur à la »Männer hören nicht zu und Frauen können nicht einparken« hinaus und zeigen teilweise sehr differenziert auf, welche Möglichkeiten sich für die Gestaltung der Zukunft aus den Unterschieden, aus der Vielfalt ergeben.

In der Persönlichkeitsentwicklung gehen wir zunehmend dazu über, das einzelne Individuum in seiner Einmaligkeit zu betrachten. Ich habe meiner Trainings- und Beratungsarbeit der letzten 20 Jahre ein Modell zugrunde gelegt, das unterschiedliche Denkstile beschreibt und für die einzelne Person grafisch sichtbar macht. Für viele war die Erkenntnis der eigenen, einmaligen Denkpräferenzen ein Schlüsselerlebnis und eröffnete eine Welt von Einsichten über das Verhältnis zu einem Partner, zum Beruf oder zur Position in einer Gemeinschaft, etwa in einem Arbeitsteam.

Jeder Mensch ist einmalig – das gibt ihm die Möglichkeit, autonom und selbstbewusst zu sein.

Mehr und mehr Menschen verlangen, dass ihre Einzigartigkeit anerkannt und berücksichtigt wird: Dann sind sie auch bereit, ihr Bestes zu geben.

Wenn es uns gelingt, diese unterschiedlichen Denk- und Verhaltensweisen wertfrei sichtbar zu machen, dann können wir beginnen, einen Dialog darüber zu führen, was uns unterscheidet, was uns gemeinsam ist und wie wir aus diesen Unterschieden und Gemeinsamkeiten Synergie entwickeln können.

Die Exponential-Katastrophe

In einer mittelgroßen Stadt (60.000 Einwohner) wurde die Bevölkerung gefragt, welches Wachstum sie für angemessen halte. Die meisten fanden 10 Prozent Bevölkerungszuwachs pro Jahr nicht übertrieben. Das bedeutet:

Nach einem Jahr:	66 000	nach fünf Jahren:	96 630
nach zwei Jahren:	72 600	nach sechs Jahren:	106 294
nach drei Jahren:	79 860	nach sieben Jahren:	116 923
nach vier Jahren:	87 846	– *also fast eine Verdopplung*!	

Damit hatte keiner gerechnet. Wenn dieses Wachstum so weiter ginge, hätte die Stadt nach weiteren 20 Jahren eine Million Einwohner!

Exponentielles Wachstum wird von den wenigsten Menschen verstanden, weil es in unseren natürlichen Lebensprozessen kaum wahrgenommen wird. Entwicklungen, die einen natürlichen oder linearen Verlauf haben, können wir leicht nachvollziehen. Für exponentielle Entwicklungen sind wir hingegen nur ungenügend vorbereitet; deshalb sind sie für uns schwer zu begreifen. Eine große Gefahr exponentieller Entwicklungen besteht darin, dass sie am Anfang sehr allmählich wachsen und dann plötzlich ihren gefährlichen Anstieg zeigen – wenn es meist schon zu spät zum Eingreifen ist.

Die Tücken exponentiellen Wachstums

Exponentielles Wachstum liegt vor, wenn eine Basismenge prozentual wächst. Es führt immer zur Katastrophe, wenn es nicht in einem frühen Stadium begrenzt wird – Krebs ist dafür ein Beispiel.

In natürlichen Prozessen sind immer Mechanismen eingebaut, die ständiges Wachstum bremsen, zum Beispiel: Gehirnzellenwachstum wird in den ersten Wochen nach der Geburt plötzlich gestoppt – die weitere Entwicklung erfolgt in der immer komplexeren Vernetzung.

Zinseszins ist ein Beispiel für einen »unnatürlichen«, also von Menschen gemachten Prozess, der irgendwann in die Katastrophe führen muss. Das wird noch von wenigen Menschen verstanden.

Achten Sie bei Wachstumsprozessen auf die Notwendigkeit der Begrenzung.

Der »Möwe-Jonathan«-Glaubenssatz

»Begründe deine Grenzen, und sie werden mit Sicherheit wahr!«, sagt Richard Bach in seinem Roman *Illusionen*. Er ist als Autor von *Die Möwe Jonathan* bekannt geworden, die ständig danach strebt, ihr Wissen und ihr Können zu erweitern und ihre Grenzen nicht zu akzeptieren.

Grenzen überschreiten

Jeder von uns konstruiert seine Wirklichkeit mit ihren Begrenzungen selbst. Wir sollten dabei die Macht positiver wie negativer Suggestionen nicht unterschätzen.

Die Grenzen ständig ein wenig weiter nach außen zu verschieben würde unsere Fähigkeit, Zukunft kraftvoll und optimistisch zu gestalten, stärken und erweitern.

Und noch etwas: Sie erkennen die eigenen Grenzen nur, indem Sie sie gelegentlich überschreiten – das Verhalten von Kindern ist ein wunderschönes Beispiel dafür. Das gilt für selbst gesetzte Grenzen genauso wie für jene, die andere einem setzen.

»Just-in-Time«-Lernen

Lebenslanges Lernen gehört zur Zukunftsfähigkeit. *»Lernen ist wie Schwimmen gegen den Strom – sobald du aufhörst, fällst du zurück.«* Unser Wissen schlägt immer schneller um – ein Anlegen von »Vorratswissen« ist nicht mehr sinnvoll: Wir müssen »just in Time« lernen! Damit ist noch nicht gesagt, wo dieses Lernen stattfindet: aus einem Buch oder über den Computer, im Seminar oder Workshop oder »on the Job«.

Die frühe Erziehung in Kindergarten, Schule und Hochschule sollte dafür das Fundament legen: einerseits Bildung und grundlegende Fähigkeiten vermitteln, andererseits trainieren, wie man effizient lernt.

Verschiedene Lerntypen

Es gibt unterschiedliche Lerntypen, und jeder Mensch sollte wissen, wie er sich am besten neues Wissen und neue Fertigkeiten aneignen kann. Das kann entscheidend sein, wenn wir kurzfristig eine neue Technologie erlernen müssen oder das Fachgebiet wechseln, um Chancen wahrnehmen zu können.

Die Trapez-Entscheidung

Stellen Sie sich vor, Sie sind ein Artist in der Zirkuskuppel und hängen an einem schwingenden Trapez – das ist Ihre Aufgabe, die beherrschen Sie, und Sie sind zufrieden mit dem Rhythmus Ihres Lebens.
Auf einmal sehen Sie, wie Ihnen eine andere Trapezstange entgegenschwingt – und darauf steht in großen Buchstaben Ihr Name. Das ist Ihre nächste Chance, Ihre Wachstumsmöglichkeit, die sich Ihnen anbietet.
Ihre Intuition sagt Ihnen, dass Sie, um diese Gelegenheit zu ergreifen, die alte Trapezstange loslassen müssen. Sie spüren auch, dass das Neue nicht ewig warten wird und vielleicht einmalig ist – es gibt keine zweite Chance dieser Art.
Sie hoffen die alte Stange noch so lange festhalten zu können, bis Sie die neue fest im Griff haben. Das geht aber nicht, wie Sie schnell einsehen. Ein Blick nach unten zeigt Ihnen auch, dass es keine Sicherheit gibt, wenn Sie loslassen und dann die neue Stange verfehlen.

Zur rechten Zeit loslassen

Das ist eine Übergangsphase, und jeder von uns hat solche Phasen im Leben wohl schon erlebt: in Partnerbeziehungen, in beruflichen Situationen, wenn wir spüren, dass das alte Trapez ausgedient hat. Aber haben wir immer den Mut, loszulassen, wenn das neue noch nicht sicher greifbar ist?

Wir sollten lernen zu erkennen, wann wir in einer solchen Situation sind, damit wir unsere Chancen nicht aus Zaghaftigkeit verpassen.

»Man entdeckt keine neuen Weltteile, ohne den Mut zu haben, alle Küsten aus den Augen zu verlieren.«
André Gide

Die Kettenkarussell-Entwicklung

Der Philosoph Peter Sloterdijk erzählte unter dem Titel *Ist der Zivilisationsprozess steuerbar?* beim Steirischen Herbst folgende Geschichte, die sich in einer westdeutschen Mittelstadt zu Beginn der 80er-Jahre wirklich zugetragen hat. Sie ist hier verkürzt nacherzählt:

Die Zauberlehrlinge

Die Akteure der Geschichte sind einige tagsüber seriöse Herren, der Schauplatz ist ein nächtlicher Rummelplatz. Die Herren schlendern nach einem ausgiebigen Geschäftsessen über einen verdunkelten und menschenleeren Rummelplatz; Mitternacht ist lange vorüber.
Als die kleine Gesellschaft an dem Kettenkarussell vorbeikommt, hat einer der Herren die glänzende Idee, auf das Podium zu klettern und auf einem Sitz Platz zu nehmen, und die anderen machen es ihm nach.
Einer von ihnen hat die glückliche Eingebung, sich an den Hebeln zu schaffen zu machen, die das Karussell in Bewegung setzen, und tatsächlich beginnt sich das Kettenkarussell zu drehen. Die Sitze schwingen hoch nach außen, vor vergnügtem Schrecken schreien die Herren auf, so etwas hat man schon lange nicht mehr erlebt.
Die vergnügten Schreie verwandeln sich allerdings bald in Hilferufe: Das Karussell ließ sich wohl von seinen Fahrgästen aus der Ruheposition starten, es lässt sich jedoch, einmal in Fahrt, von denselben Gästen nicht mehr anhalten. Erst am anderen Morgen konnten die längst ohnmächtigen Karussell-Astronauten aus ihrer Lage befreit werden – kaum einer hat das Erlebnis ohne Schaden überstanden.

Wie viele Prozesse haben wir bereits verantwortungslos in Gang gesetzt, die nicht mehr angehalten oder gar zurückgenommen werden können?

Sorgen Sie dafür, dass Sie keine Entwicklungen leichtfertig anstoßen, deren Verlauf Sie nicht mehr selbst beeinflussen können.

Die Stampede-Situation

Angenommen, Sie erkennen in einer Gruppe als Einziger, dass die eingeschlagene Richtung falsch ist, ja, sogar in die Katastrophe führen kann. Wie gelingt es Ihnen, andere von Ihrer Sicht zu überzeugen, wenn, vor lauter Aktionismus und Hektik, kaum einer bereit ist, Ihnen zuzuhören? Die Situation erinnert an eine Stampede: Wenn Sie mittendrin erkennen, dass die Richtung zum Abgrund führt, gibt es zwei Entscheidungen, die fatale Folgen haben: weiter mitrennen wie bisher oder stehen bleiben. Im ersten Fall müssen Sie befürchten, mit allen anderen unterzugehen, im zweiten Fall werden Sie zertrampelt.

Ihre Reaktion sollte also von diesen beiden Extremen jeweils so weit entfernt bleiben, dass Sie einerseits die persönliche und andererseits die globale Katastrophe, die die persönliche einschließt, vermeiden.

Netzwerke suchen

Ich stelle mir die Fortführung des Bildes von der Stampede so vor: Ich laufe weiter mit, versuche aber die mir am nächsten Laufenden davon zu überzeugen, dass wir langsam, aber sicher die Richtung ändern sollten, weg vom Abgrund – und ich bitte sie, diese Botschaft netzwerkartig weiterzugeben, sodass schließlich genügend Menschen mitmachen.

Die Paradigmen-Pioniere

Joel Barker *(Discovering The Future)* teilt die Menschen hinsichtlich ihres Umgangs mit Veränderungen in drei Kategorien ein:

Verändern oder nachfolgen?

- Die *Paradigmen-Veränderer* (»paradigm shifter«) sind die Visionäre, die Erfinder und Entdecker, deren Ideen zunächst oft unbeachtet bleiben, weil sie ihrer Zeit zu weit voraus sind oder auch weil sie meist keine genialen »Verkäufer« sind. Ein Beispiel sind die McDonald's-Brüder, die die Idee des Schnellrestaurants hatten.
- Die *Paradigmen-Pioniere* greifen die Ideen der »Shifter« auf und machen daraus den großen Erfolg. So wie die

Pioniere des wilden Westens den schmalen Pfaden der ersten Entdecker folgten und sich den Gefahren stellten, die das Unbekannte barg, so gehen die modernen Pioniere große Risiken ein, um – hoffentlich – große Gewinne zu erwirtschaften. Um bei unserem Beispiel zu bleiben: Während Dick und Mac McDonald das Fastfood-Prinzip erfunden hatten, war es Ray Kroc, der Gründer der McDonald's-Restaurantkette, der den Grundstein für »the world's largest food service organization« (laut McDonald's Internetseite) legte und dabei seine gesamten Ersparnisse aufs Spiel setzte.

- Die *Siedler* folgen den Pionieren, wenn »alles klar« ist, die Risiken nicht mehr groß und die Gewinne einigermaßen sicher sind. Sie suchen das Erprobte, Etablierte, fragen nach Beweisen und Referenzen. Me-too-Produkte und -Dienstleistungen sind typische Ergebnisse dieser Einstellung – und wir alle kennen genügend Beispiele von Hamburger-Restaurants, die sich an den Erfolg von McDonald's drangehängt haben! Aber: Für die Siedler wird bei den sich beschleunigenden Veränderungen in Zukunft immer weniger Platz sein!

Wenn wir also dabei sein wollen, wenn die Zukunft gestaltet wird, sollten wir schon Pioniere sein, die Risiken eingehen und sich nicht vor Neuem fürchten.

Der »elementaristische« Irrtum

Die Vernetzung von Entwicklungen wird oft nicht genügend beachtet. Einen Trend in die Zukunft zu projizieren, ohne zu berücksichtigen, dass viele andere Einflüsse ebenfalls wirken, kann zu grotesken Ergebnissen führen:

So rechnete jemand 1890 aus, dass New York um 1930 nicht mehr bewohnbar sein werde. Er hatte, völlig korrekt, den Bevölkerungszuwachs von vier auf sieben Millionen Menschen berechnet und gefolgert, dass für den Transportbedarf so viele Pferde notwendig sein würden, dass der Pferdemist in Manhattan bis zum 3. Stock jedes Hauses reichen würde!

Szenarien statt Hochrechnen von Vergangenheitswerten

Trendbrüche werden durch neue Entwicklungen immer häufiger werden. Aus diesem Grund sind Planungen, die im Wesentlichen aus einem Verlängern von Kurven in die Zukunft hinein bestehen, nicht mehr sinnvoll. Szenario-Technik und Fragen vom Typ »Was wäre, wenn ...« sind sehr viel sinnvoller, wenn wir uns die Zukunft vorstellen und gestalten wollen.

Die Landkarte ist nicht das Land

Verwechseln Sie nicht die Karte mit der Landschaft! Wenn ich von hier nach dort fahren will, so benutze ich eine Straßenkarte, um mich zurechtzufinden. Aber natürlich verstehe ich damit nicht die Landschaft mit allen ihren Details, ihren Gerüchen, Farben und Einzelheiten.

Modelle vereinfachen gezielt

Wir brauchen Modelle, um mit Komplexität umgehen zu können, dürfen aber nicht vergessen, dass die Wirklichkeit anders aussieht: Sie ist ein sich in der Zeit bewegendes Gebilde von nicht darstellbarer Kompliziertheit und Komplexität. Im Training höre ich immer wieder den Vorwurf der »Schubladisierung«, wenn ich menschliches Denken und Handeln mithilfe eines Modells zu erklären versuche – von denen es unzählige gibt: NLP, Transaktionsanalyse, das H.D.I. zur Darstellung von Denkpräferenzen, die Typologien nach C. G. Jung usw. Ohne diese Modelle würden wir unterschiedliche Denk- und Verhaltensweisen kaum diskutieren können – wir gingen im Meer der Begriffe unter.

In der Volkswirtschaft ist es ähnlich: Auch hier werden Modelle verwandt, die immer Vereinfachungen darstellen und nicht mit der Wirklichkeit verwechselt werden dürfen. Wir können die Zukunft nur bewältigen, wenn wir gelernt haben, einerseits Komplexität zu reduzieren, zum Beispiel durch Modelle, durch Metaphern und Analogien, und andererseits ein Bewusstsein dafür entwickeln, wie vielfältig und reich an Details die Welt ist.

Zum Schluss biete ich Ihnen noch drei Zitate auf Ihrem Weg in die Zukunft an – das erste eher eine Warnung, die beiden anderen eine Ermutigung:

»In einem Theater brach hinter den Kulissen Feuer aus. Der Pierrot trat an die Rampe, um das Publikum davon zu unterrichten. Man glaubte, es sei ein Witz, und applaudierte. Er wiederholte seine Mitteilung; man jubelte noch mehr. So, denke ich mir, wird die Welt eines Tages untergehen.«
Sören Kierkegaard

»Die Zukunft hat viele Namen. Für die Schwachen ist sie das Unerreichbare. Für die Furchtsamen ist sie das Unbekannte. Für die Tapferen ist sie die Chance.«
Victor Marie Hugo

»Manche Menschen sehen die Dinge, wie sie sind, und fragen: ›Warum?‹. Ich wage, von Dingen zu träumen, die es niemals gab, und frage: ›Warum nicht?‹«
Robert Browning

QUELLEN

Viele Menschen haben mir Anregungen gegeben. Besonders bedanken möchte ich mich bei: Joel A. Barker, Vera F. Birkenbihl, Duane Elgin, Willis Harman, Ned Herrmann, Donald N. Michael, Danaan Parry und vor allem bei meiner Frau Anke Spinola.

LITERATUR

Barker, Joel Arthur: *Paradigms. The Business of Discovering the Future.* St. Paul: ILI Press 1985

Herrmann, Ned: *Das Ganzhirnkonzept für Führungskräfte.* Wien: Ueberreuter 1996

Horx, Matthias: *Die acht Sphären der Zukunft. Ein Wegweiser in die Kultur des 21. Jahrhunderts.* Seedorf: Signum-Verlag 2002

Moser, Franz: *Bewusstsein in Raum und Zeit.* Graz: Leykam Verlag 1991

Parry, Danaan: *Krieger des Herzens. Eine Schulung zur friedlichen Konfliktlösung.* Freiburg: Verlag Alf Lüchow 1992

Brian Tracy

gehört zu den weltweit besten und gefragtesten Managementvordenkern und Erfolgstrainern. Nach umfassenden Erfahrungen in der Wirtschaft als Vertriebs- und Marketingprofi ist Tracy seit 1984 als Speaker bekannt. Seine Vorträge über persönliche und geschäftliche Effektivität erreichen jährlich weltweit mehr als 300 000 Menschen. Wie kein anderer kombiniert Tracy exzellentes Führungs- und Management-Know-how mit hoher Selbstmotivation.

Exklusiver Lizenzpartner für Brian Tracy im deutschsprachigen Raum ist die SCHEELEN AG. Als personalorientierte Unternehmensberatung hat sich das Institut auf methodisches Management-Development spezialisiert und vereint führendes Know-how in Beratung, Personalentwicklung und Training zu einem erfolgreich wirksamen Gesamtsystem.

Kontakt: *SCHEELEN® AG*
Institut für Managementberatung
und Bildungsmarketing
Klettgaustraße 21, D-79761 Waldshut-Tiengen
Telefon: 0 77 41-96 94-0, Fax: -96 94 20
E-Mail: info@scheelen-institut.de

Brian Tracy

Die »Master-Skill of Success«

Ihre Fähigkeit, Ziele (um)*zu*setzen

Ihre Fähigkeit, sich Ziele zu setzen und Pläne für ihre Verwirklichung zu machen, ist die *Master-Skill* des Erfolgs. Wenn Sie diese Fähigkeit entwickeln und dann Ihr ganzes Leben lang kontinuierlich anwenden, wird das mehr dazu beitragen, dass Sie großen Erfolg haben und hohe Leistungen erbringen, als jede andere Fertigkeit, die Sie erlernen könnten.

Verhaltensziel Zielsetzung

Wie alles andere können Sie den Prozess der Zielsetzung nur beherrschen, wenn Sie ihn lernen und dann immer wieder anwenden, bis er so automatisch geworden ist wie das Ein- und Ausatmen. Es muss Ihr Verhaltensziel sein, ein ständiger Zielsetzer zu werden. Sie müssen sich so klar darüber werden, was Sie wollen, und sich so sehr darauf konzentrieren, dass Sie jeden Tag in jeder Minute Dinge tun, die Sie Ihren Zielen näher bringen.

Intelligenz und Erfolg

Vor kurzem wurden 1500 sehr erfolgreiche Männer und Frauen ausführlich befragt, weil man herausfinden wollte, welche spezifischen Eigenschaften es ihnen ermöglicht hatten, 99 Prozent der Menschen in unserer Gesellschaft zu übertreffen. Eine dieser Eigenschaften, so stellte man fest, war »Intelligenz«. Als die

Befragten dann aber gebeten wurden, Intelligenz zu definieren, waren die meisten sich darin einig, dass sie eher mit einer »Handlungsweise« zu tun hatte als mit dem Intelligenzquotienten oder Schulnoten.

Intelligent handeln

Die Forscher kamen zu dem Schluss, dass erfolgreiche Menschen *intelligent handelten*, erfolglose dagegen unintelligent. Viele Menschen, die die besten Universitäten besucht und einen hohen IQ hatten, verhielten sich unintelligent. Und viele, die aus schlechten Verhältnissen kamen, verhielten sich intelligent.

Die entscheidende Frage schien also zu sein: »Wie ist intelligentes Verhalten zu definieren?« Die Antwort lautet ganz einfach:

> **Intelligentes Verhalten sind alle Handlungen, die Sie in die Richtung von dem führen, was Sie sich zum Ziel gesetzt haben. Unintelligentes oder »dummes« Verhalten hingegen sind alle Handlungen, die Sie von Ihren Zielen wegführen.**

Ich möchte Ihnen dazu zwei Beispiele geben. Nehmen wir an, eines Ihrer Ziele wäre ausgezeichnete Gesundheit und Fitness. Dann ist alles, was Sie tun oder unterlassen, um dieses Ziel zu erreichen, also beispielsweise regelmäßiger Sport, intelligent, während andererseits alles, was Ihre Gesundheit und Fitness verschlechtert, etwa einseitige Ernährung, Ihrer eigenen Definition zufolge dumm ist.

Falls Ihr Ziel ein hohes Einkommen und finanzielle Unabhängigkeit ist, so ist alles intelligent, was es Ihnen ermöglicht, Ihren persönlichen Wert zu steigern und finanzielle Rücklagen zu bilden. Jedes Mal, wenn Sie etwas tun, was Sie von der finanziellen Unabhängigkeit wegführt, wenn Sie also unüberlegt Geld ausgeben oder wenn Sie auch nur etwas tun, was Sie diesem Ziel nicht näher bringt, verhalten Sie sich unintelligent – nach Ihrer eigenen Definition von dem, was Sie wirklich wollen.

Wie man intelligenter wird

Die »mentalen Muskeln« trainieren

Nun möchte ich Sie an einer bemerkenswerten Entdeckung teilhaben lassen: Sie können Ihre Intelligenz um mehr als 25 IQ-Punkte steigern! Das heißt, dass Sie Ihren IQ erhöhen können, indem Sie Ihren Verstand besser einsetzen. Sie können klüger werden, wenn Sie Ihre »mentalen Muskeln« trainieren – genauso, wie Sie körperlich stärker werden können, indem Sie Ihre physischen Muskeln kräftigen. Wenn Sie klare, spezifische Ziele haben, auf die Sie jeden Tag hinarbeiten, werden Sie bald feststellen, dass Sie bei allem, was Sie tun, immer intelligenter handeln.

Unser »Erfolgsmechanismus«

Eine der vielleicht wichtigsten Entdeckungen des letzten Jahrhunderts ist: In unser Gehirn ist ein automatischer, kybernetischer Zielerreichungsmechanismus eingebaut. Wir Menschen sind die einzigen Lebewesen auf der Erde, die über diese besondere Fähigkeit verfügen. Durch sie erreichen wir automatisch die Ziele, die wir uns gesetzt haben, ganz egal, wie sie aussehen.

Dieser »Erfolgsmechanismus« arbeitet Tag und Nacht, bewusst und unbewusst. Er treibt Sie an und motiviert Sie, die Ziele zu erreichen, die Sie sich gesetzt haben. Das ist beinahe wie ein Lichtschalter: Wenn Sie das Licht eingeschaltet haben, bleibt es an, bis Sie etwas tun, um es auszuschalten. Das werde ich später noch genauer erklären.

Den Erfolgsmechanismus aktivieren

Ziele erreichen statt Spannungen abbauen

Das große Problem der meisten Menschen ist, dass ihr automatischer Zielerreichungsmechanismus nicht eingeschaltet ist. Und falls er doch eingeschaltet ist, steht er darauf, Ziele von begrenzter Wichtigkeit und eingeschränktem Wert zu erreichen. Wenn manche Leute morgens zur Arbeit kommen, besteht ihr wesentliches Ziel darin, sich zu überlegen, was sie in der Mittagspause tun wollen. Nachmittags ist es dann ihr Hauptziel, zu entscheiden, was sie sich abends im Fernsehen anschauen wollen. Ihr wichtigstes Ziel für das Wochenende ist, es zu genießen und sich die Zeit zu vertreiben. Wenn sie die Zeitung aufschlagen, ist es ihr Hauptziel, alle Sportergebnisse aus den letzten 24 Stunden zu erfahren, und wenn sie einkaufen gehen, alles auszugeben, was sie haben und an Kredit bekommen können. Sie sind viel mehr mit dem Abbau von Spannungen beschäftigt als mit dem Erreichen von Zielen.

Alles zählt!

Jetzt möchte ich Sie mit einem der wichtigsten Erfolgsprinzipien vertraut machen: »Alles zählt!« Alles, was Sie tun, fügt etwas hinzu oder nimmt etwas weg. Alles nützt oder schadet.

> **Jede Handlung – und auch jede Unterlassung einer Handlung – bringt Sie entweder Ihren Zielen näher oder entfernt Sie von ihnen. Nichts ist neutral. Alles zählt!**

Das Spiel des Lebens gewinnen

Sie haben nur zwei Möglichkeiten: Entweder gewinnen Sie das Spiel des Lebens durch überlegte Planung und entsprechende Aktivitäten, oder Sie verlieren es, indem Sie es überhaupt nicht spielen. Sie verlieren das Spiel des Lebens, wenn Sie es unterlassen, Ihren Erfolgsmechanismus einzuschalten und ihn eingeschaltet zu lassen, bis Sie Ihre Ziele erreicht haben.

Außerdem ist ins Unterbewusstsein aller Menschen ein »Misserfolgsmechanismus« eingebaut. Dieser Mechanismus ist oft zu sehen, wenn Leute nach dem schnellsten und einfachsten Weg suchen, die Dinge zu bekommen, die sie haben wollen. Die meisten gehen den Weg des geringsten Widerstands. Sie tun lieber das, was kurzfristig leicht ist und Spaß macht, als das, was schwer, aber nötig ist, um langfristig bessere Ergebnisse zu erzielen.

Jeden Morgen stehen Sie vor einer wichtigen Entscheidung. Wollen Sie das tun, was leicht ist und Spaß macht, oder das, was schwer, aber nötig ist? Bereiten Sie sich nach dem Aufstehen gewissenhaft auf den Tag vor, oder lesen Sie die Zeitung und lassen sich vom Fernseher berieseln?

Denken Sie über die Folgen nach!

Die beste Methode, die Wichtigkeit und den Wert Ihres Verhaltens zu analysieren, besteht darin, die möglichen langfristigen Folgen zu betrachten. Wenn ein bestimmtes Verhalten wertvoll und wichtig ist, kann es bedeutsame positive Auswirkungen auf Ihr Leben haben. Ist ein bestimmtes Verhalten dagegen unwichtig und irrelevant, hat es keinerlei positive Auswirkungen.

Wenn Sie beispielsweise morgens Kaffee trinken, die Zeitung lesen und sich vor den Fernseher setzen, so hat dieses Verhalten nur negative Auswirkungen auf Ihre Gesundheit, Ihr Glück und Ihren Wohlstand. Sie können diese Dinge stundenlang tun, Sie können einer der besten Zeitungsleser, Fernsehzuschauer und Kaffeetrinker im ganzen Land werden – doch das wird absolut keine Auswirkungen auf Ihre Zukunft haben. Daher ist das per definitionem ein unwichtiges Verhalten, ein Verhalten von geringem Wert, eben, weil es keine nützlichen Folgen hat.

Die Zeit sinnvoll nutzen

Wenn Sie andererseits jeden Morgen nach dem Aufstehen 30 bis 60 Minuten lesen, drei oder vier Tage in der Woche etwas für Ihre körperliche Fitness tun und sich immer darauf konzentrieren, Ihre Zeit für möglichst wertvolle Dinge einzusetzen, kann das bedeutsame Auswirkungen auf Ihre Zukunft haben. Machen Sie sich dieses Verhalten zur Gewohnheit, so haben Sie praktisch die Garantie, dass Sie in Ihrem Leben viel mehr erreichen werden als der Durchschnittsmensch. Jeden Morgen, wenn Ihr Wecker klingelt, haben Sie erneut die Möglichkeit, sich für eine dieser beiden Richtungen zu entscheiden. Und alles zählt!

Selbstdisziplin bringt Erfolg

Es gibt eine Eigenschaft, die bereits seit Urzeiten für Erfolg oder Scheitern, Glück oder Unglück, Achtung oder Verachtung im Leben entscheidend ist: Selbstdisziplin. Die erfolgreichsten und glücklichsten Menschen waren schon immer disziplinierter als die erfolglosesten und unglücklichsten.

»Selbstdisziplin ist die Fähigkeit, sich dazu zu bringen, das zu tun, was man tun sollte, und zwar dann, wenn man es tun sollte – ob einem nun danach zumute ist oder nicht.«
Elbert Hubbard

Selbstdisziplin stärkt das Selbstbewusstsein

Es ist einfach, etwas zu tun, wenn einem danach zumute ist, wenn es Spaß macht oder leicht ist. Wenn es aber schwer fällt und schwierig ist, wenn man viel lieber den Weg des geringsten Widerstands gehen würde, dann braucht man Selbstdisziplin. Das Wunderbare ist: Je mehr Selbstdisziplin Sie aufbringen, desto mehr werden Sie sich mögen und achten. Sie werden dadurch ein besserer und stärkerer Mensch. Je mehr Selbstdisziplin Sie aufbringen, desto mehr können Sie erledigen und desto besser fühlen Sie sich.

Selbstdisziplin zahlt sich nicht nur in Form greifbarer Ergebnisse aus, sondern führt auch zu einer positiven Einstellung und mehr Selbstachtung.

Arbeiten Sie jeden Tag an Ihren Zielen!

Es gibt wohl keinen Lebensbereich, in dem Selbstdisziplin so wichtig ist wie bei der Zielsetzung und der täglichen Arbeit daran, seinen Zielen näher zu kommen.

Bei einer Untersuchung, die Dr. Karen Horney vor ein paar Jahren in New York durchführte, brachte man den Teilnehmern bei, wie man sich Ziele setzt, und verfolgte ihre Ergebnisse längere Zeit. Diese Ergebnisse waren sehr bemerkenswert – die Teilnehmer erreichten nämlich ganze 95 Prozent der Ziele, die sie sich bei dem Programm gesetzt hatten! Ist das nicht unfassbar? Eine Erfolgsquote von 95 Prozent für Leute, die sich Ziele gesetzt hatten! Das ist erstaunlich, stimmt aber mit allem überein, was über dieses Thema bekannt ist.

Handeln ist immer zielgerichtet

Bei dieser Untersuchung wurde wissenschaftlich belegt, was wir schon seit Jahrhunderten wissen: Alle Handlungen des Menschen sind zielgerichtet. Sobald wir uns darüber im Klaren sind, was wir wollen, und dann genug Selbstdisziplin haben, um mehr von jenen Dingen zu tun, die uns diesen Zielen näher bringen, ist uns der letztendliche Erfolg praktisch garantiert.

Nun drängt sich doch eine interessante Frage auf: Wenn das Setzen von Zielen und ihr Erreichen automatisch in unser inneres System eingebaut sind, wieso haben dann so wenig Menschen Ziele? Eine Untersuchung nach der anderen kommt zu dem Schluss, dass nur etwa drei Prozent der Erwachsenen klare, schriftlich formulierte, spezifische Ziele und entsprechende Pläne haben, nach denen sie Tag für Tag arbeiten. Am Ende ihres Berufslebens verdienen diese drei Prozent mit schriftlich formulierten Zielen schließlich mehr Geld als die restlichen 97 Prozent zusammen.

Dass so viele Leute sich keine Ziele setzen, hat vor allem zwei Gründe. Zum einen erkennen sie nicht, wie wichtig es für ein erfolgreiches, glückliches Leben ist, Ziele zu haben. Zum anderen wissen sie gar nicht, wie man sich Ziele setzt. Und genau damit möchte ich mich nun befassen.

Die sieben Schlüsselfaktoren für das Zielesetzen

Für die Zielsetzung gibt es sieben Schlüsselfaktoren. Wenn jemand seine Ziele nicht erreicht, liegt das an einer Schwäche bei einem dieser Faktoren.

1. Klare Ziele

Erster Schlüsselfaktor: Ihre Ziele müssen klar, spezifisch, detailliert und schriftlich formuliert sein. Ein Ziel darf nicht vage oder allgemein sein, zum Beispiel, glücklich zu sein oder mehr Geld zu verdienen. Vielmehr muss jedes Ziel spezifisch, konkret und fassbar sein, und Sie müssen es deutlich visualisieren können.

2. Messbare Ziele

Zweiter Schlüsselfaktor: Ziele müssen messbar und objektiv sein. Es muss einem Dritten möglich sein, sie zu analysieren und zu bewerten. »Viel Geld verdienen« ist kein Ziel, sondern lediglich ein Fantasiegebilde, eine Wunschvorstellung, die jeder hegt. In einem bestimmten Zeitraum eine konkrete Summe zu verdienen dagegen ist ein wirkliches Ziel.

3. Zeitlich bestimmte Ziele

Dritter Schlüsselfaktor: Ziele müssen zeitlich begrenzt sein, mit Zeitplänen, Fristen und Zwischenfristen. Im Grunde gibt es gar keine unrealistischen Ziele, sondern nur unrealistische Fristen. Wenn Sie einen klaren Zeitplan für Ihr Ziel erstellt und sich eine Frist gesetzt haben, sollten Sie darauf hinarbeiten, Ihr Ziel bis dahin zu erreichen. Falls Ihnen das nicht gelingt, setzen Sie sich eben eine andere Frist, und dann, wenn nötig, noch eine, und arbeiten auf sie hin, bis Sie schließlich Erfolg haben.

Auf der ganzen Welt reisen jedes Jahr viele Millionen Menschen mit dem Flugzeug. Tag für Tag fliegen Tausende von Flugzeugen mit Hunderttausenden von Passagieren kreuz und quer über die Erde und landen dabei in fast jeder größeren Stadt. Der Luftverkehr ist eine Branche, in der jedes Jahr Billionen von Dollar verdient werden. Der Erfolg des Luftverkehrs und jedes einzelnen Passagiers ist ganz und gar das Ergebnis einer systematischen, computerisierten, automatischen, nationalen Zielsetzung. Wenn Sie in ein Flugzeug steigen, wollen Sie eine bestimmte Stadt, ein Ziel, erreichen. Sie entscheiden sich, wann genau Sie fliegen wollen, und finden heraus, wie lange das dauern wird. Sie berücksichtigen die Entfernung zum Flughafen und die Zeit für das Einchecken. Sie berechnen, wie lange der Flug zu Ihrem Zielort dauern wird und wie lange Sie brauchen werden, um nach der Landung dorthin zu gelangen, wo Sie hinwollen. Mit anderen Worten: Sie erstellen für jeden Teil Ihrer Reise einen genauen Zeitplan.

Das machen jedes Jahr Hunderte von Millionen von Menschen. Sie reisen erfolgreich von dort, wo sie sind, an den Ort, an den sie wollen, und zwar mit unglaublicher Genauigkeit und Pünktlichkeit. Das ist Zielsetzung auf der Massenebene. Und der gleiche Prozess wird auch für Sie auf einer persönlichen Ebene funktionieren!

4. Herausfordernde Ziele

Vierter Schlüsselfaktor: Ihre Ziele müssen eine Herausforderung darstellen, sie müssen dazu führen, dass Sie sich anstrengen, und alles übertreffen, was Sie bisher erreicht haben. Die Erfolgswahrscheinlichkeit bei Ihren Zielen sollte 50 Prozent betragen. Dadurch ist der Prozess des Hinarbeitens auf sie zwar mit einem gewissen Stress verbunden, doch wenn Sie sich anstrengen müssen, treten viele Ihrer besten Eigenschaften zutage.

Fünfter Schlüsselfaktor: Ihre Ziele müssen mit Ihren Werten übereinstimmen und miteinander harmonieren. Sie dürfen sich keine Ziele setzen, die im Widerspruch zueinander stehen. Ich kenne Leute, die geschäftlich Erfolg haben, aber auch jeden Nachmittag zur gleichen Zeit Golf spielen wollen – zwei Ziele, die sich ganz offensichtlich nicht gleichzeitig realisieren lassen.

5. Widerspruchsfreie Ziele

Sechster Schlüsselfaktor: Ihre Ziele müssen ausgewogen sein, zwischen Ihrer Karriere oder Firma, Ihren Finanzen, Ihrer Familie, Ihrer Gesundheit, Ihrem spirituellen Leben und Ihren Aktivitäten in Ihrer Gemeinde. Ein Rad kann sich nur dann störungsfrei drehen, wenn es ausgewuchtet ist, und auch Ihr Leben muss zwischen Zielen in allen Bereichen ausbalanciert sein, wenn Sie glücklich und erfüllt leben wollen.

6. Ausgewogene Ziele

Siebter Schlüsselfaktor: Sie brauchen ein Hauptziel, ein Ziel, dessen Verwirklichung Ihr Leben stärker zum Positiven verändern kann als das Erreichen aller anderen Ziele. Ihr Leben fängt erst dann an, großartig zu werden, wenn Sie für sich ein Hauptziel festlegen und all Ihre Energien darauf konzentrieren, es zu verwirklichen. Sie werden zu Ihrer Überraschung feststellen, dass Sie bei der Arbeit auf Ihr Hauptziel hin viele Ihrer anderen, kleineren Ziele quasi nebenbei erreichen. Sie müssen jedoch unbedingt ein Hauptziel für Ihr Leben haben.

7. Ein Hauptziel

Außer den sieben Schlüsselfaktoren für das Erreichen von Zielen brauchen Sie eine Methode, um Ziele richtig setzen und erreichen zu können, die sich auf alle Ihre Ziele anwenden lässt.

Zwölf Schritte, um sich Ziele zu setzen und sie zu erreichen

Ich möchte Ihnen nun die Zielsetzungsmethode vorstellen, die schon über eine Million Menschen von mir gelernt haben. Sie besteht aus zwölf Schritten und ist mit einem Kochrezept vergleichbar, für das zwölf Zutaten benötigt werden. Je nach Ihrer Situation und Ihren speziellen Bedürfnissen können Sie diese Zutaten variieren, um sich die Art von Zielen und Leben zu erschaffen, die Sie anstreben. Erfolgreiche, glückliche Menschen wenden diese

Prinzipien ständig an, auch wenn ihnen das nicht immer bewusst ist. Bei allen Menschen, die keine großen Leistungen erbringen, fehlt dagegen eine dieser Zutaten oder ist nicht in ausreichender Menge vorhanden.

1. Was wollen Sie wirklich?

Schlüsselfaktor brennendes Verlangen

Der erste Schritt bei der Zielsetzung ist das Verlangen. Sie müssen ein intensives, brennendes Verlangen nach Ihrem speziellen Ziel haben. Dieses Verlangen muss persönlich sein, etwas, das Sie für sich selbst wollen. Es ist unmöglich, Ziele für jemand anderen zu wollen oder ein Ziel zu erreichen, das jemand anders für Sie will.

Die große Frage, die Sie sich stellen und beantworten müssen, lautet: Was will ich wirklich für mein Leben? Was wollen Sie wirklich für sich selbst, im innersten Herzen? Was wäre für Sie am aufregendsten, was würde Sie am meisten begeistern, wenn Sie es persönlich erreichten? Wenn Sie nur ein einziges Ziel auf der Welt verwirklichen könnten und man Ihnen bei diesem Ziel den Erfolg absolut garantieren würde – was für ein Ziel wäre das? Von der Stärke Ihres persönlichen Verlangens wird es abhängen, mit wie viel Energie und Entschlossenheit Sie jedes Ziel angehen, das Sie sich setzen. Was wollen Sie wirklich, und wie intensiv wollen Sie es?

2. Glauben, dass Ihr Ziel erreichbar ist

Schlüsselfaktor Glaube

Der zweite Schritt bei der Zielsetzung, die zweite »Zutat«, ist Glaube, Überzeugung. Sie müssen ganz tief in Ihrem Herzen unerschütterlich glauben, dass Sie das Ziel verdienen und fähig sind, es zu erreichen. Glaube ist der Katalysator, der alle Ihre mentalen und körperlichen Kräfte aktiviert. Alle Männer und Frauen, die in irgendeinem Bereich besonders viel leisten, haben einen enormen Glauben, eine ungeheuer große Überzeugung. Sie glauben ganz stark an ihre Fähigkeit, die Ziele zu erreichen, die sie sich gesetzt haben.

Das Wunderbare ist: Wenn Sie sich ein klares Ziel setzen, etwas, was Sie unbedingt wollen, und anfangen, jeden Tag darauf hinzuarbeiten, steigern Sie Ihr Verlangen und vertiefen Ihren Glauben. Durch jeden Schritt vorwärts wächst Ihre Überzeugung, dass es Ihnen möglich ist, dieses Ziel zu erreichen. Das ist die Bedeutung des bekannten Spruchs *»Auch eine Reise von tausend Meilen beginnt mit dem ersten Schritt«.*

Ihr unerschütterlicher Glaube an Ihre Fähigkeit zum Erfolg ist der Schlüsselfaktor für Ihre Entschlossenheit und Ausdauer. Deshalb ist es ganz wesentlich, dass Ihre Ziele sowohl glaubhaft als auch erreichbar sind, vor allem am Anfang.

Sie dürfen es sich beispielsweise nicht zum Ziel setzen, in einem einzigen Jahr von der Armut zur finanziellen Unabhängigkeit zu gelangen. Ein solches Ziel wäre von vornherein nicht erreichbar, da es völlig außerhalb Ihrer Fähigkeiten liegt. Sie müssen sich vielmehr ein Ziel setzen, das erreichbar ist, danach ein weiteres und dann noch eins. Dadurch, dass Sie kleine Ziele erreichen, eins nach dem anderen, steigern Sie Ihr Selbstvertrauen. Es entsteht dann eine kontinuierliche Vorwärtsbewegung. Schließlich gelangen Sie an den Punkt, an dem Sie überzeugt sind, dass es kein Ziel gibt, das Sie nicht erreichen können, wenn Sie sich darüber im Klaren sind und lange und hart genug daran arbeiten. Sie dürfen bei der Zielsetzung jedoch nicht gleich losrennen, sondern müssen es zunächst langsamer angehen lassen.

3. Das Ziel aufschreiben

Schlüsselfaktor Verschriftlichung

Der dritte Schritt besteht darin, dass Sie Ihr Ziel aufschreiben. Ein Ziel, das man nicht schriftlich formuliert hat, ist gar keins. Jeder, der großen Erfolg hat, geht von klaren, schriftlich formulierten, spezifischen, detaillierten Zielen und Plänen aus, die er regelmäßig – manchmal sogar jeden Tag – überprüft. Ich persönlich würde Ihnen empfehlen, Ihre Ziele jeden Tag neu aufzuschreiben, Woche für Woche, Monat für Monat. Dadurch werden sie nämlich tief in Ihr Unterbewusstsein einprogrammiert, wo sie ein Eigenleben entwickeln und eigene Kraft gewinnen. Fragen Sie sich immer wieder: »Wie werde ich meinen Erfolg beim Erreichen dieses Ziels messen? Welche Standards werde ich verwenden? An welchen Benchmarks oder Scorecards kann ich meine Fortschritte ablesen?«

4. Den Ausgangspunkt festlegen

Schlüsselfaktor Ist-Zustand

Der vierte Schritt ist die Bestimmung des Ausgangspunkts für das Erreichen Ihres jeweiligen Ziels. Wo stehen Sie jetzt? Falls Sie abnehmen wollen, sollten Sie sich als Erstes wiegen, um Ihr gegenwärtiges Gewicht zu ermitteln. Falls Sie eine bestimmte finanzielle Ebene erreichen möchten, sollten Sie zunächst Ihre Finanzen analysieren und feststellen, was Sie heute besitzen.

Wenn Sie Ihre Situation einschätzen, indem Sie Ihren Ausgangspunkt analysieren, müssen Sie sich selbst gegenüber ehrlich sein. Das ermöglicht es Ihnen, sich Ziele zu setzen, die glaubhaft und erreichbar sind, und Ihre Energie nicht auf solche zu verschwenden, die vielleicht von vornherein unerreichbar sind.

5. Warum wollen Sie es?

Schlüsselfaktor Motiv

Als fünften Schritt müssen Sie herausfinden, warum Sie Ihre Ziele überhaupt erreichen wollen. Schreiben Sie auf, welche persönlichen Vorteile es Ihnen bringen wird, wenn Sie ein bestimmtes Ziel verwirklichen. Je mehr Gründe es dafür gibt, dass Sie Ihr Ziel erreichen wollen, desto größer wird Ihr Verlangen danach sein. Gründe sind der Brennstoff im Ofen der Leistungen!

Falls Sie nur einen einzigen oder vielleicht auch zwei Gründe dafür haben, ein Ziel zu erreichen, liefert Ihnen das eine geringe Motivation. Wenn Sie aber 40 oder 50 Gründe haben, werden Sie so zum Erfolg motiviert und entschlossen sein, dass Ihnen nichts und niemand im Weg stehen wird.

Im Laufe der Jahre habe ich mehrere Freunde gehabt, die beschlossen, dass sie viel Geld verdienen und finanziell unabhängig werden wollten. Sie schrieben dann Listen mit Hunderten von Dingen, die sie mit dem Geld, das sie verdienen wollten, machen würden. Sie alle wurden in ihrem Bereich außerordentlich erfolgreich, und zwar viel schneller, als vorherzusehen gewesen wäre – weil sie so viele Gründe dafür hatten, ihre Ziele zu erreichen. Je mehr Gründe Ihnen einfallen, desto größer werden Ihr Verlangen sowie Ihr Glaube und Ihre Überzeugung, dass Ihr Ziel erreichbar ist.

6. Sich eine Frist setzen

Schlüsselfaktor Frist

Der sechste Schritt besteht darin, dass Sie sich für das Erreichen Ihres Ziels eine Frist setzen. Eine Frist ist eine möglichst genaue Einschätzung, wann Sie das Ziel erreichen werden. Das ist mit Schüssen auf eine Zielscheibe vergleichbar – Sie können das Zentrum treffen, aber auch nur den Rand. Sie werden immerhin die Hälfte der Ziele, die Sie sich gesetzt haben, vor Ablauf der Frist erreichen, und die andere Hälfte wahrscheinlich danach. Doch Sie brauchen eine Frist, wie die planmäßige Abflugzeit für eine Fluggesellschaft, auch wenn das Flugzeug dann nicht unbedingt genau in der Minute startet, die auf Ihrer Bordkarte steht.

Falls Ihr Ziel groß genug ist, sollten Sie sich Zwischenfristen setzen. Das kann sehr hilfreich sein. Vor kurzem habe ich für eine Firma gearbeitet, die einen jungen Betriebswirt im Vertrieb eingestellt hatte. Dieser junge Mann hatte Kurse zur Finanzanalyse und -planung absolviert. Daher schrieb er seine Umsatzziele für das Jahr und die einzelnen Monate, Wochen und sogar Tage auf. Jeden Tag, manchmal auch zweimal täglich, analysierte er dann seine Aktivitäten und verglich sie mit seinen Zielen. Sechs Monate nach seinem Eintritt in die Firma war er der erfolgreichste Verkäufer dort. Sein Umsatz stieg jeden Monat stetig und berechenbar.

Sie werden überrascht sein, wie viel mehr Sie schaffen können, wenn Sie Ihre Ziele in Tages- und Stunden-»Portionen« aufteilen.

7. Welche Hindernisse stehen Ihnen im Weg?

Schlüsselfaktor Umgang mit Schwierigkeiten

Der siebte Schritt bei der Zielsetzung ist, herauszufinden, welche Hindernisse zwischen Ihnen und Ihrem Ziel stehen. Wieso haben Sie Ihr Ziel noch nicht erreicht? Was hemmt Sie? Was hält Sie auf? Was ist von all den Dingen, an denen es liegt, dass Sie Ihr Ziel noch nicht erreicht haben, das größte einzelne Hindernis?

80 Prozent innere Hindernisse

Auf die Hindernisse und Schwierigkeiten, die der Erreichung Ihrer Ziele im Weg stehen, lässt sich die 80/20-Regel anwenden. Diese Regel besagt, dass in den meisten Fällen 80 Prozent der Gründe dafür, dass Sie Ihre Ziele nicht erreichen, innere Gründe sind – sie liegen nicht in der Welt, die Sie umgibt, sondern in Ihnen selbst. Nur 20 Prozent der Hindernisse sind durch Ihre äußere Situation oder durch andere Menschen bedingt.

Durchschnittliche und mittelmäßige Menschen machen dafür, dass die gewünschten Fortschritte ausbleiben, stets die Leute und Umstände um sie herum verantwortlich. Doch erfolgreiche Menschen schauen immer in sich selbst hinein und fragen sich: »Was in mir hält mich zurück?«

8. Welche zusätzlichen Kenntnisse und Fertigkeiten brauchen Sie?

Schlüsselfaktor Wissen

Als achten Schritt müssen Sie herausfinden, welche Kenntnisse, Informationen und zusätzlichen Fertigkeiten Sie brauchen, um Ihr Ziel zu erreichen. Denken Sie daran, dass Wissen heute, im Informationszeitalter, der Rohstoff für den Erfolg ist.

> **Wenn Sie etwas erreichen wollen, was Sie bisher noch nie erreicht haben, müssen Sie etwas tun, was Sie bisher noch nie getan haben. Sie müssen jemand werden, der Sie noch nie gewesen sind.**

Um Ihre gegenwärtige Leistungsebene zu übertreffen, müssen Sie sich Kenntnisse und Fertigkeiten aneignen, die Sie bisher nicht hatten. Jedes neue Ziel sollte mit einem Lernziel verbunden werden. Wie Ihr Ziel auch aussehen mag, denken Sie darüber nach, was Sie lernen und beherrschen müssen, um es zu erreichen! Fragen Sie sich: »Welche Fertigkeit würde mir, wenn ich sie mir aneignen und sie hervorragend anwenden würde, am meisten dabei helfen, dieses Ziel zu erreichen?«

Schreiben Sie Ihre Antwort auf, machen Sie sich einen Plan und arbeiten Sie dann daran, diese Fertigkeit zu entwickeln, an jedem einzelnen Tag, bis Sie sie beherrschen. Schon allein dieser Entschluss könnte Ihr Leben verändern.

9. Von welchen Menschen brauchen Sie Hilfe?

Schlüsselfaktor Unterstützung

Der neunte Schritt besteht darin, herauszufinden, wessen Hilfe und Unterstützung Sie brauchen, um Ihr Ziel zu erreichen. Fangen Sie bei Ihrer Familie, Ihrem Chef und Ihren Kollegen an. Denken Sie dann an Ihre Kunden, Ihre Lieferanten und die Leute bei Ihrer Bank. Wessen Hilfe werden Sie brauchen, und was müssen Sie tun, um sie auch zu bekommen?

Beziehungen sind alles. Um etwas Bedeutsames zu erreichen, brauchen Sie die Hilfe vieler Leute. Je mehr und bessere Beziehungen Sie aufbauen, desto schneller werden Sie Ihre Ziele erreichen und desto besser wird jeder Teil Ihres Lebens werden. Wer sind die Schlüsselpersonen bei Ihrer Arbeit und in Ihrem Privatleben? Wer werden sie sein? Was können Sie tun, um sich ihre Hilfe und Unterstützung zu sichern?

10. Einen Plan machen

Schlüsselfaktor Planung

Der zehnte Schritt ist die Planung für die Erreichung Ihres Ziels. Ein Plan ist eine geordnete und strukturierte Liste von Aufgaben, die Sie erledigen müssen, um von da, wo Sie jetzt stehen, zu Ihrem Ziel zu gelangen. Er ist vergleichbar mit dem Plan, den Sie machen, wenn Sie in Urlaub fahren oder auf eine Reise gehen wollen – dann erstellen Sie ja eine Liste von all den Dingen, die Sie mitnehmen oder die Sie vor Ihrer Abreise oder nach Ihrer Ankunft tun müssen.

Um Ihre Ziele verwirklichen zu können, müssen Sie herausfinden, was Sie genau wollen, und es schriftlich formulieren. Analysieren Sie Ihren Ausgangspunkt und ermitteln Sie die Gründe, aus denen Sie das jeweilige Ziel erreichen wollen. Setzen Sie sich eine Frist und Zwischenfristen. Schreiben Sie auf, welche Hindernisse Sie überwinden und welche Probleme Sie lösen müssen. Überlegen Sie sich, welche Fertigkeiten und Kenntnisse Sie sich aneignen müssen und welche menschlichen Ressourcen Sie benötigen. Finden Sie heraus, wessen Hilfe und Unterstützung Sie brauchen werden und was Sie tun müssen, um sich ihrer zu sichern. Verbinden Sie dann all diese Elemente zu einem Aktionsplan.

Ein Plan ist eine nach der Zeit, der Reihenfolge und der Wichtigkeit strukturierte Liste von Aktivitäten.

Was müssen Sie als Erstes tun, was als Zweites? Was ist wichtiger, was nicht so wichtig? Was muss erledigt werden, bevor andere Dinge getan werden können? Welche der erforderlichen Aktivitäten sind für das Erreichen Ihres Ziels am wichtigsten?

11. Das Ziel ständig visualisieren

Schlüsselfaktor Visualisierung

Der elfte Schritt bei der Zielsetzung besteht darin, dass Sie Ihr Ziel jeden Tag so visualisieren, als hätten Sie es bereits erreicht. Beschwören Sie Ihr Ziel plastisch vor Ihrem geistigen Auge herauf, so, wie es aussehen würde, wenn Sie es schon verwirklicht hätten. Verschaffen Sie sich das Gefühl, das Sie hätten, wenn Sie bereits an Ihrem Ziel wären. Stellen Sie sich den Stolz, die Befriedigung und das Glück vor, die Sie verspüren würden, wenn Sie schon der Mensch wären, der Sie sein wollen, mit den Zielen, die Sie genießen wollen.

Wiederholen Sie diese Visualisierung zusammen mit dem damit verbundenen Gefühl den ganzen Tag über immer wieder. Dadurch programmieren Sie Ihr Ziel immer tiefer in Ihr Unterbewusstsein und Ihr Überbewusstsein. So wird es schließlich eine starke, unbewusste Kraft, die Sie Tag und Nacht motiviert und inspiriert.

12. Geben Sie niemals auf!

Schlüsselfaktor Beharrlichkeit

Und nun der letzte, der zwölfte Schritt: Zeigen Sie bei allem, was Sie tun, Ausdauer und Entschlossenheit! Nehmen Sie sich fest vor, niemals aufzugeben. Fassen Sie, lange, bevor Sie auf die ersten Hindernisse oder Schwierigkeiten stoßen, den Entschluss, durchzuhalten – ganz egal, was passiert –, bis Sie Ihr Ziel schließlich erreicht haben.

Diese Form der mentalen Vorbereitung, der im Voraus gefasste Entschluss, niemals aufzugeben, kann Ihnen mehr helfen als fast jeder andere Faktor. Auf dem Weg zu Ihrem Ziel werden Sie mit vielen Rückschlägen und Enttäuschungen fertig werden müssen. Das ist unvermeidlich, es gehört ganz einfach dazu. Deshalb müssen Sie sich von vornherein vornehmen, sich durch nichts aufhalten zu lassen. Wenn Sie sich dann den Hindernissen und Schwierigkeiten, die unweigerlich auftreten werden, gegenübersehen, sind Sie psychisch vorbereitet – und Sie werden all diese Hindernisse und Schwierigkeiten überwinden, statt daran zu zerbrechen.

Werden Sie noch heute aktiv!

Es gibt eine sehr hilfreiche Übung, die alles, über das ich in diesem Kapitel gesprochen habe, in einem einfachen Prozess vereint:

Übung:

Nehmen Sie ein leeres Blatt Papier und schreiben Sie oben das Wort »Ziele« und das heutige Datum hin. Machen Sie dann eine Liste von mindestens zehn Zielen, die Sie in den nächsten zwölf Monaten erreichen wollen. Formulieren Sie diese Ziele in der Gegenwartsform, so, als ob bereits ein Jahr vergangen wäre und Sie sie schon erreicht hätten.
Falls Sie zum Beispiel ein bestimmtes Gewicht erreichen wollen, schreiben Sie: »Ich wiege nur noch x Kilo.« Falls Sie in den nächsten zwölf Monaten eine bestimmte Geldsumme verdienen wollen, schreiben Sie: »Ich verdiene dieses Jahr x Euro.«

Wenn Sie Ihre zehn Ziele aufgeschrieben haben, müssen Sie Ihre Liste noch einmal durchgehen und sie analysieren. Stellen Sie sich folgende Frage: »Welches der Ziele auf meiner Liste hätte die größten positiven Auswirkungen auf mein Leben, wenn ich es erreichen würde?«
Lesen Sie die Liste Ihrer Ziele durch und wählen Sie eines von ihnen als Hauptziel aus. Dieses Ziel wird dann für die nächste Zeit sozusagen Ihr Daseinszweck, Ihr Hauptorganisationsprinzip – das Ziel, auf das Sie den oben beschriebenen, aus zwölf Schritten bestehenden Prozess anwenden.

Anwendung des Zielsetzungsprozesses

Schreiben Sie Ihr Ziel auf ein neues Blatt Papier und setzen Sie sich dafür eine Frist. Analysieren Sie Ihre Ausgangsposition und machen Sie eine Liste der Gründe, aus denen Sie dieses Ziel erreichen wollen. Finden Sie heraus, welche Hindernisse zwischen Ihnen und dem Erreichen dieses Ziels stehen, welche Fertigkeiten und Kenntnisse Sie benötigen, um das Ziel zu verwirklichen, wessen Hilfe und Unterstützung Sie brauchen.

Machen Sie einen Plan für die Erreichung dieses Ziels. Werden Sie dann auf der Grundlage dieses Plans aktiv und tun Sie jeden Tag etwas, das Sie Ihrem Ziel näher bringt. Visualisieren Sie Ihr Ziel, als ob Sie es bereits erreicht hätten, und fassen Sie den Entschluss, nicht aufzugeben, bis Sie Erfolg haben.

Der Weg zum Erfolg

Der Erfolgsautomatismus

Sobald Sie anfangen, diese Prinzipien in Ihrem Leben umzusetzen, werden Sie sehr überrascht darüber sein, wie viel Sie plötzlich erreichen! Sie werden ein positiverer, stärkerer und effektiverer Mensch werden, mehr Selbstachtung und Selbstvertrauen haben und sich jeden Tag, ja sogar jede Stunde als Gewinner empfinden. Sie werden ein enormes Gefühl der persönlichen Kontrolle verspüren, Sie werden mehr Energie und Begeisterung haben. Und das alles wird dazu führen, dass Sie in wenigen Wochen oder Monaten mehr erreichen als Durchschnittsmenschen in ein paar

Jahren. Wenn Sie den oben beschriebenen Zielsetzungsprozess Ihr ganzes Leben lang immer wieder anwenden, programmieren Sie die *Master-Skill of Success* in Ihr Unterbewusstsein ein. Sie werden dann zu den drei Prozent unserer Gesellschaft gehören, die wirkliche Spitzenleistungen erbringen, und einer der glücklichsten und erfolgreichsten lebenden Menschen werden.

LITERATUR

Tracy, Brian: *Eat that frog*. Offenbach: GABAL 2002

Tracy, Brian: *Luckfactor. Die Gesetze des Erfolges*. 3. Auflage. Offenbach: GABAL 2001

Tracy, Brian: *Thinking Big. Von der Vision zum Erfolg*. 4. Auflage. Offenbach: GABAL 2001

Tracy, Brian: *Das Gewinner-Prinzip. Wege zur persönlichen Spitzenleistung*. 3. Auflage. Wiesbaden: Gabler 2000

Tracy, Brian: *Erfolg ist eine Reise. Der Weg zu Motivation und Persönlichkeit*. Wiesbaden: Gabler 2000

Tracy, Brian: *Verkaufsstrategien für Gewinner*. 3. Auflage. Wiesbaden: Gabler 1996

Tracy, Brian / Scheelen, Frank M.: *Das Maximum-Prinzip*. Frankfurt / New York: Campus 2003

Tracy, Brian / Scheelen, Frank M.: *Personal Leadership*. 2. Auflage. Landsberg: mvg-verlag 2002

Tracy, Brian / Scheelen, Frank M.: *Der neue Verkaufsmanager*. Landsberg: mvg-verlag 2001

Tracy, Brian / Scheelen, Frank M.: *Die ewigen Gesetze des Erfolgs*. Landsberg: mi-verlag 2000

Tracy, Brian / Scheelen, Frank M.: *High Performance. Leadership. Der Schlüssel zu erfolgreicher Führung und Motivation*. 2. Auflage. Landsberg: mi-verlag 1999

Tracy, Brian / Seiwert, Lothar J.: *Lifetime-Management. Mehr Lebensqualität durch Work-Life-Balance*. Offenbach: GABAL 2001

Stichwort- und Namensverzeichnis